只要存在著就好

我們需要的，都只是一個安身之地。

一個臨床心理師的照護現場手記

東畑開人——著　楊詠婷——譯

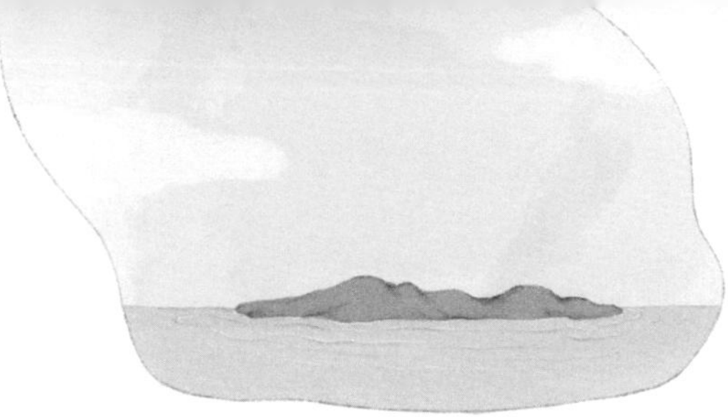

這本書是我的青春物語，我曾被迫吞下挫敗的苦果，但也收穫了友情的撫慰與智識的成長。

這是我與一群人共同在沖繩努力「存在」的故事，也是我對於「心理照護」與「心理治療」等心理援助的眞義，自己所尋獲的答案。

——東畑開人

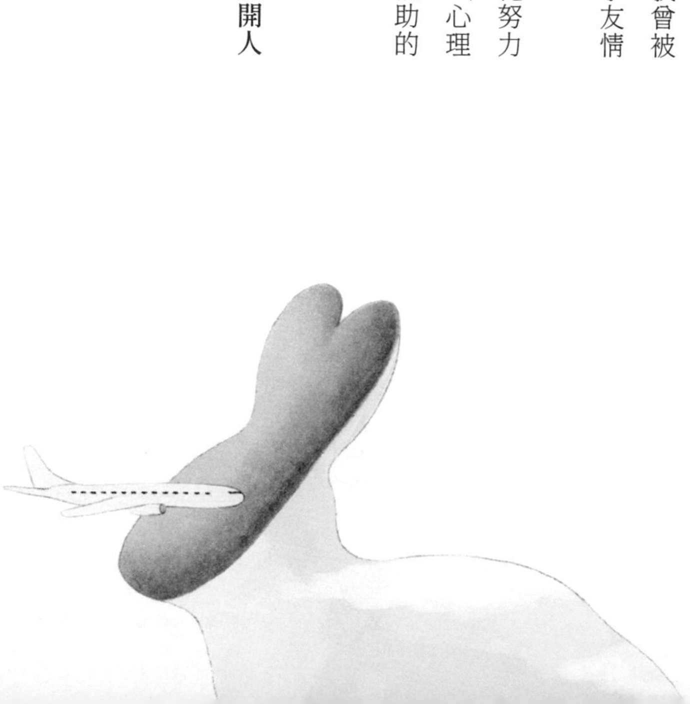

推薦序

最後的安身之地

精神科醫師、作家　吳佳璇

一九九五年，我的精神醫學之路始於健保元年的日間病房照護。

顧名思義，日間病房收治的是一群白天到院、晚上回家的精神病人，並以這裡做爲從醫院回歸社區生活的中繼站。但我很快發現，日間病房裡有部分病人，「留院」就是他的生活，完全不像教科書所寫的，以重回社區獨立生活做爲復健目標。

就以罹患妄想型思覺失調症的安妮（假名）爲例，自從她由全日住院的急性病房轉來，就認爲自己是每天到院上班，因爲她在妄想世界裡，是個名滿天下的腫瘤科醫師。

日間病房裡的工作人員既不質疑她的身分，也不強制要求她按照病房的課表活動。弔詭的是，每天在病房閒晃的她，願意讓護理師定期爲她注射長效型抗精神病針劑，以穩定情緒。

「爲什麼不要求她參加復健活動增加現實感？難道要照顧她一輩子？」初出茅廬的我不禁質問。

年長的護理師耐心答道，安妮發病之初，該做的都做了，她只要一離開日間病房回歸社區，就不肯接受藥物治療……

「陷入反覆住院、出院的循環，」我一面接腔，一面望向病房一角，安妮正靜靜地看書。「不如讓她日日通勤『上班』，家人才能安心工作……」

這正是日本知名作家暨心理師東畑開人，在屢屢獲獎的作品《只要存在著就好》之中描述的「生活型照護」。頂著京都大學博士頭銜，年輕的東畑心理師不甘埋首於枯燥的學術生活，一頭栽進某個位於沖繩的日間照護機構，在南國的炙熱陽光下，他不只和這裡的工作人員及成員（也就是病人）一同揮灑四年的汗水，更在內心反覆辯證「心理治療」與「心理照護」的意義。因爲體悟到「存在」的多樣性與艱難，他不再獨尊諮商室裡的心理治療，更在最終章極力呼籲，心理照護不應該一味績效導向，將容許「只要存在著就好」的照顧，全數轉成有明確治療、復健目標的措施，消滅精神病人最後的避難所……

只不過，這股源自西方國家的醫療經濟學浪潮，不僅席捲日本列島，也來到台灣，爲求有效分配醫療資源，訂定了各種規範。當我成爲主治醫師，安妮也因爲健保規範，成爲沒有積極復健目標，不適合續留日間病房的病人。

安妮年邁的母親憂心忡忡，頻頻向我求情，深怕女兒像早年一樣，一旦不能天天來醫院「上班」，就不肯打針，又開始重複發病的循環。我深知家人的恐懼，卻無法違反健保規範，只能和門診護理師套招，請安妮改到門診上班，由護理師無償照看著。

記不得又過了多久，因健保規範失去社會上最後「存在空間」的安妮，不像有些被請出院的病友，病情出現太多變化，我漸漸放下心中的石頭，開口請她減少上班時數，配合打針時間，兩週來一次就好。不過，我必須承認，至今我仍無法直視，那些失去最後的避難所，比悲傷更悲傷的故事。

推薦序

「存在先於本質」，是心理照護的根柢

臨床心理師　方格正

「啊，真希望我們住在同一個城市，那應該會成為難得的知己吧！」

看完這本書之後，我不禁感嘆著。畢竟，我跟作者阿東有著太多相似之處。我們都是擁有博士頭銜的臨床心理師，肩負著養家活口的使命；年輕時的我也不希望只是躲在象牙塔裡鑽研學問，而是能一展身手將所學發揚光大，向這個世界證明自己存在的價值。

於是我和他同樣誇下海口，自命不凡地想成為心理治療的專家。差別則在於我的運氣好得多，相較於日本，當時台灣的心理諮商正蓬勃發展，我搭上順風車，成為了一名能直接向個案收費的治療師（therapist），而這正是阿東夢寐以求卻不可得的目標。

其實治療師並非正式職稱，在台灣，國家認證的是「心理師」（psychologist），但我一直更想以治療師自居，原因則跟阿東一樣——在我們心裡，比起陪伴、照顧慢性精神病人，在會談室內進行心理治療，改變個案的性格結構與人生，當然是更具挑戰性且了不起的事！……真是這樣嗎？

多年後的現在，我明白自己其實是挑了最簡單的工作啊！心理治療是個時髦的舶來品，治療師努力模仿外國的大師，而個案則努力弄懂並遵守遊戲規則，例如每週到固定的會談室進行一次五十分鐘的對話，並以讓人有點心痛的費用做為代價，期間不得有私下的交流互動，至少持續數月…… See?

跟得上這些規則的人基本上就已經是特例了，他們有足夠強烈的動機與資源能接受治療，而且能改變身形，讓自己縮進這個舶來品的箱子裡。

而阿東不小心掉進去的精神科日間照護病房，對心理師而言才是真正困難的地方。說來慚愧，我們的訓練大多侷限在上述的「心理治療」，很少思考、涵蓋到實際上更平民化、需求也更迫切的「心理照護」，原因很簡單——很少有人知道心理師在這種地方能有什麼發揮。

阿東所面對的挑戰是，沒有人主動向他求助，日間照護病房是起點，也是終點。他不知道該怎麼做才會幫到這些人，這樣的無能感讓他焦慮且痛苦。於是，他拚了命想弄懂在日間照護病房的本質，究竟這一切的一切，最終能帶給看似無望的病人們什麼？而自己在其中的角色又是什麼呢？

這本書起初的語氣俏皮輕鬆，讀者一不小心就會（跟阿東一樣）被騙進來，但細細讀著，便能發現阿東很認真地試著回答這些問題。「存在先於本質」，是哲學中我很喜歡的一句話，其實病房與病人並不在乎阿東分析的本質，它與他們原本就是這樣存在著。需要從中獲得意義的，是阿東和我。

在本書最終章，批判了日本社會的官僚與虛無主義，讀者們可能很難明白，其實台灣的狀況有過之而無不及。在市場機制、績效要求與表面工夫掛帥下，無論學術或醫療，理想與意義都在一點一滴地流失，我和阿東這些需要意義的人們終將離開這些機構，最後我們的社會會變成什麼模樣呢？

讓我真正欣慰的，是知道世界上還有阿東這樣的理想主義者。我們迫切地想弄懂自己一生懸命投入的工作有何本質，明白後發現這個社會其實錯得離譜，於是努力想告訴大家什麼才是事實。這就是這樣的一本書。

推薦序

只是陪伴，可以做什麼？

臨床心理師　洪仲清

我喜歡談陪伴，但陪伴並不好談。

我這麼開始切入陪伴的意象吧。我喜歡跟朋友討論，是不是有過這種經驗——和某個人在同一個空間裡，各自做各自的事，甚至沒做什麼、也不刻意交談，就能輕鬆自在？

其實很多人都沒有這樣的經驗，甚至是否曾跟某個人共處一室、又沒做什麼，都想不太起來。如果有這樣的經驗，對方應該是關係親近的人，相處起來是安心、有歸屬感的，不用刻意防衛自己，因為對方不會輕易批判，空氣中不會瀰漫著壓力……

我可以說，跟這種人相處就是陪伴；而陪伴是互相、雙向的。換言之，這和我們自己的生命品質有著絕大關係。如果我們自己就是容易有各種看不慣，只要不如己願就很不安，也就難以和他人一起進入放鬆、寧靜的陪伴狀態。

能陪伴，在心理上就提供了一個安身之所。

能長期陪伴一個人，就會有彷彿是家人的感覺，習慣對方的存在。光是對方在，就多一分安心，知道可以信任對方、有事可以商量。言談不一定深刻，就像不是所有家人都能交心，淺淺的互動也可以，不特別互動也沒關係。

對心理照護來說，陪伴就很重要，像是某段時間一起規律地生活，這規律的生活本身，就能安定心神、維持健康。「規律」地接受心理治療，在某些理論中是重要的治療因子；「規律」地維持作息，則是我常提醒的健康生活態度。

不是所有問題都能解決、都要解決，生活才會繼續。但沒有人陪伴，對某些人來說並不自在，甚至只要獨處時間一長，就會緊張焦躁，需要找人陪在身邊。

歸屬感是家庭能提供給成員的重要感受，可惜的是，並非所有家庭都可以滿足這份需求，對某些孩子來說，說不定跟好友在外廝混，還更有歸屬感。而想要擁有歸屬感，必須認可彼此的關係是重要的，也願意接納部分的對方、開放部分的心理空間，邀請對方參與。這種狀態出現在朋友之間，通常表示建立了友誼；出現在情人之間，則是難得的心理親密。

能感覺安全又有所歸屬，這種關係是現代人的深切嚮往。

我在當臨床心理實習生時，曾待過日間留院病房。不過，我在心態上一直是過客，儘管跟幾位病友有些互動，但相對短暫。聽了病房裡的故事，知道有人幾乎待在這裡一輩子了，幾位相熟的病友交談、工作起來，也明顯感受得到默契。

我在那邊學到很多，包括體驗到「陪伴」的重要性。我的體會是，並非所有人都有心理上的安身之所，而醫院能提供穩定且專業的心理照護，也算是給病友與工作人員，一絲絲歸屬感了。

專業推薦

心理諮商的成效除了關乎專業技巧、理論概念，以及對人的理解之外，還有常被忽略的一點，就是在心理師與個案／人與人的相處、互動中，讓人體驗到「原來我值得被聆聽、被尊重、被關心、被看見」，是一種可以活在世上、被允許「存在」的感受。「存在」這件事看似理所當然，其實不少人都在苦苦掙扎，如果你也在生活中感受到「我不應該、我不值得活著」，或許這本書可以帶領你從不同角度去思考，人的「存在」到底蘊含著什麼樣的意義。

——諮商心理師 **鄧善庭**

「覺得自己什麼問題都沒有的人，才更需要認識心理諮商。」這我是在某次諮商時聽到的話。後來我認爲，願意接受自己需要幫助，無關乎有沒有心理問題，也無關乎正常與否。人在生命中因空缺與無力而抵達失落，但我相信大多數的人都很努力地撐著，我們應該更誠實地面對自己。走向完整是漫漫長路，唯有眞心接納每刻的自己都是眞實的、願意擁抱自己，才會越來越完整。一個人完整了，四周都會變得平穩，日子清晰，生活會發光。我們看似都穩穩地活著，其實也是很努力的呢！

——而立書店店長 **方億玲**

其實光是「存在」，本身就是一種生命的祝福。推薦這本書給想要練習陪伴別人，卻連自己都無法好好陪伴的你。

——心理學作家、Podcaster　**海苔熊**

以臨床心理師在日照病房的工作經驗爲本，突顯出日本社會照護體系的嚴峻現實，關於心理照護與心理治療的差異，也以創新格局的文體明確揭示，是一部精闢易懂、深具啟發性的佳作。

——「朝日新聞大佛次郎論壇賞」選考委員　**酒井啓子**

在日照病房工作的臨床心理師，以身而爲人的視角，捕捉、詮釋了「只是存在著」的不適感，以及隱藏於其中的眞義。現今的時代儼然是以「生產力」來衡量人的價值，但每個人都有自身脆弱與無助的一面，我們「不該以犧牲別人的自由爲代價，來獲取一己的自由」。

——「紀伊國屋書店人文大賞」選考委員　**池田匡隆**

京都大學的博士在幾經波折苦惱後，終於在沖繩的精神科日照病房找到工作；他想做的是心理治療，卻被要求提供心理照護，而主要的工作就是陪伴病人「存在著就好」。作者描寫了這段歷程的苦痛與奮鬥、探索和體會，明明是在固定場域發生的故事，卻不知爲何有著宛如公路電影般的意趣。

——**《週刊新潮》**

作者收起自身領域嫡傳煉製的「治療」寶刀，親力親爲地徒手實踐「照護」工作。在本書中，他並非只以臨床心理師的視角，將治療與照護進行狹義的比較，而是在「人如何活著」這個開放的基礎上，不斷探究照護和治療的眞義。就我個人所知，將照護比作生活、治療比作人生，或是將兩者以圓與線對照，也是日本心理學界前所未有的洞見。而終章述及照護業界的經濟性時，作者融合臨床心理實務專家和社會學家雙重觀點的探討，更是出類拔萃。

——東京大學醫學系教授　**笠井清登**

我們都「存在」於某個地方，爲了讓心在合宜的平衡中適得其所，我們應該試著去探索這份存在是由什麼樣的心理照護在支撐，或是遭受了何種威脅，需要心理治療來處置。心理照護與心理治療並非是油水互斥的關係，而是可以混合的成分，但在此之前，我們必須先體察、確認最適合自己的「存在」模式。「存在大不易」，卻值得我們推敲吟味，這或許是作者想要投遞的訊息。

——**〈文鳥實驗室〉人文網站**

一名心理師因緣際會來到沖繩的日照病房工作，他在這裡遇見了與衆不同的員工和病人，也在彼此的交流與互動中，開始思考心理照護與心理治療的關係，並對自己的生存之道產生疑問。這本書有如一部暖心、有趣又充滿感動的人情娛樂小說，除了是關注照護服務者必讀之書，也是爲疲憊、倦怠的人們所準備的療癒之書。

——紀伊國屋新宿本店書店員　**玉本千幸**

讀者佳評

- 看了這本書，我才理解自己爲何總覺得格格不入。原來，我也一直難以「存在」於身邊的環境、一直在尋求安身之地。作者說的雖是精神科日照病房的故事，但他們只是「難以存在於社會」的外顯寫照而已。事實上，所有的人都在努力地「存在」、找尋能使自己安心的地方。

- 這本書讓我理解到，對心靈生病的人來說，找到一個能讓他們「只是存在著」的地方有多麼困難；看似平凡的日常，對他們來說又有多麼寶貴。感覺人只要失去「正常行動」的能力，似乎就連「存在的價值」都被否定了。所有人都值得存在，所有人都需要存在。這本書討論的不只是精神病人的處境，更是所有人類的處境；希望世上所有人都能對「人」更溫柔、更包容。

- 這本書完全說出了我在日常生活中體會到的違和感，也讓我明白爲何總覺得自己活得很艱辛。因爲這個社會，包括我自己，都不允許自己「只是存在著」，這讓我不知不覺受傷了。讀完本書後，我告訴自己，未來無論如何，都不要無意識地剝奪別人「存在」的權利，也希望自己活得更自由、更輕鬆，努力認同自己的「存在」。

• 我哭了，將近三十年的照護生涯，埋首家事與育兒中，感覺終於有人拍了拍我的背，告訴我：「你眞的很努力了。」特別是書中提到的「依賴性勞動」，我是第一次聽說，內心卻深受震撼。照護工作就是「依賴性勞動」，做得越好，越不會受到感謝；只有出現問題了，大家才會發現自己其實正受到照護。這讓我有能力審視自己的工作，重新感受到其中的價値。

• 字句雖然輕鬆，探討的內容卻精闢而專業，最後還談到了深刻的社會矛盾，非常精彩。確實，大多數人都不願意將資源投注在長期不見成果、可能沒有回饋的事物上。但要是沒人伸出援手，就一定有某些人會被切割與拋棄；而只是投入卻不求結果，又可能遭到惡用，使原本該受保護的人淪爲受害者。人心和成本效益，在人與人之間製造了滿滿的黑色物質。

• 獨特、輕妙的寫作風格易於閱讀，生動描繪出日照病房中的各種事件，有時甚至帶些幽默喜感，對於專業術語也有精簡的解釋。此外，作者對於自己和登場人物的心路歷程，以及無法適應社會之人只想尋求安身之地，卻難以如願的問題，有著清晰的洞察與闡述，並對精神醫療的執行現狀進行剴切思考，也十分値得相關專業人士閱讀。

目錄

Contents

前言

這樣就可以了嗎？

「早安。」

「嗯。」

「今天也是好熱啊。」

「嗯。」

「菸好抽嗎？」

「嗯。」

「這是今天的第幾根了？」

「嗯。」

室主一向沉默寡言，甚至只說最低限度的話語。

緊閉著嘴勉強發出的「嗯」，聲音模糊不清，那幾乎是室主唯一對外的回應。

這裡是吸菸室。

由於緊鄰廁所，一整個瀰漫著讓人不適的濕氣，外面的光線照不進來，顯得有些陰暗。糞便的臭味加上除臭劑，再摻進濃重的菸味，讓人感到窒息。

室主從早到晚都坐在那裡，不斷抽著「URUMA」這種沖繩當地生產的舊三級菸[1]。他一天可以抽掉三包廉價菸。

所以，他是吸菸室之主。

「這樣就可以了嗎？」

一句話聲響起，是平時的那個聲音。

我點起了菸，是「KENT 1號」。這種涼菸只含一毫克焦油，抽起來很清爽。室主抽著URUMA，我抽著KENT 1號。

沒什麼事要做，也不知道做什麼好，反正哪裡也不能去，為了打發時間只能抽菸。肺有些沉重。

1　日本菸草舊時的分級，三級是最下等的菸，也最便宜。

「這樣就可以了嗎？這就是你的工作嗎？」

不曉得是否被濃厚的二手菸霧燻久了，室主的臉也像被燻製過一般。皮膚硬化、表情呆滯，眼球像是蒙上薄膜，帶著點灰暗。那是思覺失調症特有的眼神。那雙眼睛直直地瞪著空氣清淨機。不，感覺更像是整個視線都被空虛給吞沒。

在街上遇到一定很恐怖，我心想。

但是，室主其實很溫柔。

他不會把菸整根抽完，總是還剩一點就熄滅。

然後，把菸蒂遞給等在旁邊的康夫。

室主有生活補助金可以買菸，康夫的錢由家人管理，自己沒辦法買。

所以，室主會特意留下最後一小截，把菸熄掉。

「感恩。」

「嗯。」

康夫小聲道謝，然後點燃菸蒂，抽起菸來。

室主也點了一根新的菸。

「這樣就可以了嗎？這其中有產生任何價值嗎？」

「可是，眼前的景象不是很溫柔嗎？」

我很想這麼說，但實際上，我也不知道這樣是否就足夠了。

室主繼續抽著菸。由於不洗澡、不換洗衣物，偶爾還會失禁，他的身上傳來強烈的味道。

我凝視著這樣的室主。

我的 Polo 衫也被 URUMA 燻染了，散發難聞的氣味。

因爲無事可做，時間也停滯不前。不只肺部，連時間都變得沉甸甸。

我們默默地荒廢時間。

爲了改變氣氛，我提出一個建議。

「要不要交換一下香菸？」

室主有些訝異，睜著灰暗的雙眼看向我。他想了一下，點頭同意。

「嗯。」

室主取出一根 URUMA 遞給我。

我拿出用陪伴室主換來的薪水所買的 KENT 1 號，交給室主，然後點燃 URUMA，嘗試吸了一口。一股有如燃燒廢屋的辛辣感，加上鐵鏽般沉重的焦油流進肺部，我嗆到了。

「咳！」我咳個不停。

「嗯。」

室主瞪著 KENT 1 號，點火，吸了一口。

然後他愣了一下，似乎對淡而無味的香菸感到失望。

他意興闌珊地隨便吸了幾口，很快就熄掉菸，遞給了康夫。

「感恩。」

康夫把菸蒂收進口袋，那裡塞得滿滿的。

我受不了如死神般要命的濃菸，很想趕緊熄掉手上的 URUMA，但還是忍著繼續。

室主又點了一根 URUMA，再次進入老菸槍模式。

我們依舊默默抽著菸打發時間。

吸菸室陷入一片寂靜。

「嗯。」

這裡只剩下最少的話語和最微小的生命。

「這樣就可以了嗎？這樣有任何意義嗎？」

面對著無法回答的問題，我放棄回應。

「我不知道，但存在眞的好痛苦啊！」

那個聲音依舊不停地問著。

「這樣就可以了嗎？這樣有任何意義嗎？」

是的。這本書就是在講述「存在」如何被各種聲音威脅，又如何被各種聲音努力守護的故事。

第1章

心理照護與心理治療

掉進深不可測的兔子洞

博士的就業基本方針

第一條　以心理諮商為主要工作。

第二條　薪資足夠養家活口。

第三條　地區不拘。

二〇〇九年末，正值我二十七歲生日前夕，我列出了首次求職的基本方針。二十七歲，正好是高杉晉作死去的年紀，當幕末志士已經為理想燃盡生命，我才正要開始找工作。我慢了一步，不，我做好了萬全準備，打算進入社會。

現在回想起來，那段時期是我人生的顛峰。辛苦地熬過大學四年、研究所五年的漫長學術生涯，我終於成為博士。沒錯，我完成博士論文，拿到了博士學位。

「將來不是當博士就是當大臣。」[1]我忍不住唸出這句話。還在讀研究所時，我曾經唸過這句話無數次。每當深夜獨自留在研究生室寫論文，去外面抽菸透氣，或是一邊尿尿一邊發呆，我總是自言自語地唸著「將來不是當博士就是當大臣」。

現在我已經到達了那個「將來」，不由得情緒高漲。畢竟我達成了相當於成為大臣的偉業，彷彿涅槃成佛、千年國度[2]和彗星撞地球同時到來一般，有種登上顛峰的感覺。

但是，到達涅槃圓滿境界的博士也得找工作。往後，我不能再掛著研究所學籍，必須外出探尋新的天地。好不容易到了「將來」，人生卻全然沒有結束。Life goes on.

周遭正常的博士們，早已默默投入就職活動，或是依靠指導教授神通廣大的人脈，或是看招募啟事寄出履歷，做法各有不同，但大家的目標都是大學教師或研究人員等學術相關的工作。

這也是當然，明明考過了司法考試卻跑去應徵西餐廚師，或者拿到廚師證照卻等著職業足球隊來挖角，那才不尋常。拿到博士學位、進入學術界工作，是博士該走的正道。

偏偏我不一樣，我早就決定要「在醫院工作」。我學的是有關心理援助的臨床心理學，一頭熱地認定鑽研這門學問的博士沒有現場實務經驗，年紀輕輕就去大學教書累積資歷，簡直是墮落到了極點。「眞正的臨床心理學者該去的不是研究室，而是心理諮商室！」我四處大放厥詞。

世上沒有比顚峰期更可怕的東西，我過度沉迷於博士論文，結果變成了臨床心理學的基本教義派。周遭的其他人冷淡地看著認不清現實的我，只有恩師及親密的朋友仍苦勸我去大學工作。

「那方面的工作眞的比較好啦，畢竟人生這麼長。」

1　日本戰後用來表示對孩子未來期待的諺語。

2　Millennial Kingdom，指基督再來後，在地上現形掌權一千年的時代。

但是，我完全聽不進那些飽含深刻智慧的忠告。

「我一定要成爲頂尖的心理諮商者，將臨床心理學發揚光大！」

到達涅槃、法喜充滿的顚峰期博士，發出雄獅般的怒吼，然後開始找工作。

才剛出海，就直接觸礁

做好準備，揚帆啟航！沒想到才剛出海，我就直接觸礁。

等我開始認眞求職，才發現完全沒有職缺。不對，也不是完全沒有，用 Google 搜索「臨床心理師[3]徵人」，就會找到全國各地的相關職缺。工作本身是存在的，但是他們全都不符合我基本方針中的兩個條件。

首先，大多數的職缺都是「兼職」，時薪有一千五百日圓都算好的，大部分都在一千日圓上下。偶爾有全職的差事，絕大多數的月薪也都不到二十萬日圓。

「搞什麼！這樣根本沒辦法生活嘛！」

當時我已經結婚了，還有孩子，生活需要一定的花費，偏偏所有能找到的職缺都違反了基本方針第二條「薪資足夠養家活口」。這也太不像話了！

我還是高中生時，世間正興起臨床心理師的熱潮，到處都能聽到「今後是重視內心的時代，心理諮商絕對是未來最賺錢的行業」這樣的說法。我很擅於忽視對自己不利的現實，因此就這麼信以爲眞，認定「喔喔，那我就是人生勝利組了」，沒想到現實卻大相逕庭。

不曉得是臨床心理師熱潮導致持有證照的人數激增，還是心理援助類工作本身的問題，當時的我渾然不知，臨床心理師就是所謂高學歷低薪的「窮忙族」代表。

天哪！大學四年、研究所五年，我爲了博士學位付出最大限度的教育投資、背負了天文數字的學貸，竟然只能找到時薪一千四百日圓的工作？這到底是怎麼了？我在大一時找的補習班老師兼職，投資報酬率還比較高。

偶爾也會找到勉強能維持生活的工作，偏偏又卡在了基本方針第一條——「以心理諮商爲主要工作」。

薪資達到基本標準的職缺，工作內容不是精神科的團體治療，就是心理檢測，做的都是心理諮商以外的工作。除了醫院，也有社福或教育的相關職缺，但主要工作都不是心理諮商。

3 不同於台灣的心理師證照有「臨床」與「諮商」之分，而且屬於國考資格；日本只有「臨床心理師」一種證照，並由民間專業組織各自核發，國家考試則是到二〇一八年才設立「公認心理師」制度，將其納入國家資格認證。

對我來說，這是絕不能退讓的底線，無論如何我都要做心理諮商。不是心理檢測，不是團體治療，而是在私密空間一對一進行的心理諮商（counseling）。

說得更嚴謹一點，我想做的是心理治療（therapy）[4]。

日常與非日常的心理援助

一般人對「心理諮商」算是耳熟能詳，溫柔的諮商者親切、認眞地傾聽煩惱，「嗯、嗯」地給予回應，最後療癒患者的內心，大概是這樣的印象。正因如此，可能也有人會質疑「溫柔地聽別人說話就能解決問題嗎？」，而對所謂的諮商抱持反感。

不過，我過去所學的內容則與一般認知有所不同。心理諮商也有各種學派，我攻讀的研究所就是「心理動力取向治療」（psychodynamic psychotherapy）[5]這個學派的主要根據地，在這裡施行的是稱爲「心理治療」等更專業的心理援助訓練。

大家或許聽過佛洛伊德（Sigmund Freud）及榮格（Carl Gustav Jung）這兩位大師，畢竟他們常出現在倫理教科書裡，我學的就是他們所創始的「深層心理學」。換個超簡單的說法，人的內心存在著潛意識，我們的人生被那個不是自己的自己所左右而變得艱難，深層心理學就是在研究這些。

沒錯，我們的內心深處存在著連自己都難以控制的東西，需要透過心理治療來確實地面對。

藏在裡面的如果是傷口，就試著碰觸；如果是想要逃避的欲望，就予以正視。沒有溫柔的諮商者傾聽煩惱，「嗯、嗯」地給予回應，而是必須嚴正因應內心的痛苦，藉此更深刻地理解自己，進而產生改變，這就是心理治療的目標。

我接受的就是心理治療的訓練，並且深深爲之著迷。兩個獨立的人類在私密空間裡反覆地對話，讓隱藏於後的某種內幕得以揭露。無論是神秘的症狀、夢境或過去的歷史，透過深入討論，都能爲所有乍看之下難以解開的謎團，找到貫通其中的合理脈絡。我在研究所遇見的老師們，都在親身實踐這種能碰觸到內心深層的心理治療，那樣的景象實在太有魅力，我也想變成那樣。

但是事實上，心理治療在心理師的整體工作中所占的分量並不多。不，根本就是很小一部分。對於以心理諮商爲志向的年輕人來說，這是最令他們驚訝的地方——心理師處理最多的工作

4　以台灣的狀況爲例，諮商心理師是以諮商、輔導工作爲主，在人們暫時發生心理適應不良時，透過對談等方式協助其解決問題、抒發情緒、探索自我。臨床心理師則除了諮商工作外，更著重於心理治療，對於精神疾病等長期或非常態的身心症狀，具有確實的臨床醫療知識與經驗。而作者想投入的領域應該更接近於後者。

5　這種治療著重於探究人類的行爲動機、情緒狀態與早期經歷的聯繫，藉由深入潛意識層面揭露根源，促成個案對自身內在問題的了解，進而引起思維、行爲的改變或治療心理疾病。

不是心理治療，而是心理照護（care）。

心理照護是一種與日常生活緊密連結的心理援助。如果心理諮商是在非日常的時間與空間裡分析深層的內心；心理照護就是在處置日常中的各種麻煩與困擾。它不挖掘深層的內心，只進行表層的調節整理。

我之前做的都是心理照護的工作，像是中小學的「心理輔導老師」，由於職稱帶著「輔導」二字，看起來像是在做心理諮商的工作，其實並非如此。

當時的工作內容，是陪著無法適應班級生活的學生一起待在別的教室。那裡會進行各種心靈交流的活動，例如一起寫作業或打電動，讓孩子們重獲安全感、穩定身心，有時還可能回到原來的班級，而我的主要工作就是陪伴。

當然，這也是很有價值的工作，但這些連結僅止於日常的層次，與碰觸內心深處還是有些不同。怎麼說呢，有時我覺得自己只是在當保母，完全沒有「我在做專業治療」的成就感。

這份工作實際的時薪只有一千日圓，來應徵的幾乎都是剛開始進行專業訓練的年輕人，有時還會夾雜非專業的素人（例如當地的叔叔阿姨們）。由於他們也能給孩子確實的幫助，對於想成爲專家的我，實在覺得難以滿足。

心理治療比心理照護更專業、更高階，當時我是這麼認爲的。

實際上，隨著年級的上升，研究所介紹的工作會從團體形式的心理照護，轉爲在私密空間一對一進行的心理治療，這讓我覺得被交付了程度更高的工作，感受到自己的成長。

雖然社會上還是以心理照護的工作占大多數，但我想從事心理治療的工作。我想成為能夠處理非日常狀況、探觸患者內心的治療者，我想熟練心理治療的技巧。所以我不想去大學教書，而是想到醫院從事臨床治療，我一直這麼想。

深夜的四方會議

不管我是夢想遠大、還是任性妄爲，有理想有熱情是好事，但找不到工作也是白搭。

我夜夜徘徊在網路空間，像阿里巴巴大喊「芝麻開門」那樣，對著Google大喊「誠徵！臨床心理師」、「招募！心理諮商者」，但我不是阿里巴巴，所以寶藏之門沒有爲我開啟。

博士的巔峰期早已過去，在我眼前只剩下冷酷無情——不，是沒有全職工作也無法從事心理治療的現實，我原本高漲的自尊心瞬間萎靡了。孩子發出平穩的呼吸聲香甜地睡著，渾然不知自己的父親即將被社會的黑洞吞沒，只能摸著他的臉頰，夜夜垂淚到天明。於是，我身上開始散發出邪惡的負能量。

「這個世間眞是太嚴酷了！再這樣下去，我一定會變成失業的博士！」我爲自身的遭遇悲嘆絕望，開始詛咒學術界，「拿到京都大學的博士，竟然找不到一份可以養活家人的工作！一定是他們搞出某種潛規則，讓臨床心理學者只有當大學老師才能賺錢！」然後又自責起來，「在大學待了九年，連一個可以介紹工作的人脈都找不到，我眞是沒擔當的混蛋！」身上的負能量一下子攻擊別人，一下子攻擊自己，反正就是很忙。

不過，臨床心理學之神最終還是沒有拋棄我。

二〇一〇年正月，冰寒刺骨的京都深夜，我依然對著 Google 大喊「芝麻開門！誠徵臨床心理師！全職！獎金！」，這時神突然賜下啟示。筆電的螢幕上出現了這個網頁：

精神科診所　誠徵全職臨床心理師

工作待遇：月薪二十五萬日圓（含證照津貼）；獎金六個月（依條件變動）

月薪二十五萬日圓，獎金六個月。

這是什麼？哪來如此優渥的待遇，聽都沒聽過！這間診所該不會院子裡產石油吧？因爲太過驚喜，我激動地無法坐在椅子上，起身在房間裡走來走去。

「冷靜！」突然，基本方針第二條「薪資足夠養家活口」，也就是二條氏（冷酷個性派）[6]提醒我，「你先計算清楚，這個薪資眞能養家活口嗎？」

「閉嘴！」我喝斥二條氏，「這還需要計算嗎？」

沒錯，完全不需要計算。月薪二十五萬日圓、獎金六個月，對於勤勉向學、把淸貧當作信條的臨床心理師來說，只要不每天喝掉一瓶香檳，根本是花不完的天文數字。夠了，絕對可以維持生活。不對，說不定每個月還眞喝得起一瓶香檳。「獎金六個月」，這個讓人想大聲朗誦的句子讓我情緒高漲，仔細一瞧，二條氏也在那邊偸笑。

接著，基本方針第一條「以心理諮商爲主要工作」，也就是一條氏（熱血純情型）出聲了。

「喂喂喂！結果還是錢啊？眞是沒用！要錢的話，當初何必念什麼研究所，直接去跨國企業工作不是更好？」

我沉默地動著滑鼠，往下瀏覽眼前的畫面，工作內容映入眼簾。

工作內容：心理諮商（占七成）、日間照護（占二成），兼其他雜務

「喔喔喔喔……」這下連一條氏都沒話說了，「沒想到……」

外面是漆黑的深夜，窗戶被冰冷的空氣凍住，我整個人卻是熱血沸騰。就是它！我終於找到了！全職的心理治療工作！爲滿懷野心的博士量身打造的工作！讓一條氏二條氏都閉嘴噤聲的完美工作！我的顚峰期轉眼間又重現了。

6　此處是將基本方針第二條擬人化爲「二條氏」（「～條」爲日本古代貴族姓氏），讓三條方針在作者的想像中爭辯對話。

我點進徵人廣告所附的網址，出現了診所的網頁，再點進「交通資訊」，順著情報的浪潮，找到了診所的所在地。

沒想到，居然在沖繩。

「欸？」我愣住了，然後猶豫起來，「是不是太遠了？」

我雖然是東京出身，但高中升學考失利，不知爲何跑去念了神奈川的學校，大學更是到了京都。由於越來越往西走，還被沒良心的親戚取笑是「西行法師」[7]，而這次居然是沖繩。照這個走向來看，要是再往西，最後可能得去天竺取經了。

不管怎麼說，沖繩還是太遠了。不但一個熟人都沒有，跟本島還隔了一個海，一旦發生什麼事，可能連父母的最後一面都見不到。更麻煩的是，那裡遠離學術中心，難以接觸到最先進的知識，也無法與理念相同的人探究討論，如此就更難實現我成爲正統派心理療法大師的夢想了。再加上我自以爲是的個性，別說是深層心理學，搞不好我會把自己弄成滿口叨唸著前世或守護天使的流浪博士。

「那樣就不太好了，看來還是沒有緣分啊，不然就算了吧……」我悄悄地準備把網頁關掉。

這時，基本方針第三條「地區不拘」，也就是三條氏（毒舌一族）說話了。

「喲——現在開始挑地方啦？」三條氏若無其事地發動連續攻擊，「連自己的誓言都遵守不了——我早就這麼想了，你果然是個沒有原則的傢伙！」

我不禁惱羞成怒。區區一介基本方針，竟敢擅自批評我得過且過的個性，叫人怎麼忍得下這口氣！所以我怒吼了起來。

「開什麼玩笑！男子漢絕不食言！去就去，誰怕誰啊！」

「喔喔喔！太睿智了！」基本方針們全都起立鼓掌叫好，「博士好棒！好偉大！」

我們四個用力地互相握手，暗自都鬆了一口氣。「都這種時候了，只要沒有失業就算賺到了～～」「就是啊～～」「我差點以爲不行了～～」「哎呀，眞是太好了～～」

愛麗絲的神奇國度

接下來就是打鐵趁熱。一旦下定決心，我的動作就很快，直接進入了令人眼花撩亂的狀態。

我用光速填好履歷寄出，很快接到面試的通知，然後立刻訂了廉價航空的機票飛到沖繩，接受面試，隨即返回京都。之後接到錄取通知，我開心地向對方道謝，再次搭乘廉航飛往沖繩，租了單軌電車「奧武山公園站」旁的公寓，又馬上返回京都。原以爲能颯爽離開，結果還是有些手

7　平安鎌倉時期著名的僧侶和歌人。

忙腳亂，在畢業授證儀式獲頒博士學位，退掉原先住的老舊公寓後，我拿著單程機票，搭上了航向那霸機場的飛機。

簡直就像愛麗絲的兔子洞。愛麗絲追著忙碌的兔子，不小心跌入了神奇的國度，我也同樣倒栽蔥地掉進了網路上憑空冒出的神祕兔子洞。

但是，當時我完全沒發現自己掉進了兔子洞，還以爲是靠自己的意志踏上了修行之旅。

這是我的「地海戰記」8。實習魔法師外出修煉，累積各種經驗後，成爲大魔法師凱旋歸國。我也要在精神醫療現場磨練自己，成爲心理治療大師光榮返鄉，我滿腦子都是這種英雄式幻想。

這個時候的我，完全地、徹底地、要命地，深陷在愚蠢之中。

我根本一無所知。我對許多事的認知完全錯誤，也錯過了所有的事前徵兆。

爲了什麼心理治療的工作這麼難找？爲什麼幾乎都是心理照護的差事？爲什麼其他博士們都想到大學任職？爲什麼一間小診所會給出六個月的獎金？

爲什麼我那麼想做心理治療？爲什麼我會認爲心理治療更高階，而心理照護是低階的工作？

說到底，心理治療是什麼，心理照護又是什麼？爲什麼我瞧不起心理照護？

連這種最基本的重要概念，我都渾然不解，也從沒想過要深思，就全盤接受了世間對它的模糊認知。

那時，我應該停下腳步稍微思考，或者花時間仔細調查一下才對，但我滿腦子都是剛成爲博士的亢奮及害怕失業的恐懼，就這麼忽略了所有的徵兆。原本有多不勝數的問題需要思考，我卻全部跳過了。

結果就是，我來到了一個跟原本目標相差十萬八千里的地方。

我掉進了愛麗絲的兔子洞。

洞口確實豎著一塊看板，上面清楚地寫著「這裡有個兔子洞」。

沒錯，徵人廣告上寫著「日間照護（占二成）」，我也確實讀過那些文字，這是事實。但我以爲，二成的工作量完全不成問題。

實際開始工作後，我才知道心理諮商的工作確實占了七成，但日間照護的工作不是二成，而是十成，兩邊相加就是十七成。這個算數看起來毫無邏輯，但所謂的日間照護就是這樣。那裡是

8 《ゲド戦記》，吉卜力工作室出品的奇幻動畫片。男主角亞刃是英拉德島的王子，因恐懼心中的黑影而行刺父親，並離開宮廷四處流浪，在旅途中巧遇大法師雀鷹，自此跟隨他踏上成長與蛻變之旅。

愛麗絲的神奇國度，十成十的我，也就是全部的我都被日間照護吞沒了。

只不過，當時的我完全不了解日間照護病房。我想，大概就跟此刻正在讀這本書的你一樣吧！說不定比你還要無知。

雖然我大概知道那是精神障礙者白天活動的地方，除此之外就不清楚了。日間照護要做些什麼？會發生什麼事？甚至所謂的照護又是什麼，我一無所知，也不想知道。當然，我也不知道自己會被日間照護這個工作深深傷害，甚至奪走了一切。

沒錯，天眞又愚蠢，自以爲站上人生顚峰的博士，就這樣一無所知、倒栽蔥地掉進了網路上憑空冒出的兔子洞。那個洞直直通向了神奇國度的日間照護病房。

穿過兔子洞，就是那霸機場。雖然我倒栽蔥地直直掉下來，還是平安無事地降落在南國的機場跑道上。

明明還是三月，那霸機場的國內線航廈已經開起了冷氣，搭乘單軌電車時，每個人都滿身大汗，沖繩已經進入「Urizun」（梅雨）的季節。短暫的冬天結束，地面再次籠罩著清新潤澤的水氣，終於到了「春回大地」的時分。

忙完搬家的瑣事，我開始熱衷到附近探險。離奧武山公園不遠的一條小路上，到處都放著用來辟邪除魔的「石敢當」，造型奇特的風獅爺坐鎮在飽經海水侵蝕的破落公寓門口，斜坡途中到處可見被稱爲「龜甲墓」的巨大墳墓，據說是模仿女性的子宮形狀建造而成。如此具有異國情調的傳說，讓我興奮不已。

最大的驚喜是「Utaki」（御嶽），這是沖繩民間信仰中的聖地。在叢林裡的大樹底部，闢出一小塊廣場，當中放置小小的香爐，人們會在此向神靈祈求，沖繩有無數個這樣的神聖場域。單軌電車沿線的蔦屋書店後方有一座森林，我入內探險，發現了Utaki。好厲害！就在資本主義的旁邊，竟然擴展著前近代的咒術世界。

沖繩！這個地方實在太有趣了。我開始欣喜地四處尋找Utaki。

博士傻呼呼地得意忘形，完全沒發現自己將要迷失在危險的神奇國度，還在開心享受工作前的短暫假期。

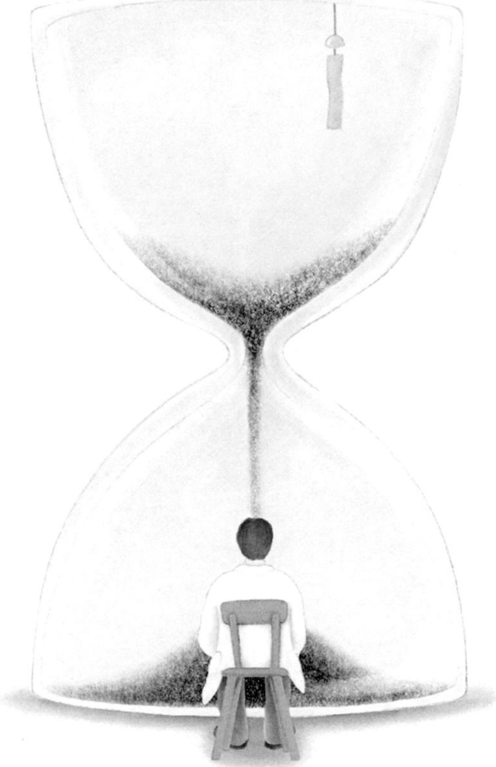

第2章

存在與行動

總之，先坐在那裡

名字被奪走了

「終於來啦，京大博士！」

上班首日，一個長得跟Q比美乃滋公仔一模一樣的大叔，滿臉笑容地出來迎接我。矮小的個子，圓滾滾的微胖體型，大得嚇人的眼睛，還戴著眼鏡。最顯眼的是那光溜溜的禿頭，整個頭頂亮到反光。

「你好，我是護理師高江洲。」Q比大叔有禮地遞給我一張名片，然後咧嘴笑了，「以後請多多指教～～」

「**業務管理部長**」——名片上這麼印著。好威風的職稱！如果這裡是高盛集團，那就是統管所有亞洲業務，動動小指頭便讓泰國或菲律賓陷入金融危機的職位了。如此了不起的高層，正穿著可愛的小碎花圍裙咧嘴笑著。

「你是京大的博士，對吧？」我的學歷散發出和部長頭頂一樣的聖光，「我孫子啊正在上補習班，下次你教他怎麼念書吧？他的補習班費是哇它出的，阿基查皮喲，貴得我都要哭了。」

「哇它」是沖繩方言的「我」，「阿基查皮喲」是驚訝時發出的感嘆詞（類似「我的老天爺啊！」）。原本以為要開始職前訓練，高江洲部長卻突然喋喋不休地跟我抱怨起家務事。這時，廚房裡一個看起來挺固執的歐巴桑叫他：「高江洲桑，沒有茶水了～～」才打斷了他的抱怨。

「哈薩（哎喲）！大家是不是喝太多茶啦？」他這麼說著，趕緊起身去準備茶水，業務管理部長管理的業務非常龐雜。

不過，那個歐巴桑是誰呢？這裡的日間照護病房把患者稱爲「成員」（member），但我完全分不清誰是工作人員、誰又是成員。

部長迅速地泡好沖繩特有的香片茶，又走了回來。「不好意思啊，應該要開始職前訓練了。嗯，京大博士，你的名字是？」

「東畑開人。」

「東畑嗎……東畑……東……我想到了！好，從今天起你就叫阿東了！」

「阿……東嗎？」

「嗯！就是阿東。沒問題吧？」部長看來非常滿意。「你打過麻將吧？東是麻將裡的一張牌喔！我年輕的時候，每天晚上都在病房裡打麻將……」

緊接著，他開始回憶起自己在精神病院工作的過往，這位業務管理部長真的很健談。於是，剛才那個歐巴桑又叫他了。

「高江洲桑～～該去買東西了～～！我們還有午餐要準備啊～～」

「我知道——等我一下，我正在幫阿東做職前訓練啦！」他大聲地回完話，「女人變成歐巴桑以後，一點小事就會不耐煩。阿東，心理學有類似的說法嗎？」

「呃，這個嘛……」我正絞盡腦汁想著要如何回答主管沒頭沒腦的問題，歐巴桑又喊聲了。

「高～江～洲～桑～～！該～去～買東西啦～～！」

「知道啦——現在就去！」高江洲部長拿著車鑰匙站起身，「這樣吧，阿東，總之，你就先坐在那裡吧！」

說完這句話，高江洲部長便匆匆忙忙離開了。業務管理部長最重要的業務，就是去沖繩當地的「San-A 超市」買午餐要用的材料。

就這樣，我原本的名字被奪走了，得到了一個新名字，就像《神隱少女》[1]一樣。

只是坐著，居然會這麼難?!

變成「阿東」的心理師員工，第一個工作就是「先坐在那裡」。

這個工作指令也太莫名其妙了！雖然我心裡這麼想，但也沒有其他辦法，只能先坐在眼前的折疊椅上。

椅子坐起來很不舒服，老舊的椅墊因爲使用過度已經變形，坐在上面非常難受。

我環顧四周，看到坐在我右邊的女性正不厭其煩地反覆閱讀同一張報紙，左邊的男性正重複地折疊手帕又打開。雖然不太確定，但他們應該是成員吧！眞奇妙，他們到底在做什麼？

眞正奇妙的，不是正在做這些奇妙動作的人，而是什麼都沒做的人。大多數的成員只是茫然地呆坐在日間照護病房，既不交談、也不閱讀，雖然偶爾會喝幾口茶，但基本上什麼事都不做，只是呆坐在那裡。

我從沒見過這種景象。畢竟，我之前所處的世界，芸芸衆生隨時都在爲生活勞碌奔忙。

我有點不知所措。這裡顯得如此平穩無波、歲月靜好，讓我不敢隨便做出什麼動作。

我不自在到了極點，就像跟剛認識的人一起去居酒屋，點完飲料後啤酒久久不來，周遭只剩下尷尬的沉默。

好尷尬。我很想找人問問自己能做什麼，但負責職前訓練的高江洲部長還沒從超市回來。

既然他叫我「先坐在那裡」，我也只能坐著。想到這裡，我重新端正坐姿，卻撐不到一分鐘就累了。時間彷彿停住了，無所事事地坐著，眞的很難熬。

那時，我突然靈光一閃。對啊，我可是臨床心理師，是傾聽別人說話的專家，什麼是臨床，現在不就是臨床？正好可以試著跟成員們說說話，發揮自己的專業啊！我立刻嘗試跟反覆讀著同一張報紙的中年女性說話。

1　在這部動畫片中，主角千尋爲了在湯婆婆經營的澡堂取得工作，被剝奪了本名以作爲束縛，改名爲「千」。

「那個……請問您在讀什麼呢？」

「報紙啊！」

是沒錯啦，一看就知道。

「……有什麼有趣的新聞嗎？」

「還好，就是很普通的體育新聞。」

「……這樣喔……」

中年女性看都沒看我一眼，繼續盯著報紙。對話就此終止，我自傲的專業被無情地打碎。我無計可施，只能又回去坐好。

我再次環顧四周。負責醫療事務的年輕女孩們，俐落地在廚房忙碌；護理師們專注地在值班室書寫醫療記錄。只有我，無所事事地呆坐在這裡。每個人都在忙著什麼，明明有事要「做」，我卻只能「待」著。

負面的想法開始襲來。當年紀比我小一輪的女事務員跟我對到眼神，我覺得對方一定在想：「喲，想必這位是剛來的新種白蟻吧？坐在那裡啥都不做，就能拿到比我高的薪水，米蟲生活真美好啊～～」看起來像大奥總管的中年女護理師焦躁地將左右腳交換翹著，一邊寫著醫療記錄，我感覺能透視她的想法──「讀了九年大學還這麼沒用，眞是廢物耶！廢物廢物廢物廢物！」

這樣下去不行！再這麼呆坐著，我一定會瘋掉。我開始尋找可以避難的地方，於是在日間照護病房深處看到了一間陰暗的吸菸室。

「就是這裡！」我急忙躲進吸菸室，「這裡就不會引人注目了。」

或許是緊鄰廁所，這間吸菸室顯得陰暗潮濕，當中混合著濃厚的尿味和菸味，彷若世界盡頭。裡面放著好幾張折疊椅，室主就坐鎮在最深處。

他穿著鬆垮骯髒的T恤，短褲下的雙腳滿是污垢，身上散發混著汗與尿的複雜氣味。室主過於異樣的存在感，讓我不禁卻步。他就像是監獄老大，狠狠瞪著我這個新來的菜鳥，那雙眼睛彷彿見過世間所有的絕望，顯得極爲陰鬱。

不行，好可怕。我覺得自己最好快點滾開，但我實在無處可去，只能努力在這裡落腳。我試著跟對方溝通。

「早安，我叫東畑，今天開始在這裡上班。」

室主用如同凝視地獄業火般的眼神看著我，然後點點頭。

「嗯。」

沉默。對話終結。

不行，好尷尬。於是，我再次嘗試跟對方溝通。對啊，我是臨床心理師，應該是聊天專家！

「那個……您在抽什麼菸呢？」

「嗯。」室主無動於衷。

「好抽嗎？」我自覺問了一個蠢問題，但實在不知如何是好。

「嗯。」室主有些不耐煩地移開視線，繼續老菸槍模式。

我的專業再次碎了一地。無計可施下，我也點了一根菸。我慢慢地深吸一口，再盡可能緩慢地把煙吐出來，並且嘗試出聲。

「嗯。」

喔喔喔！好率性、好有成熟男人的味道。我不是一隻只會呆坐的白蟻，我有事可做，我是一個率性抽著菸的成熟男人。這個想法讓我心情飛揚了起來，花費更多時間緩慢抽著手上的菸，帶著美洲原住民酋長祈求宇宙和諧般的虔誠，讓煙霧籠罩全身。

「呼……」

「嗯。」

不知道爲什麼，室主突然發出聲音，更讓我確切感受到宇宙的和諧。

太厲害了！想不到香菸竟然有這種效果！抽菸眞的能化解所有尷尬的時刻。

但是，香菸總是一下子就會抽完。室主迅速點燃下一根菸，我正準備跟隨他的腳步，視線卻突然跟在外面看著我的女事務員對上了。我的腦中頓時響起殘忍的嘲笑聲：「喲，白蟻先生，當米蟲還當上癮了？剛來就自暴自棄啦～～」對方甚至開始朝這裡大步走來。

糟糕！我該不會受到處分吧？我趕緊熄掉手上的菸，費力地拉開吸菸室的門。原以爲會聽到「你這個廢物！」的怒吼，結果女孩只是溫柔地對我說，「要開會了喔！」

我看了一眼手錶，從開始上班到現在，竟然還不到一小時，我大吃一驚。

「怎麼會這樣？只是坐著而已，居然會這麼難！」

我唸了五年的研究所，從來沒有人教我怎麼在日間照護病房「好好坐著」。

一個讓人「存在」的地方

我的思緒陷入一片混亂，爲了找回理智，現在來稍微聊聊現實的狀況。

我當時所在的地方，是精神科的日間照護病房（daycare）。

什麼是日間照護？依照日本政府制定的「醫師診療報酬支給」，是這樣定義的：

協助精神疾病患者重獲社會生活機能，爲個別患者安排相應方案，進行適當的團體治療。

我所工作的日間照護病房，人數最多的患者是慢性思覺失調症，其他還有躁鬱症、發展障礙或人格障礙等各種精神疾患。日間照護主要是讓狀況穩定的病人白天來醫院接受復健治療，晚上再回去過家居的生活。

這間精神科診所位在那霸市市郊，日間照護是其中的一部分業務，診所平時要診治精神科相關門診，旁邊就緊鄰著這個日間照護病房。病房中央是寬廣的大廳，配有廚房，周圍放置沙發、折疊椅和桌子。更裡面是吸菸室與和室，二樓是小廳，另外還有面談室、桌球室位在半地下室。

這裡的日間照護正確來說應該叫做「全日型照護」（daynight care）。之所以這麼區分，是因爲狹義的「日間照護」，成員們只會待六小時，全日型照護則有十小時，亦卽從早上八點半到晚上六點半，成員會在診所的日間照護病房從早待到晚，等於整整一個白天（day+night）。

成員的人數每天都會變動，像卡拉OK這種大型活動會有三十人以上參加，有些日子可能只出現十名成員，來不來基本上都是成員的自由。

日間照護病房的工作人員由護理師及醫務室組成，以高江洲部長等三位男性護理師爲中心共同運作，門診部的女性護理師與醫務室雇用的年輕女員工（這裡姑且先稱爲「醫務室女孩」）從旁協助。他們都是什麼樣的人，之後會逐一爲大家介紹。

關於我的工作內容，正式的業務之一就是日間照護，但基本上只有「週二、三」兩個下午，其他時間都是在門診部進行心理諮商。所以，徵人簡章說心理諮商占七成、日間照護占二成，並沒有騙人。然而，沒有心理諮商工作的時候，心理師還是要去日間照護病房跟成員待在一起。畢竟沒有患者還待在諮商室發呆，實在也很奇怪。

基本上，門診部和日間照護病房也只隔了一道牆，到頭來我實際的工作內容就變成——每天早上先去日間照護病房報到，從早到晚在那裡待上十小時，中間再抽空處理心理諮商的工作。所以，真正的狀況是日間照護占十成，加上心理諮商就是十七成。

十個小時真的很長。高中生早起做晨訓，上完六小時的課，再參加社團活動盡情揮灑汗水，可能還花不到十小時。即便年輕人有大把空閒，這也是一段很長的時間。

日間照護病房的時程表排得十分寬鬆，就像前面提到的，早上八點半到九點半是魔法自由時間，大家會依自己的喜好四處坐著。

九點半進行晨會、做完廣播體操，成員中的主席會說明當天的活動內容及業務聯繫，之後開始分配每個人在午餐時負責的準備工作，例如切菜、洗米等。

晨會結束後，就是「晨間活動」，大家會一起做計算練習、合唱一首《重溫那美好的愛》[2]

---

2 《あの素晴しい愛をもう一度》，由日本音樂人加藤和彥、北山修共同創作、演唱的流行名曲。

或是塗一塗著色本，基本上都是輕鬆簡單的活動，大概十點過後就會全部結束。

之後，再次進入午餐前的魔法自由時間。有的人會打打撲克牌，但大部分時候，大家就只是坐在那裡。

十二點吃過午餐後是午休，意思就是再次進入魔法自由時間。等到下午兩點半左右，就開始「午後活動」。

下午的活動比較正式，大家會一起去體育館打排球，或到棒球場打軟式棒球，有時則開車出去兜風。午後活動一結束，又是魔法自由時間。晚上六點前會用完簡單的晚飯，六點半回家。

沒錯，成員在日間照護病房度過的十個小時，有相當多的部分是自由時間。

在自由時間裡，他們什麼都沒「做」，只是「待」著。只要坐著、「待」在那裡就好。只是，存在著，就好。那是一段什麼事都沒發生，動也不動的靜止時刻。

日間照護病房，總之就是一個讓人「存在」的地方。

只爲了「存在」就耗費這麼多時間，可能是因爲我工作的地方是「生活型日間照護病房」。

一般來說，日間照護可以分成「中途型照護」與「生活型照護」兩種，不過兩者的差別並沒有那麼絕對，只是有些方向上的區分。

中途型照護，顧名思義就是以成員的功能性復健爲前提。例如近來備受矚目的「復職訓練」（rework program）就屬於此類，主要是幫助因故無法適應社會生活的成員，透過日間照護的各種課程或訓練，得以恢復正常、回歸社會。這裡就像是成員回歸社會之前的「中途之家」，大家在此獲取所需要的治療與復健，這也是日本政府原先規劃的日間照護應有的機能。

相對於此，生活型照護就不是以「中途」爲前提。事實上，大部分的成員都無法經由這裡回歸社會，而是長期滯留，所以生活型照護有時會被揶揄成是「最終歸宿型照護」。

可能有人會忍不住想問：「這樣就可以了嗎？」然而，通常會長期滯留在生活型日間照護病房的人們，不是思覺失調症患者，就是長期閉門不出的繭居族，或是沒有能力自我照顧的高齡者，要回歸社會並非易事，所以最終都會產生這樣的結果。

他們是難以「存在」於社會的人。而我的工作，就是要和這些難以「存在」的人，一起「存在」著。

以「存在」爲目的的「存在」。生活型日間照護病房就是這麼一個充滿「同語反覆」[3]的地

3　tautology，意指主語和述語皆以相同說法表達，變成只是無意義地重複敍述，缺乏說明的功用，例如「樂觀主義者就是樂觀地看待生活的人」。

方。就像在愛麗絲的神奇國度中，癲狂的瘋帽客會突然冒出來唱著：「爲了存在而存在而存在而存在……」

這其中必定存在著日間照護病房眞正的祕密，但我始終沒有發現眞相。「存在」是什麼？安身之地又是什麼？眞的這樣就可以了嗎？我沒有深思過這些問題，就開始了自己的工作。

所以，我之後才會犯下那麼嚴重的錯誤。

先讓故事往下進行吧。

心理諮商的「模仿遊戲」

存在眞的好痛苦啊！

什麼都不做，「只是存在著」，讓我覺得自己成了浪費糧食的白蟻。這樣實在太難受了，所以之後的幾個月，我都在假裝自己有事可做。

像是看著書架，「嗯」的點一下頭，或是熟讀拿到的工作規範，用螢光筆畫線；偶爾還會算算撲克牌的張數有沒有齊全，最後甚至數起了桌子上的木紋。

當我努力營造出自己正在認眞工作的氛圍，彷彿一瞬間就成了帥氣體面的醫界人士。

我必須有事可「做」，才有資格「存在」。

所以，每當有心理諮商的案子，都會讓我鬆一口氣。因爲那代表我眞的有事可做了，也讓我感覺自己有在「好好工作」。然而，在我剛開始工作的四、五月，所負責的諮商案件實在很少，幾乎算是無事可「做」，我只能假裝寫著諮商記錄，或是躲在諮商室裡發呆。這種完全浪費糧食的白蟻行爲，讓我心情極度沮喪。

到頭來，我也只能呆坐著。

我的日間照護工作，從呆坐著開始，到呆坐著結束。

開始工作一個月後，大約是四月底，一位名叫淳子的三十多歲女性成員來到日間照護病房。她身上穿戴著衆多會發出喀啦聲的能量石，由於之前被診斷爲思覺失調症，她才剛從精神病院出院，爲了重新「回歸社會」來到這裡。

淳子一來就充滿了幹勁。高江洲部長一如既往進行了超隨便的新人指導，讓她「先坐在那裡就好」，但她大概只坐了兩秒，就立刻站起身，積極地開始尋找可以「做」的事。

「你好！」她四處向工作人員及其他成員打招呼，然後自我介紹。「你讀哪裡的高中啊？我高中才讀幾天就沒去了薩——」

只要有可以「做」的事，她都願意去做。原本廚房的準備工作是抽籤分配制，但她主動提出要負責；連大家只是隨便敷衍的晨間計算練習，她都參與得極爲熱切。「減法眞的好難喔！我沒有讀完高中，正好趁現在學一學～～」

淳子滿懷熱情，努力地進行「復健」，想要盡快「回歸社會」。所以才不過一週，她就已經成爲日間照護病房所有活動的中心人物，忙得不可開交。如果我是浪費糧食的白蟻，她就是認眞勤快的工蟻了。

由於淳子太過努力了，連護理師們都擔心起來，不斷勸她：「坐著休息一下吧！慢慢來沒關係喔～～」但她只是回答：「沒事啦！我讀高中的時候，就一直想著畢業後要去上餐飲學校。」不願意放棄廚房的工作。

然後，淳子也來找我說話了。

「那個，東畑心理師是做心理諮商的，對吧？好厲害喔！你讀哪所高中啊？我幾乎沒怎麼去高中就輟學了～～然後啊，我有話想跟心理師聊聊，你現在有時間嗎？」

有啊，時間多得不得了。但要是回答「ＯＫ！我剛好有空！」，感覺就坐實了自己的白蟻身分，所以我假裝在腦中確認行程表（明明就一片空白），煞有其事地回答：「嗯，我看看喔……這個嘛……什麼時候可以呢……啊，今天下午剛好有個空檔，方便嗎？」

「謝謝心理師，那我們下午見喔。」淳子說完，又跑去幫忙其他工作人員，我則是重新數起了桌子上的木紋。

到了下午，我情緒高漲。沒錯，淳子有事要找我這個臨床心理師討論，我終於有機會在日間照護病房發揮專業了。我在心裡抬頭挺胸，這下誰都不能說我是白蟻了！

面談室位在日間照護病房的半地下室，我準備和淳子在這裡談話。這地方能讓我們獨處，也足以保密。

「我們有三十分鐘的諮商時間。」我一開始就先跟淳子說明。限定時間和空間，是心理諮商最基本的原則，藉此才得以處理內心深處潛藏的情感。我做好了心理治療該有的事前準備。

淳子開始說話，「其實，我幾乎沒怎麼去高中……」

「嗯。」我靜靜地聽著。

「醫生是讀哪裡的高中呢？」

「你覺得呢？」這是心理師的絕招，涉及個人隱私就反問回去。

「那霸有一所教心理學的高中喔！」

「嗯嗯，這樣啊！」我繼續傾聽。

當我擺出專家的姿態，認真傾聽著淳子有些溫馨的求學生涯，故事發展突然墜入了地獄的深淵，像是從陡坡直線滑落，就這樣摔進了寒冷的冰川縫隙。

淳子開始述說自己的過去，然後痛哭失聲。生長在家暴環境，高中時懷孕，雖然平安生下孩子，卻遭到同年的丈夫暴力相向，很快就離了婚，從此她再也沒見過孩子。淳子流著眼淚痛訴前夫一家人如何惡劣至極，自己也因爲身上的疾病，對孩子做了過分的事。雖然想見孩子，卻覺得對方一定非常憎恨自己——她一口氣說完自己的遭遇。

平常有些不諳世事的淳子，這時就像完全換了一個人。在短短的三十分鐘內，她訴說著自己悲慘的人生，我則靜靜地傾聽。與其說是傾聽，更像是因爲她的故事太過痛苦，讓我整個人頭昏腦脹，除了沉默地聽著，什麼事也做不了。

最後，我告訴她三十分鐘到了，她突然露出笑容說：「啊，我整個人輕鬆多了——眞是謝謝你啊！」這時的她又像換了一個人，若無其事地笑著，然後問我：「如果還想找你說話該怎麼辦呢？」我們便約好下週再進行諮商。我按照心理諮商的標準程序，一週與個案對話一次。

「這也是復健必經的過程吧！」淳子爽朗地說。

之後數週，我和淳子談了好幾次，兩人在密室裡說著悲慘又痛苦的過去，不斷持續。

最後的結果就是，淳子不來日間照護病房了。

原本就過度活躍的淳子，慢慢陷入疲乏。她不再跟其他成員討論高中生活，也不再幫忙廚房的準備工作，她失去了行動的能力。

喪失氣力後，待在日間照護病房對淳子來說，就成了痛苦的事，她變得坐立難安。於是，她會中途突然不聲不響地離開，就這樣直接回家，接著則開始頻繁缺席，最後完全不來了。

「唉，有時候也是會這樣。」高江洲部長說，「可能是心裡太焦急了……別擔心，她應該還會再回來的，到時候希望她放鬆一點啊！」

這在日間照護病房已是司空見慣。雖然來到這裡，卻找不到「存在」的理由，最後待不下去只能離開。畢竟是長達十小時的持久戰，「存在」不是那麼容易，所以新成員經常因此離開。

然而，我卻是深自檢討、痛切反省。因爲我覺得，這都是我的錯。

我對淳子做的，根本只是心理諮商和心理治療的「模仿遊戲」。準備獨立的空間、設定有限的時間，然後靜靜地傾聽，這樣就能碰觸到深層的內心——這是我在研究所學到的心理治療基本原則。因此，當淳子要我「聽她說話」，我就反射性地這麼做了。

然而，不是什麼時候都適合去碰觸內心深處。這是當然的，因爲所有被壓抑、被忽視的內心苦痛，會一股腦兒地蜂湧而出，讓人飽受折磨、心緒不定。

實際上，在好幾次心理治療的模仿遊戲中，淳子都曾訴說自己受到病房其他成員及工作人員的排擠，她內心的陰暗面開始影響到現實，讓她產生了被害妄想。一旦出現這種狀況，她就再也無法待在日間照護病房了，所以只能離開。

我眞是個徹底的笨蛋。

淳子爲什麼想要我聽她說話？

這是因爲，她難以「存在」於日間照護病房了。就算只是心理治療的模仿遊戲，她也希望有事可「做」，所以才來找我談話，這樣一來，她才有理由繼續「存在」。

但是，我卻單純地以爲她眞的需要心理諮商，拚命挖掘所謂的「內心深處」，而傷害了她。

我不也是一樣嗎？我也是無事可「做」，覺得「存在」好難受，才藉著這場模仿遊戲逃避現實，完全沒發現淳子正在掙扎著想保有內心的安定，結果讓她的情況更加惡化。

當時，我根本不應該進行什麼心理諮商的模仿遊戲，只要和她一起「存在」於日間照護病房就好。一起，無聊地，坐在那裡就好。如果呆坐著很難熬，至少也可以和她一起玩玩撲克牌，或者散散步，尋找能一起做的事。

淳子想要的不是什麼治療，而是心靈上的照護。她不需要別人挖掘她的內心，而是想讓自己的內心周圍更加穩固、確保安定。

我錯得離譜，完全不了解她眞正需要的是什麼。

不是只有我爲「存在」所苦，許多爲「存在」所苦、腦中充斥著各種聲音的人，都聚集到了這裡。日間照護病房，就是這樣的地方。

將「存在」貫徹到底

人要從失敗中學習。既然日間照護病房有其特定的運作模式，這種模式自然有它存在的必要性。我這麼告訴自己，然後下定決心有所覺悟。

總之，我要努力地「存在」，無論如何都要「存在」。我決心將「存在」貫徹到底。

這麼一來，就只剩一件事可做。

也就是——總之，先坐在那裡。

不管颳風下雨，都坐在那裡；就算跟高江洲部長他們喝完酒隔天宿醉，也坐在那裡；因爲下午的排球比賽肌肉嚴重痠痛，依然坐在那裡；外頭是一片美好的晴朗藍天，還是坐在那裡；不管再空閒、再無聊，都要坐在那裡。

聽起來像是某種靜心冥想的修行，但我既沒有因此產生正念，也沒有感到頓悟，更沒有獲得人性的成長。我只是爲空閒的魔法自由時間痛苦，爲無所事事而厭煩。我適應不了這種無風無浪的靜止時刻，只是呆坐在那裡，實在很難受。

不過，也不是什麼變化都沒有。一直坐著雖然痛苦，我還是在日間照護病房裡逐漸構築了人際關係。

我已經能分清誰是工作人員、誰是成員，也記住了他們的名字及基本的個性。看起來像大奥總管的資深護理師就跟她給人的感覺一樣，除了口氣不好，個性也有點惡劣，但我知道她並不討厭我。醫務室女孩果然多少有點把我視爲只會打混的白蟻，不過她們先前也是這樣看待其他的心理師，算是對白蟻抱有善意的人，所以我們也建立了能互開玩笑的融洽關係。

我和成員們的距離也拉近了。在我隔壁反覆讀著同一張報紙的女性叫友香，重複折疊紙巾又打開的老爺爺叫裕次郎，他們跟我說了自己的名字，然後也記住我的名字。我們習慣了彼此的存在。在一起打排球、玩撲克牌和疊疊樂的過程中，我們開始有機會交談。不是在密室裡談話，而是在大庭廣衆下聊天，聊的話題也不深刻，就是閒話家常。這樣共度的時間，讓我們一點、一點建立起了人際關係。時間眞的很重要。

在這當中，我突然在某天領悟到了「坐著」的最終奥義，那時我已經在日間照護病房工作了四個月左右。事情發生的契機，則是夏季甲子園的沖繩代表興南高校在比賽中勢如破竹的表現。

那一年，已在春季甲子園獲得冠軍的興南高校，同樣在夏季甲子園大賽順利晉級。每次只要有比賽，大家都會聚在一起爲他們加油，連平常目光從未離開體育報的友香，以及除了香菸對一切都沒興趣的室長，也會跟著大家緊盯電視。

超級王牌投手島袋同學將對手三振，大家就高聲歡呼；隊長我如古同學擊出安打，大家也跟著熱血沸騰；一不小心錯失勝機，衆人瞬間就垂頭喪氣；要是出現了再見全壘打，全體都陷入瘋狂。銘苅、伊禮、安慶名……許多沖繩選手都有著我此生前所未聞的稀有姓氏，盡情地在甲子園這個大舞台上活躍奔馳，讓人歡騰激昂。我忘情地沉醉其中，拚命爲他們加油吶喊。

最後，興南高校終於成功締造春夏連霸的壯舉，在那一刻，不分成員或工作人員，所有人都融爲一體，「哇——！」的興奮尖叫。不知道爲什麼，我也跟著用沖繩腔歡呼了起來。

「哈薩哈薩——興南高校！最強薩——」

比賽結束後，大家一起用三十九日圓的可樂乾杯，興奮不已的我們還在大力讚揚王牌選手：「島袋同學眞是太厲害了~~」互相分享觀賽的感想。我們熱烈地吵嚷著，一直在開心地「悠恩塔庫」（沖繩方言「說個不停」的意思）。

但是，當事情告一段落，我回過神來，成員們又回到了坐著發呆的日常狀態。友香翻開了報紙，室長進入吸菸模式，醫務室女孩在清洗餐具，護理師寫著醫療記錄，窗外吹來怡人的微風。然後，我又開始無事可「做」，整個人放鬆地坐著。

沒錯，等我發現時，我已經可以「存在」於那裡，不用再時刻爲「存在」擔驚受怕了。「只是存在著」也不再讓我覺得自己是隻白蟻。多虧了興南高校，我終於不再覺得自己是個外人。

「總之，先坐在那裡」，就是「跟大家一起存在」。直到那時，我才第一次感受到，日間照護病房的靜止時刻，那些魔法自由時間，是如此舒服自在。我覺得自己放鬆而從容。

轉過視線，坐在我對面的高江洲部長正坐在椅子上打瞌睡。友香狡黠地笑著說：「部長應該是累了。」然後伸手摸了摸部長的禿頭，小聲地驚嘆：「光溜溜的耶！」日間照護病房外頭，夏季艷陽正散發炙熱的光芒，在高江洲部長的頭頂反射出暗淡的亮光。

一邊沉睡一邊「存在」，是日間照護病房專家的獨門技藝。

無法「存在」，就會開始「行動」

「存在」，是很不可思議的事。

寫這本書的時候，我正在東京工作，離沖繩的日間照護病房十萬八千里遠，每天都忙得不可開交。忙著「做」諮商、「做」教學，以及像這樣寫文章、「做」一本書。「做」許多事情換來收入，是我的日常。

然而，前提是我必須「存在」。因爲太過理所當然，我經常忘了這件事，但我確實可以「存在」於現今的職場。

我們平常很少思考自己爲什麼可以「存在」，就像魚不會思考自己爲什麼在水裡，狗不會注意到氧氣，我們經常忽視那些支撐自己「存在」的事物，將其視爲理所當然。

但是，待在日間照護病房，這些事物全都會讓人感到不可思議。因爲在那裡，「存在」輕而易舉就會失去，直到那時，我們才會開始思考「什麼是安身之地」。當「存在」變得困難，人會尋求安身之地；直到「失去了安身之地」，我們才開始注意到它的存在。這眞的很不可思議。

「存在」到底是什麼？安身之地又是什麼？

我的大學學弟中藤，寫了一本名爲《心理臨床與「安身之地」》的書。身爲學弟竟敢厚著臉皮出書，我本來想直接抹殺他的存在，後來回頭想想：「不對喔，學弟這麼優秀，我應該祝福他，跟他學習才對。」（說什麼抹殺人家，自己不要先被抹殺就好了，不如趁這個機會賣賣人情。）所以轉念買了這本書，想不到還寫得很有趣（眞令人火大）。

「安身之地」的日文是「居場所」，在古日語中與「居所」（ゐどころ）的發音相同。有趣的是，「居所」在日文中也意指「坐著的地方」，同時並代表「臀部」。

所以，「居場所」就是「放置臀部的地方」。高江洲部長超級隨便的職前訓練，很可能一不小心就道出了深層的眞相——人的「安身之地」（居場所），就是「可以安坐在那裡的地方」。

換個方式說，「安身之地」就是可以安全放置臀部的地方。我們看不到自己的臀部，也難以控制它，要是被爆菊一定會痛得昏過去，算是人體最大的弱點之一。一個可以預防這種不安、讓人守護弱點的所在，不就是安身之地嗎？沒錯，可以毫無防備地安置臀部，不用擔心被爆菊、會受傷，這樣的安心感，讓我們得以「存在」。

這是什麼意思呢？英國小兒科醫師、精神分析學家唐諾．溫尼考特（Donald W. Winnicott）曾提出一個有趣的論點：

> **「合宜的母親」會滿足嬰兒的全能感……她會反覆達成這個期望……透過這個方式，才會開始擁有眞正的自己、自我的生活。**
>
> ——唐諾．溫尼考特，《成熟過程與促進環境》（*The Maturational Processes and the Facilitating Environment*）

他的說法有點晦澀難懂，所以我來超譯一下。溫尼考特醫師的意思是，只有當嬰兒可以全心全意地依存於母親，才有辦法做「眞正的自己」。

只要「哇」的哭出來，就會像施了魔法般有人餵自己喝奶；「呀」的大叫幾聲，就有人替自己更換髒掉的尿布。小嬰兒在這段時期會受到完全的照顧，讓他們產生「心想事成」的全能感，「眞正的自己」在此時才會展現出來。

很多人或許以爲，「眞正的自己」就像是發現自己「原來一直想成爲色彩搭配師」那樣，獨自煩惱到最後，終於找到了「眞實的我」而興奮不已……其實並非如此。那不是眞正的自己，還是有點不自然的感覺。

溫尼考特醫師所說的「眞正的自己」，是指最放鬆、沒有防備的自己。類似於整個人泡在溫泉裡，忍不住發出「喔喔～～」的嘆息聲，幾乎卸下了所有武裝，那時才能稍微窺探到「眞正的自己」。

就像小嬰兒可以安心在母親的羽翼下接受保護，當人能夠將一切放心地交託出去，才會展現「眞正的自己」，那是最放鬆自然的狀態，也代表自己的「存在」受到了接納。球賽結束後，我整個人腦袋放空、輕鬆地坐在那裡，就有點這樣的感覺。

相反地，當母親缺乏照顧能力，孩子失去可以放心依靠的人，他們的內心就會崩潰，因爲他們的生命出現危機、「存在」受到威脅。於是，孩子會開始揣測母親的心情，努力地討好她，溫尼考特醫師說，這時就會產生「虛假的自己」。

就像我不停數著桌子上的木紋，淳子拚命幫忙廚房的準備工作，一旦我們無法安心地待在當下的環境，就會藉由「做」某些事，創造出「虛假的自己」，盡可能讓自己得以「存在」，延續生命活下去。

當我們可以完全倚靠、依存於某人，就能保持「眞正的自己」；如果不行，就會創造出「虛假的自己」。所以，當「存在」變得艱難，人就會開始「行動」。

反過來說，爲了讓自己可以「存在」，就必須融入那個環境，對那裡的人們抱持信任，把自己交託出去。

交託、依賴、依存。這其中應該隱藏著日間照護病房和「存在」的祕密，但此處不再深入探討。依存就像一個洞窟，蜿蜒曲折、錯綜複雜，裡面到處都是分岔，通往某個不知名的地方。當然，那時的我還不了解這些事，所以現在先讓故事往下進行。

不過，只有一件事我想先釐淸——這裡所說的依存，我們平常是意識不到的。每個人在生活中其實都依賴著某些人，只是我們完全沒發現而已。

但是，這種依賴對某些人來說是非常困難的事，所以他們就來到了生活型日間照護病房。他們害怕受到傷害，總是活得心驚膽顫，而日間照護病房的目標，就是讓這些人能夠放置自己的臀部，安心地坐在那裡。以「存在」爲目的的「存在」，愛麗絲夢遊仙境的瘋帽客到來了。

因此，我的工作就是「總之，先坐在那裡」。如果連工作人員的「存在」都受到威脅，成員又要怎麼安心地交託自己呢？

淳子離開幾個月後，在某個盛夏之日，再次回到了日間照護病房。

然而，她似乎還是有些不安，一直在尋找可以「做」的事，轉來轉去忙個不停，和先前一樣想靠「行動」來緩解「存在」的不安。

不過，這次她學會了自我調整，小心地不讓自己過度激動。我們這些工作人員也都守在她身邊，隨時幫助她踩剎車。

偶爾，淳子還是會因爲待得太難受，而突然離開日間照護病房。雖然知道她應該是想要冷靜一下，我們也想讓她這樣，但這裡畢竟是醫療機構，還是得確認一下她的行蹤。

這時，最無事可「做」的我，就會被派出去找她。

我走出冷氣超強的日間照護病房，在足以殺死人的烈陽下到處尋找。我去了附近的San-A超市、去了公車站，又去了一座大公園，卻都沒有見到淳子的身影。我開始不知所措，天氣眞的好熱。雖然淳子可能已經回家了，我還是決定去診所後方的小公園看看，最後在缺乏維護、雜草及腰的公園最裡面找到了她，她躲在公廁後頭抽菸。

「我找你好久了呢！」我說。

「不好意思啊，我就是心裡有點慌。」淳子回答。

「這樣啊……那現在要回去嗎？」

「我還想在這裡待一下。」

我想大概也是，所以跟著點了一根菸，坐到蹺蹺板上。然後，淳子又坐到鞦韆上。這時無需說話，最重要的是讓她不再害怕，可以和人安心地待在一起，我想。

所以，我慢慢地抽著菸，淳子也抽著菸。第二根之後，或許是尼古丁足夠了，菸開始變得淡而無味，但我還是又抽了一根。我並不是在等待淳子，只是兩人一起抽菸的感覺很放鬆，所以才一直抽著。比起回到日間照護病房，在狹小的房間裡「坐著」，還是待在外頭更自在。我覺得自己好像有點了解淳子的心情。

然後，淳子突然跟我說：

「好熱喔！之後一定還會變得更熱。」

「熱成這樣眞的好煩喔。」我回答。

其實，我們所待的榕樹底下十分陰涼，和煦的微風吹乾了身上的汗水，我們兩個就在這個荒廢已久的公園裡發著呆。

陽光異常地強烈，雜草散發出一股悶熱的草味。

我們就這樣站在愛麗絲神奇國度的入口。

第3章

心靈與身體

碰觸「心體」

四人組的泡盛酒會

「火勢太大了……」高江洲業務管理部長一口氣乾掉Orion奧利恩的「麥職人」發泡酒[1]，「看樣子還會燒很久，我們也只能等它燒完了～～」

新一拿著濕紙巾，認眞擦拭著空啤酒杯外側附著的水滴。

「一直燒到最高點啊。」高江洲部長指著自己光溜溜的禿頭。我往啤酒杯裡加了快滿出來的冰塊，因爲有點匆忙，有幾個還咔啦啦的滾到桌子上。

「不用急啦，阿東。」新一笑著說，一邊將稱爲「古酒」的熟成泡盛[2]「菊露VIP GOLD」倒入杯中，我再加水，最後由高江洲部長粗魯地將手指插進去攪一攪，水割[3]完成。

部長豪邁地一口喝乾，笑容滿面地讚道：「完美薩——」

「還會燒下去嗎？」阿大的杯子空了，我立刻放入冰塊，把杯子遞給在旁等著倒酒的新一。

「畢竟才剛燒起來啊……」新一喃喃自語著，將泡盛倒進杯裡。

說話的不是消防隊，而是正在喝酒的日間照護病房護理師。

下班的護理師們，每晚都會聚在離診所不遠，位於那霸市小祿的廉價居酒屋「魯邦」。

「看來又會被說，禿頭、胖子和瘦子又來了薩——」新一笑著說。

禿頭，不用說就是高江洲業務管理部長（五十九歲）。

胖子是體型神似漫畫主角「大飯桶」[4]，鬍子蓬亂，生活裡只有職棒的超級球迷阿大（三十六歲，護理課組長）。

瘦子則是每次乾杯都能喝掉兩大杯啤酒，明明身材纖細，卻是肌肉型男的新一（三十一歲，普通護理師）。

我到職的時候，日間照護病房就是以禿頭、胖子和瘦子三人為中心運作。阿大是指揮塔，新一是執行部隊，職位最高的高江洲部長，不知為何做的都是購物或開車等雜務。

或許是工作場合裡女多男少、流動率又高，管理日間照護病房的三位男性護理師特別團結，工作結束後經常聚在一起喝酒。我不太會喝，每次都宿醉，所以第二天要是有工作，基本上都不太想去喝酒。但是只要體育系作風的阿大喊我：「阿東，走了！快點！」我就拒絕不了。禿頭、胖子、瘦子三人組裡，又加入了菜鳥小博士（二十七歲，普通心理師）。

1　麥芽比例未達三分之二的發泡性酒類，口味和啤酒相近，但口感多少有所區別。

2　泡盛是特產於琉球群島，由泰國米製成的蒸餾酒，「古酒」則是指熟成三年以上的泡盛。

3　將冰塊放進杯中，然後在酒裡兌入一定比例的水。

4　《大飯桶》（ドカベン）是日本資深漫畫家水島新司創作的知名棒球漫畫。

心理師這個工作聽起來很專業，一旦進入職場，也只是普通的上班族，根本不敢拒絕老鳥的飲酒邀約。而且要是去了，必然是負責製作水割的小弟。

我不擅長這種應酬式的喝酒，既不會察言觀色，注意力又容易分散，時常沒察覺到別人的杯子裡還剩多少酒，所以經常被高江洲部長及阿大怒罵「眞是不夠機靈」。每當這時，新一都會笑著代替我製作水割。

更糟的是，護理師們的話題有九成是棒球。禿頭、胖子、瘦子都是超級巨人迷，一有空就會談論職棒。偏偏我國中時是棒球社的萬年候補，因此對棒球抱著些許恨意，這個話題完全引不起我的興趣。所以我試著將話題轉到自己喜歡的鬼故事，問大家：「這附近有靈異傳說嗎？」卻直接被阿大無視回問：「阿東見過原教練[5]沒有？你是東京人吧？」

我本來就是軟弱的文科出身，還去讀了研究所，導致最後完全失去了協調性和社會性，難以融入護理師們充滿體育系作風的團體。但是，誰叫我是個社畜呢！除了一邊傻笑，一邊小口地喝著泡盛，也沒有其他辦法。啊！社會人實在不好當！社畜眞痛苦！

但是，這天的聚會和平常不同。高江洲部長沒有像先前那樣用濕紙巾將頭擦得光亮，對我開玩笑說：「阿東，看著！喝越多就會禿越多！」只是沉默地喝著泡盛。每個人的情緒都很低落。

「我看還會繼續燒啊！」高江洲部長用舌頭舔著泡盛。

「嗯嗯，還會繼續燒吧！」阿大一口喝光杯子裡的酒。

「現在應該也還在燒吧！」新一往阿大的杯子裡倒入泡盛。

「這也太難受了⋯⋯」我痛心不已。

這天晚上的我們，沒有提到棒球，而是討論災情；沒有談起原教練，而是說著一個名叫有里的女性成員。

日間照護病房在這天燃起熊熊大火，護理師們忙著四處滅火，度過了好漫長的一日。

起火與滅火

有如日間照護病房般動也不動。

雖然上一章已經寫過，之後也打算繼續寫，但日間照護病房眞的就是毫無動靜。沒有動靜，因此也無聲無息，連照進來的陽光看來都像慢動作。日間照護病房就是讓大家坐在那裡，無聊地消磨時間的地方，於是很多時候，就連時鐘似乎都暫停了。

5 原辰德，日本前職棒選手，後來成爲巨人隊一軍教練及名譽顧問。

那天早上，原本也是如此。

早上的課程（還是「塗著色本」這種時間暫停系活動）結束後，進入午餐前的自由空檔，時間就真的凍結了。

成員們都坐在平時的指定席，漫無目的地盯著桌上的某個點，除了偶而傳出一點翻動體育報的聲音，還有坐在室長旁邊的康夫頻繁地跑去喝茶，沒有半點動靜。我坐在房間角落的椅子上，心不在焉地望著如同一灘死水的自由時間。

無聊到極點。

這比觀察鯨魚的生態更無聊，讓人昏昏欲睡。裡面的和室真的傳來了入睡後輕微的呼吸聲，成員們正裹著毛巾被睡覺。我也睏得幾乎要睡著了，但好歹知道自己還在上班，不至於神經大條到睡起來。

我只能不時看著手錶，但指針就是不動。別說是午休時間了，連五分鐘都遙遙無期。

好平靜啊！我心想。不，應該說是平靜過頭了。對於二十多歲、精力充沛的心理師來說，這裡太過和平了。

我在內心默唸著：「時間啊，快點動起來吧！」

然後，上天一不小心就聽到了我的禱告。

「你想害死我吧！」突然響起女性高亢的尖叫。

「你在說什麼？你腦袋有病嗎！」再來是男性爆發的低吼。

一灘死水中，突然竄出火。

起火點是和室，之前還平靜睡著的兩人，突然開始互相大吼。

「那是我在用的！」二十多歲的有里大喊，緊緊抱著蓋身體的毛巾被。

「誰知道啊！」三十歲出頭的隆司吼回去，「簡直莫名其妙！」

日間照護病房瞬間陷入緊張狀態，平靜的時間一去不復返，戰爭到來。

「你要殺我！」有里狂亂地大喊，「你一定是想控制我！」

「你有病吧！」

「殺人啦——！」尖叫聲響起。

我無法動彈，整個人都僵住了。日間照護病房騷動起來，情況也變得緊急，我知道自己身爲工作人員必須採取行動，但我根本不知道發生了什麼事，幾乎是手足無措。最要命的是，這股迸發的殺氣讓我膽怯了，我動都不敢動，只能站在旁邊觀望。

「少把人當白痴！」隆司也激動起來，「給我道歉！」

「該道歉的是你！」

「你以為你在跟誰說話！」隆司伸手要抓她。

「別想控制我！殺人啦！」有里再次大喊，「殺人啦——！」

這時，身穿白衣的纖細猛男天使降臨了。

「好了——好了好了，好了——」房間內響起有點慢悠悠、缺乏緊張感的聲音，「有里，隆司，我們冷靜一下喔～～」

本來在門診部接待患者的新一，聽聞到這裡的騷動過來了。他刻意做出有些誇張、搞笑的動作，直接擋在兩人中間。為了防止暴力，他用自己的身體當作肉盾。

「這是怎麼了呢——聲音這麼嚇人，大家還以為發生什麼大代誌了～～」

情況緩和了下來。剛才幾乎一觸即發的殺氣，被柔軟的方言包裹住了。

「是隆司，他說要殺我！」有里仍處在亢奮狀態。

「不要說得這麼恐怖——沒有誰要殺人啦～～」

「我哪有這麼說！這傢伙腦袋有病！」隆司抵抗著逐漸緩解的氣氛，勉強發出一聲怒吼。

「隆司，我們來深呼吸一下喔！慢—慢—的，慢慢的。」

新一一邊笑著，一邊緊緊按著隆司的肩膀，這樣除了能控制他的行動，還可以讓對方鎮定下來。事實上，隆司的氣勢確實沒有之前那麼兇狠了。

等我回過神來，穿著運動服的胖子也把手放到了有里肩上，「我們分開來聊聊吧？好嗎？」

「就這樣吧！」新一回答，接著回頭對其他成員露出帥氣的微笑，「快到中午了，大家一起幫忙準備午餐囉～～」

於是，阿大帶著隆司、新一帶著有里，分別去了不同的面談室。胖子和瘦子瞬間就把火勢撲滅了，我只能坐在一旁，看著他們完美地解除危機。

膽小鬼心理師挨罵

中午的員工會議，我被狠狠訓斥了一頓。

「東畑！我看到了！你居然就呆呆地坐在那裡！」大奧總管護理課課長惠子非常生氣，「這種時候一定要立刻干預才行！你看看新一是怎麼做的！」

我無話可說，她完全沒錯。做為在醫療現場工作的心理師，我簡直丟臉到了極點，只能垂頭喪氣地道歉。

現在回想起來，還是覺得很羞愧。我天生就是膽小鬼，非常害怕衝突。

我想起小學的時候，朋友要跟一個小霸王單挑，於是拜託我當他的保鏢。我一口答應，還拿了人家一百日圓，結果放學時覺得害怕，就直接逃回家了，還用他給的錢買了冰棒吃。

沒錯，我就是個膽小鬼心理師。所以當下我嚇到無法動彈，一邊心驚膽顫、一邊隔岸觀火。

不，不對。不只是如此。

問題不只是出於我的懦弱。爲了維護我的名譽，我必須先說清楚——所謂的心理師，原本在這種時候就是毫無用處。

當日間照護病房發生衝突，護理師們瞬間就化身救火隊，親身上陣滅火。這一定是承襲自白衣天使之母南丁格爾的精神。克里米亞戰爭爆發時，南丁格爾也是立即就飛奔到最前線，不懼死亡、不畏戰火，毫不猶豫地投身戰場，這是護理師所具備的職業道德（Ethos）。

只要一出現狀況，護理師就會率先行動。眼前有人昏倒了、發生混亂了、受傷了、身體不適了、需要幫助了，他們都會立刻伸出援手，身體會反射性地採取行動。

然而，在這種時候，心理師都會慢上好幾拍。

我們會先思考「發生什麼事了」，然後才會思考「應該怎麼做」。這是有理由的。

心理治療處理的是「心靈」這個眼睛看不到的存在，面對的是嚴重受創、無法控制的內心。

如果各位讀者曾有過深深受到傷害、情緒一片混亂的經驗，可以試著想像當時的情景（稍微想一下就好了，我還希望大家有心情繼續讀下去）。

是不是當下覺得茫然失措？彷彿自己跟平常判若兩人？那是你的內心裡，既微妙、纖細又野蠻的部分。

所以，我們對於碰觸他人的內心極爲謹慎。例如我平時語速很快，無論是日常對話或課堂教學，都會滔滔不絕說個不停；但在進行心理治療時，我說話會非常慢。聽見對方說了什麼，我只會先回「嗯」，然後在心裡思考大約兩次呼吸的時間；要是有了什麼想法，我會告訴對方，但也是再三思量、字字斟酌。因此，往往我還來不及說什麼，患者已經開始說下一個話題了。

進行心理治療時，我不會做出反射性的行動。我們會說清官難斷家務事，就是因爲內心的痛處一旦外露，依照本能反應將會造成嚴重的後果。

例如，聽到對方諷刺地說：「就賺那麼一點薪水！」當下一定會被激怒，但要是放任怒氣猛竄，就會反射性地惡言相向：「你又有多好……」然後這些話又會使對方惱火，進而用更惡劣的言語回擊。這當中明明隱藏著希望對方更體諒自己，既單純又令人心酸的期望，本能的反應卻只會擴大內心的傷口。

更何況，身體不能隨便觸碰，這樣內心會很容易失控。大家看看少女漫畫就知道，男女主角擊個掌都能互生情愫，兩人在宛如密室的諮商室裡獨處，任意碰觸身體很可能引發奇怪的化學反應，像是演變成性接觸的問題，或是讓心理師變成教主般的存在（有趣的是，耶穌也是藉由碰觸製造奇蹟），導致情況更加複雜。

因此，我們會先花一秒想著「發生什麼事了」，再花一秒思考「應該怎麼做」，然後才會行動。這時護理師早就跑過去碰觸對方了，我只能咬著手指委屈地看著他們的背影。

心理師負責處理內心的問題，因此會極爲謹慎；護理師則更習慣肢體上的碰觸，所以會反射性地行動。以上的說明，代表新一非常有能力，我這麼膽小無用並非出於個性，而是職業類型的問題。證畢，Q.E.D.[6]。

才怪──這根本證明不了什麼啊！

我的這些想法雖然包含了實情，依舊有哪裡不對勁。畢竟，還是有心理師能坦然地碰觸患者的身體，而且衝突一發生就立刻採取行動，對心理師來說才是眞正專業的表現。我不能把自己的問題與心理治療混爲一談。

不對，這裡存在的是更根本的問題。就像在電車裡不敢馬上讓座給老人，看見有人倒在路上也不敢立刻跑過去，我的懦弱與膽怯已經是另一個層次的問題，跟什麼身體或心靈完全無關。

好像越說越混亂了，還是先回到午休的那場會議吧！

「接下來該怎麼辦呢？」日間照護病房的領導者阿大率先說道，「這已經是第三次了。」

畫著誇張辣妹妝、身材圓滾滾的有里，在我來這裡工作之前就是病房的常客，被診斷出思覺失調症。她很年輕就發病，反覆進出醫院，狀況好的時候，爲人可靠又親切；陷入崩潰時，則會產生強烈的幻聽，有嚴重的被害妄想。這幾週她的狀況變得越來越差，直到這幾天開始在病房裡頻繁地引發各種問題。

這次也是因爲和室的毛巾被使用狀況，導致她變得恐慌，連隆司都被捲了進來而形成騷動。有里常因爲一些小事陷入混亂，進而暴怒和情緒失控。突如其來地，她進入了對她來說非常艱難的時期。

「她說自己一直都有吃藥，但這部分讓人存疑。」新一說，「我會跟她父親談談。」

「是啊！火苗確實是冒出來了，很可能她又得再住院。總之，我們先看看情況吧！」阿大的這句話表示會議到了尾聲。

然而，大奧總管護理師惠子最後丟下了一句話。

「高江洲部長，我看到你做的好事了。」

沒錯，我也看到了。當時高江洲部長也在病房裡，卻站在角落動也不動地看著整場衝突。也是有不動如山的護理師。

6 拉丁片語 quod erat demonstrandum 的縮寫，代表「這就是所要證明的」、「證明完畢」之意。

禿頭朝我看過來，吐了一下舌頭，我也對他吐了一下舌頭。

先看看情況是沒問題，但火種點燃之後，就沒那麼容易熄滅了。這天將會變成非常、非常漫長的一日。

就在當天下午，有里失控了。

失控的歌姬

那天下午的活動是打排球，我們分別坐了好幾部商旅車，一起前往位在系滿的體育館。我坐在阿大開的十五人座小巴的副駕駛座，坐在後面的有里突然開起了個人演唱會。

「嗚啦啦～～嗚啦啦～～」她唱著資深歌手山本琳達的名曲，「嗚啦嗚啦喲～～」

突然進入狂歡時間，大家都笑了，我也跟著笑了。有里看到大家的反應，情緒更加高漲，狀態絕佳地唱起安室奈美惠的串燒歌曲，曲調微微走音，反倒顯得有點可愛，大家又笑了。

開車的阿大起初也笑了，但是一透過後照鏡看到有里，他便露出嚴肅的神情，然後溫和地勸誡：「有里，你有點太激動了喔！要不要冷靜一下？」

但有里卻毫不在意，繼續說道：「怎麼不快點辦卡拉OK大會呢？我有十多首歌想唱耶！所以我一直都在練習，像西野加奈什麼的。」

說完，她又開始陶醉地唱起：「好想見你，我好想見你～～」

我從副駕駛座回頭觀察歌姬的狀況，發現她表情僵硬，還流了一身冷汗，看起來很痛苦。

「我之後可能會出道當歌手喔～～有人問我要不要出道，我自己偶爾也會創作——」

「情況不妙啊！」阿大喃喃自語著。

夏天的體育館有如三溫暖，讓人沒待多久就汗如雨下，每個角落都散發著不知名人士的汗臭味。排球比賽是日間照護病房名列前茅的熱門活動，不分工作人員和成員，大家共同分成兩隊，進行紅白對戰。由於是團體運動，即使沒接到球也會有人救球，就連平時幾乎不怎麼動的高齡成員偶爾都有絕妙的表現，是很令人開心的活動。

纖細肌肉型男新一，就跟外表一樣有超強的運動神經，阿大則是動作靈活的胖子。最令人意外的要屬高江洲部長，據說他高中時是排球校隊，還挑戰過全國高中體育大賽，雖然體型微胖，攻勢卻很凌厲。由於三個人都是不認輸的個性，每次對打都超級火爆，他們也會全心投入。

至於我，自從二十二歲考上研究所之後，就再也沒碰過運動，身體自然也沒在動。所以每次救球，我都會把球打到不知名的地方，拋球也總是越過攻擊手的頭頂，想跳起來攻擊，時機又完全沒抓對。

連阿大都忍不住笑了：「阿東，你也太遜了吧！」

我也知道自己很遜，但我還是喜歡排球。每次在悶熱的體育館裡打球打得滿身大汗，都覺得自己好像也得到了療癒。即使每次打完會嚴重肌肉痠痛，但這種久違的感覺還是讓我心情舒暢，彷彿先前在研究所過度「鑽研內心」而變得扭曲的某些部分，都得到了復原。

一場比賽結束後，大家稍做休息。康夫因爲流了太多汗，咕嚕咕嚕喝了好幾杯茶。我也一口氣喝光了寶礦力，爽快！

忽然，我看見有里一邊唱著山本琳達的名曲《狙擊目標！》，一邊用手比出手槍的形狀，朝著正在練習發球的阿大射擊。

「有里，你在做什麼呢？」我問她。

「一直都射不中薩──」她再次射擊，「狙擊目標！」

我笑了出來。但是，當下的氣氛沒有那麼輕鬆，隱約有種緊張感。有里冷汗直流，油脂融化了臉上的濃妝，身上開始瀰漫著強烈的體臭，我不由得屏住呼吸。有里像呻吟般哼著歌，不停地舉起手槍射擊阿大。

看著這樣的有里，我心想她應該是喜歡阿大的吧！

有里出身單親家庭，從小就沒有母親，她家裡是沖繩軍用地的地主，生活十分富裕。但是，她一直都很寂寞，所以從國中開始就跟不良少年混在一起，幹了很多壞事。在高中畢業發病前，她都是個身材纖細的美少女，非常受男生歡迎，但在反覆進出醫院的過程中，她慢慢變得越來越胖，精神機能也逐漸退化了。

或許對有里來說，阿大就像是母親般的存在。現實中的阿大長著滿臉鬍鬚，身材像熊一樣，卻給人很有包容力的感覺，他看似靜靜地工作，卻隨時都在注意成員的狀況。有成員落單了，他會過去跟對方說話；當成員狀況不好，他會溫柔地給出建議；要是有人違規，他也會嚴肅地提醒對方。阿大溫柔地包容著日間照護病房的每個人，從工作人員到成員，大家都十分仰賴他。只要有阿大在，一切都會沒問題，大家對他有種莫名的信心。

有里或許也感覺到阿大一直在守護自己，所以就像小孩子鬧著要母親「看我、看我」那樣，一下子要射擊阿大，一下子又跳著「嗚啦啦嗚啦啦」。

但是，她的情況還是過於異常了，甚至帶著點悲壯的感覺。雖然我才剛來日間照護病房沒多久，也知道她現在這樣是受到了病症的刺激。因爲她看起來太痛苦了，我忍不住叫了她一聲。

「有里，要不要休息一下？」

「好啊！反正也一直打不中。」沒想到，她意外地很聽話。

我陪著腳步不穩的有里走向觀衆席，希望藉著緩慢的步伐讓她穩定下來，卻還是阻止不了她的失控。有里突然變身成濱崎步，開始勁歌熱舞，不停地旋轉、跳躍。

就在這時，她著地失敗，身體失去平衡，大大搖晃了一下。

「阿給！」[7]有里發出小聲的尖叫，朝我這邊倒下來。她圓滾肥胖的身體直接撲向了我的懷抱，我反射性地想要過去接住、抱住她的身體。

但是，下一刻我就猶豫了。身體的重量和柔軟的感覺，被汗水浸濕的皮膚，化妝品及香水味中隱約傳出的體臭，太赤裸裸了。那些感受讓我極不舒服，瞬間變得膽怯。

不行！我不想碰她！

我突然往後退縮，一部分的我在極端抗拒有里的身體。

然後，她的身體失去重心，肩膀直接撞到了地面，「咚！」的發出沉重的聲音。

「阿嘎——！」有里高聲慘叫，館內立刻嘈雜起來，「流血了！好痛啊！」

「你還好吧?!」我這麼說著，卻完全不知道該怎麼辦。

不對，我應該趕快過去把她抱起來的，我很清楚。但是每當我的身體想要走向她，我的內心就會阻止自己前進。我無法碰她，我不知道該怎麼辦才好。

這時，阿大匆忙跑了過來，立刻伸手碰觸有里的身體。

「有里，沒事薩，冷靜一點喔！」

阿大說完，蹲下來扶起有里。「來，我們一起走。」

「流血了啊！」阿大讓陷入半瘋狂的有里靠著自己的肩膀。

之後一切都進展迅速，精神科護理師很快撲滅了火勢。

阿大一邊幫有里處理受傷的地方，一邊跟她說話，才打探出她已經很久沒吃藥了。三位護理師討論了起來。

「這樣不行啊，不能讓她一個人回家。」

高江洲部長做出結論，然後打電話給有里的父親。

有里的父親很快就來到體育館接有里，她還處在非常亢奮的狀態，一直大喊著：「不要！我可以一個人回家！別想控制我！」

但即使她大吵大鬧，救火隊成員依舊態度堅決，告訴她必須去醫院，而且在狀況穩定下來前，不能再到日間照護病房。

「她之後說不定得住院，就拜託您了。」高江洲部長對有里的父親說。

「我才真的不好意思。」有里的父親歉疚地說。

而我只是呆站在一旁，茫然地看著一連串事態的發展。

7　沖繩方言中的驚叫聲。

尋求碰觸的「心體」

從體育館搭車回來，日間照護病房一如既往，彷彿一整天都無事發生，照常吃晚餐、照常進入風平浪靜的時間，動也不動的和平時刻又回來了。

裕次郎爺爺依舊反覆地折疊紙巾又打開，室長則慢吞吞地抽著菸，康夫在旁邊咕嚕咕嚕喝著五百毫升的可樂。護理師們寫著醫療記錄，醫務室女孩在洗盤子。一天就要平安結束，再過一個小時，衆人就會各自回家。

看著眼前這樣的「日照和平」（Pax Daycare）[8]，我在心裡思索著。

「這只是暫時的和平。」

日照和平的背後，一直埋藏著危險的火種。之前是友香，今天是有里和隆司，明天可能就是室長。總有一天，那個火種會突然燃起熊熊大火。

很多事情都會成爲爆發的契機。可能是沒有按時服藥，或是人際關係裡的小小磨擦，然後在某天基於一些原因失去平衡，火勢一下就蔓延開來，變成熊熊大火。這場大火會在瞬間吞蝕掉所有人格，撕裂平凡的日常生活，帶來歌姬式的混亂。日照和平短暫易逝，脆弱得隨時都會崩塌。平時的不動聲色，背後全是暗潮洶湧。

當然，不是只有日間照護病房才如此，我們的日常生活也一樣。平時我們做爲社會人、家庭的一分子或學生，日復一日認眞生活，但要是面對主管的叱責、被信賴的人背叛，或墜入愛河，平凡的日常就會輕易被燒成灰燼。埋藏在內心深處的火種，會如星火燎原般瞬間蔓延，顯露出與平時大相逕庭的自己。於是，我們無法上學或工作，珍視的人際關係也隨之崩壞，原本理所當然的「存在」變得窒礙難行。我們的日常，僅僅是靠一層薄薄的表面維持著。

而日間照護病房的那層表面更薄、也更脆弱，還是由可燃性物質構成，一不小心火勢就會擴散開來。

因此，護理師們每天都在忙著救火，確認有沒有哪裡起火了，只要出現一點徵兆，就要在火勢變大之前即時撲滅。

每當這時，護理師們必定會碰觸到成員的身體。例如之前對隆司的壓制，或抱住反抗中的有里，只要判斷有碰觸身體的必要，他們就會反射性地迅速行動，讓成員冷靜下來，減緩火勢。

三位護理師都是從十幾歲開始，就在精神病院負責看護重症精神病人，所以他們很清楚在什麼時候，成員的身體需要他人的碰觸。

8　此處是模仿「羅馬和平」（拉丁文為 Pax Romana）的說法，意指羅馬帝國前兩百年的和平盛世。

沒錯，有的身體無論如何都需要被碰觸。但是，這跟我們平常所認知的「心靈與身體」中的身體有些不同。這種身體介於「心靈與身體」之間，無法清楚區分，就像有里臉上的濃妝那樣，亂七八糟地溶成一團。

日本精神科醫師中井久夫說過，人類將心靈與身體分開，純粹只是為了方便而已。將心靈與身體分開，在各方面都很便利，因為會更容易加以控制。本來就是嘛！如果手指上長了一顆疣，卻歸咎於「不夠用心」或是「神的詛咒」，會讓人覺得莫名其妙，直接用液態氮做冷凍治療就好。將身體的問題歸於身體，一切就方便了。同樣地，解決數學問題時，如果還得同時做瑜珈，那也太辛苦了；或者每次談戀愛，都得去心臟外科動一次手術，大概會讓人以為腦袋有病。所以，將心靈的問題歸於心靈，大家都輕鬆。

有句老話說「各個擊破」，說得再詳細一點，就是所謂的「分而治之」，分開來更好治理。實際上，某種程度已經控制了我們所生存世界的近代科學，就起源自笛卡兒（René Descartes）這位法國哲學家提出的「心身二元論」（Mind-Body Dualism）。笛卡兒對世間所有事物都抱持著批判的懷疑態度，最終到達了「我思故我在」的境界。他認為心靈與肉體是分離的，心靈是心靈，肉體是肉體。笛卡兒將這個模糊不清、柔軟不定的世界變成了既確實又方便的存在。

但是，人只有在還有餘裕時，才能維持這種便利的狀態，心靈與身體不是永遠都可以分割開來。換言之，平時看似能確實分開的心靈與身體，依舊保有著某些柔軟不定的部分。

只要我們失去餘裕，或是被逼到絕境，那個柔軟不定的部分就容易顯化出來。例如，我們一想到討厭的人就會肚子痛，一緊張手就會發抖；被別人打巴掌，連內心都會跟著破碎。狀況不好的時候，心靈與身體容易混淆不清，最後混合成某種不知名的東西。

中井久夫巧妙地形容了這種狀態——

不要將〈心靈〉與〈身體〉各自分開，試著將其融合成「心體」，就會出現奇妙的狀態。

——中井久夫、山口直彥，《護理精神醫學 第二版》（看護のための精神医学）

當一個人狀況不好，進入「奇妙」的狀態時，心靈與身體之間的界線會燒毀，這時兩者便融為「心體」。大家可以回想看看，隆司怒不可遏的那個當下，他不是因為心靈感到憤怒而命令身體使用暴力，而是他的「心體」在憤怒；有里滿身冷汗時，是她的「心體」因為不安而恐懼。我們也是一樣，當人陷入熱戀時，不是只有心靈在談戀愛，連心臟都會跟著撲通、撲通跳個不停，我們全身心都在戀愛。

沒錯，當火勢瞬間蔓延，薄薄的表層燒毀後，「心體」就出現了。

「心體」十分不便，因爲只要它一出現，我們就無法控制自己。「心體」會失控暴走，就像忍尿忍到極限時，我們會覺得自己變得不像自己，完全受到「心體」的操控。

這一點非常重要。當「心靈與身體」能確切分開，就能分清什麼東西屬於自己，什麼東西屬於別人。「心靈與身體」非常私密，是別人不能隨意進入、神聖不可侵犯的領域。例如大家不是都討厭在擁擠的電車裡被人碰觸到身體嗎？那就是覺得自己的私領域受到了侵犯。

然而，一旦「心體」現身，原本因爲隱私而被封閉的地方，就會遭他人揭開。我們控制不了自己的「心體」，就會牽連到他人，例如有里的身體需要被他人擁抱，隆司的身體需要被他人壓制。我們也是一樣，當人發燒、受傷、失眠或想哭的時候，「心靈與身體」就會變成「心體」，尋求他人的碰觸。

不只是如此，「心體」還具有傳染力。當我們親眼目睹「心體」的存在，我們的「心靈與身體」也會跟著變成「心體」。例如看到老人在我們面前跌倒，我們會焦急慌張，忍不住伸手去攙扶對方，這就是我們的「心體」所產生的反應。被他人揭開的「心體」，實際上也會引出對方的「心體」，最典型的例子就是性行爲。那時，「心體」與「心體」會融爲一體，什麼隱私或邊界線全被吹到了天邊。

思考到這裡，我才發現——

我之所以無法碰觸有里的身體，是因爲害怕自己的身體也跟著一起變成「心體」。想到自己的隱私會被他人揭開，我就感到很不舒服。

學心理治療的我，一直被灌輸「我是我，你是你」的觀念。心理治療面對的是內心問題，會用最私密的方式處理最私密的狀況，而優先前提就是「我是我，你是你」的現代個人主義。我所接受的專業訓練，是要以最大限度的關注，尊重受到嚴格管制的邊界線，絕不隨意侵犯隱私。從這個意義上來說，我徹底是笛卡兒的繼承者。

我可以設想我沒有身體，可以設想沒有我存在的世界、沒有我存在的地方，但是我不能就此設想我不存在。

——笛卡兒，《方法導論》（*Discours de la méthode*）

這是笛卡兒分離「心靈與身體」，發現「近代的自我」[9]時所說的話。這份排斥他人接近、壓倒性的孤獨，就是心理治療根本的基礎。所以，我才會那麼抗拒自己的隱私就此潰堤。

9　在日本明治時期，年輕世代夾處於西方理性主義與傳統體制之間，對自我產生懷疑與煩惱，而在當時被稱爲「近代的自我」。

但是，日間照護病房不一樣。這裡聚集著容易產生「心體」的人，一旦他們感到孤獨，分隔「心靈與身體」的那層薄薄表皮就會輕易燒毀，因此他們需要跟別人一起「存在」。他們被他人揭開，同時也需要他人。

所以，當時阿大、新一碰觸的並不是成員的身體，而是成員的「心體」。他們將自己的「心體」與有里的「心體」重疊，藉此確保他們的「存在」。失去平衡、無法控制的「心體」，必須跟其他的「心體」在一起，才能重新恢復平靜。

我先前不懂，所以一直很害怕自己的「心體」。但是，爲了「存在」於日間照護病房，我必須讓自己習慣「心體」、習慣他人的氣味及黏膩的肌膚。不然，我成爲不了這裡的工作人員。

我必須向護理師們學習才行。

就在這時，「嘔哇！」突然出現怪異的聲音，接著是「砰」的一聲。

是吸菸室！我立刻轉過頭，看見康夫口吐白沫地倒下，全身抽搐，從椅子上滑落下來。

發生什麼事了？我還沒來得及思考，身體先動了。「心體」本能地產生反應。

我打開吸菸室的門，眼前是一個急需碰觸的「心體」，爲了不受到傷害、不陷入窒息，在尋求他人的幫助。我的「心體」被康夫的「心體」吸進去了。

「別碰他！」

一個聲音阻止我，我需要隱私的內心正在抗拒。我無視它，毅然決然地往前踏出一步。之後，我的「心體」自己動了起來。「心體」伸出了手，「心體」碰觸了「心體」。

有人叫了救護車。

沒錯，這真是糟糕到極點的一天。

不平靜的悶燒火勢

接下來，故事回到最開頭。

「該燒起來的時候，果然就是會燒起來啊！」禿頭一口喝乾水割，瘦子擦拭著啤酒杯，小博士加入冰塊，瘦子倒入泡盛，小博士再往裡頭加水。「只要燒起來了，不等它全部燒光，事情就不會結束薩！」

有里目前還在燃燒著。她應該會住院吧，等到她心裡的某些東西差不多都燒盡了，她才會再回到日間照護病房。她以往的人生一直在重複這個過程，今後或許都會是如此。

「喝太多了啊～～」阿大說著，又喝掉了一杯水割。

「喝太多了啦～～」新一追加了不知道第幾杯的啤酒，「你要小心啊，阿東，喝太多就會變成那樣喔！」

「眞的不能喝太多啊～～」我想起傍晚的事，啜了一口水割。

康夫發病的原因是水中毒。他在一天之中攝取了過多水分，導致血液中的鈉含量過低，結果引發了「低血鈉症」，也就是俗稱的「水中毒」。康夫平常就有攝取過多飲料的傾向，雖然阿大會提醒他，但這天實在是忙不過來。不過，等到「心體」平靜後，康夫就會回來了吧！這也不過是再一次的重複。

「眞希望趕快平靜下來，我想好好工作啊～～」阿大說。

「就是啊，快累死人了～～」新一說。

我跟著點點頭，我也想要平靜地好好工作。

「只要待在這裡就不可能的啦～～阿大。」高江洲部長自嘲地笑道。

沒錯，我們難以平靜；應該說，我們一直都處在極不安定的狀態。

這跟有里或康夫無關，日間照護病房原本就是這種狀態。哪裡起火了，就快去滅火，在忙亂中過完一天。我們的人生如此，日間照護病房自然也是如此，這只是工作的一環，我們可以的。

問題是，當時日間照護病房正面臨著更根本的危機。

有一位醫生辭職了，所以日間照護病房必須在各種制度及流程上做出大幅變動。由於變動劇烈，每個人對未來都開始覺得茫然，對日間照護病房能否照常運作下去，感到極度不安。

我們這些工作人員當時的心情也不平靜，心裡的火勢正在蔓延。

我想這就是原因。有里之所以失控，會不會是感受到了我們工作人員內心的動搖？日間照護病房制度上的各種變化，是不是引發了她過去「受到控制」的那些回憶？

康夫出現水中毒，會不會也是這段非常時期所導致的疏忽呢？

我們的不安，是否威脅到了他們的「存在」？

正因爲這樣，我們才會頻繁地在魯邦居酒屋聚會；因爲不安，我們才會一邊喝著酒，一邊說些蠢話。

社畜難當，在組織裡工作必須配合別人，無法隨心所欲，眞的很麻煩。不過，上班族也有好處，一旦遇到困難、覺得不安，都會有人陪著自己一起，這是一個人工作所欠缺的優點。大家彼此訴說、抱怨工作上遇到的鳥事，分擔彼此的不安，再一起藉酒澆愁。

我想，禿頭、胖子和瘦子一定也是這樣。爲了擺脫沉重的氣氛，新一最後這麼說：

「南庫魯奈伊薩[10]～～別擔心，我們以前也是這麼走過來的。」

10　なんくるないさ，沖繩方言，意指「總會有辦法的」。

聽到他用柔軟的方言安慰著，我突然覺得變輕鬆了，於是喝了一口泡盛。
只不過，我心想——之前也發生過同樣的事嗎？這是怎麼回事？
這裡還有太多我不知道的事了。

高江洲部長開始睡眼惺忪，當他露出嬰孩般的神情，就代表聚會該結束了。但是，阿大還在喝著泡盛。我放入冰塊，倒了泡盛，再加水進去，用攪拌匙攪勻，終於熟悉了這個流程。我還在為排球比賽肌肉痠痛，但是做泡盛的水割已經難不倒我。結果，阿大突然開口了。
「阿東，可以答應我一件事嗎？」
「什麼？」
「我沒辭職之前，你也不能走喔！」
聽到阿大這麼說，新一不禁哈哈大笑。
「阿東終於也遭到毒手了！我也是！之前阿大也是這麼跟我說的～～那我們一起加油吧！」
「說好囉！男子漢一言九鼎。」阿大說完，又一口喝光泡盛。
我也處在醉意朦朧中，未經深思就直接回答：「好，我答應你！」
「說好了喔！」阿大輕聲說道。
我就這樣被禿頭、胖子、瘦子三人組接納了，正式成為其中的一員。

然而，我馬上警覺到，阿大打算要辭職嗎？這裡的「存在」是如此痛苦，讓人必須特意約定「不要辭職」，才能撐下去嗎？這到底是怎麼回事？

「這裡到底有什麼祕密？」我問阿大。

「不告訴你。」阿大笑了，「等你做滿兩年還沒走，我再跟你說。」

結果，我也沒從阿大口中問到答案。只不過，不必等別人告訴我，我自己就知道了，而且還是直接被丟到所有不祥聚集的中心點，用親身體驗得到解答。

當然，這時候的我還一無所知。

因爲身邊有著禿頭、胖子和瘦子，我安心地以爲「南庫魯奈伊薩」，用攪拌匙攪著冰塊。冰塊在玻璃杯裡發出喀啦喀啦的聲響，慢慢融化成水。

第4章

專家與普通人

博士的非常接送

「晨間限定」的臨床心理學者

待在沖繩的時候，我是晨型臨床心理學者。

不，正確來說，是「只有早上」才是臨床心理學者。

就像狼人只會在滿月變身，吸血鬼只會在夜晚淩空，灰姑娘只有在十二點鐘響前是公主，我也只有在早上五點到七點之間，才是臨床心理學者。

早上五點，手機鬧鐘一響，我就會立刻跳起來，在等待快煮壺把水煮開的期間，到陽台抽根菸。那霸的早晨非常美好，雖然感覺稍後就會悶熱起來，但殘存的晚風依然涼爽怡人。抽完菸，泡上一杯便宜的即溶咖啡，我慢慢打開筆電。

接下來兩個小時是寫論文的時間。這陣子，我一直在撰寫與精神病人心理療程相關的內容，使用「連續性」（continuity）、「投射性認同」（projective identification）等宛如咒語般的專業術語，記錄下精神病人在療程中發生的狀況、治療者是否應該介入，最後心理又會出現何種變化。

像這樣運用一堆難懂的詞彙，連續寫著容不得半點插科打諢的論理式文章，自我感覺會變得超級良好。天哪，我是多麼有智慧的臨床心理學者啊！我不眠不休鑽研著高深的學問，優秀而上進。沒過多久，說不定《情熱大陸》、《專業高手》[1]等知名節目都會來採訪我——我如此自我陶醉著。但是，我只能擁有臨床心理學者的身分僅僅兩個小時。一到七點，魔法就解除了。

七點四十五分，我坐上十人座豐田 HIACE 商旅車的駕駛座，穿著短褲配黑色 Polo 衫、戴著草帽和太陽眼鏡，握著方向盤，任憑瀨長島美景在身邊閃過，直接把車開到空無一人的家具量販店停車場。不知道是誰把運動鞋忘在車上了，車裡瀰漫著可怕的汗臭味，非常刺鼻。

我正在接送成員。前一章提過，隨著日間照護病房制度上的改變，我們工作人員必須開始輪流負責早晚的接送。開車去接沒有能力自行前往日間照護病房的成員，把他們安全送達，也成爲我們的工作之一。

最近剛過五十歲、留著一頭長髮的男性成員玉木，今天又遲到了。接送專用的聯絡手機沒收到通知，大概正往這兒來了吧。我不想待在滿是汗臭味的車子裡，便走到外面抽菸，清晨的空氣眞是舒爽。

我環顧四周，開店前的停車場不見半點人車蹤影，感覺十分寂寥。我整個人放鬆了下來，卻頓時發現，直到剛才我還是意氣風發、寫著艱深論文的臨床心理學者，轉眼間就變成了負責接送的司機，這讓我愕然不已。在我身上到底發生了什麼事！

1 兩者都是日本電視台的人物特寫深度報導節目。

接著，我的腦中浮現暗黑的念頭。「我是不是被流放了？有哪個拿到博士學位的臨床心理師，開著商旅車在接送病人的？找遍全日本一定只有我！」

我想起了菅原道眞[2]。原來遭到流放就是這種感覺嗎？我忽然對他感同身受，難怪他後來會變成日本四大怨靈之一。很好，那我應該也有權利詛咒一下某個熟人了！當我正沉浸在卑鄙陰險的想像裡，前方傳來渾厚的聲音。

「嗨薩！」隨著一聲響亮的招呼，穿著鮮艷夏威夷衫的玉木拖著腳走了過來，「今天是東畑心理師啊——怎麼不是小美沙呢？眞是不走運～～」

我回過神，「早安，你遲到囉！」

「哈薩～～我做了惡夢薩——」玉木不理會我，繼續用方言抱怨著，「我夢到代～吉烏鴉朝我撲過來，超哇吉哇吉！」（我夢到一～大堆烏鴉朝我撲過來，超級火大的！）

很像思覺失調症患者會有的詭異夢境。所以我只回了一句「眞糟糕啊」，沒有再多問什麼。

玉木被診斷爲思覺失調症，由於沒有親人，他一直領著補助金獨自生活。幾年前他的腳開始出狀況，於是缺乏運動，又罹患了糖尿病，他仍然毫不在乎，每次喝咖啡照樣加進一大堆砂糖。由於行動不便，他無法自行前往日間照護病房，便申請了我們的接送服務。而玉木最喜歡的工作人員，就是醫務室女孩中的比嘉美沙。

和成員這樣一往一來地對話，我才感覺到一天開始了。

我發動引擎、轉動方向盤，開進豊見城市[3]的鄉間小路，沿路去接各自在路旁等著的成員，最後朝向日間照護病房前進。我打開音響，裡頭傳來動感的電音舞曲，是昨天負責接送的比嘉美沙忘在車裡的CD，饒舌天后妮琪米娜不斷吶喊著什麼Fuck還是Dance的歌詞。

「讚啊！我以前也很常跳舞的說～～」玉木跳著沖繩手舞「卡查西」[4]，「下次，我一定要和小美沙跳到天亮～～」

我笑著回道，「阿基查皮喲！」（我的老天爺啊！）

不可或缺的醫務室女孩

早晨的魔法解除後，臨床心理學者變成了接送的司機；進入診所的諮商室，又變身成臨床心理師。換上白襯衫和斜紋棉質休閒褲、再套上白袍，我成爲心理治療的專家；但諮商一結束，準

2 日本平安時代的知名學者及政治家，被奸人陷害而遭流放，最後鬱鬱以終，後來被奉爲學問之神。

3 沖繩南部西海岸的城市，位在那霸市正南方。

4 カチャーシー（Kachashi），配合快節奏的沖繩民謠所跳的民間舞蹈，特別強調手部動作。

備進入日間照護病房時，我又要脫下白袍，變成製作麥茶的小弟。就跟超人一樣，我一下穿衣一下脫衣，不停地變來變去，忙得分身乏術。

在日間照護病房裡，我到底是什麼身分呢？

我會和成員一起做菜、洗盤子，用吸塵器吸地，用抹布擦拭桌椅。如果要出門，我還會準備飲料，將需要的東西搬進商旅車，最後確認好人數，開車上路，途中也會和成員聊天。如果是待在病房，則大多是坐在那裡。

九成以上的工作，都跟「媽媽」平常做的事沒什麼兩樣。

所以待在日間照護病房時，我不是臨床心理專家，只是一個普通人，這讓我十分困惑。

當然，我具備臨床心理師和博士的資格（就像流亡武士總是緊抱著過去在都城裡的風光輝煌不放），所以確實算是專家。

那麼，我是用臨床心理學的方式在接送成員或洗盤子嗎？世界上當然沒有這種東西，至少教科書裡沒有寫。再者，我在變換車道時，也沒有用上什麼心理學者的深刻洞察力。基本上，我做的全都是普通人的工作。

我的履歷表上寫著自己擁有臨床心理師證照及汽車駕照兩種資格，但顯然更有用處的是我十九歲時在東京目黑駕訓班考上的汽車駕照。當時我不會倒車入庫，一直拿不到臨時駕照，幸好我最後沒有放棄啊！

而在這一點上，醫務室女孩的功勞更大。

高中畢業後，她們在沒有證照的情況下就來到診所工作。沖繩的最低薪資少得可憐，工作又幾乎都是約聘或兼職，像診所這樣提供正職，薪資也超過一般高中畢業者所能拿到的標準，每年都會有很多人來應徵職缺（跟我當時應徵的情況完全一樣）。

她們幾乎負責了診所裡所有的工作。由於原本就是行政職，門診接待、醫療費申請和員工的薪資管理等等，自然都屬於她們的業務範圍。此外，她們每週還要輪流到日間照護病房處理日常工作，製作餐點、打掃和接送，有時也會和成員們玩玩撲克牌、打打排球，或是說話聊天。如果沒有她們，日間照護病房根本運作不起來。

玉木中意的比嘉美沙也是其中之一。她總是畫著艷麗的濃妝來上班，雖然比我晚一點到職，但比起其他看來很普通的醫務室女孩，她的人生經歷稍微有些不同。

比嘉美沙十幾歲時未婚懷孕，高中沒有讀完就退學，孩子的父親在那之後人間蒸發，她只能獨自扶養孩子，這是沖繩女孩常見的人生際遇之一。她將孩子寄放在母親那裡，晚上出去工作，在當地的酒店陪酒，穿著華麗的禮服，製作泡盛的水割，幫客人點菸。聽說偶爾會遇到以前的同學，當時「眞是糟透了。」她說。

她一直希望能找到白天的正常工作，便辛苦地透過函授取得了高中學歷，然後應徵上醫療事務人員的職缺。

比嘉美沙比其他的醫務室女孩年長幾歲（但也才二十三），很有大姐頭的作風，所以深受其他女孩歡迎，最後甚至成爲醫務室女孩的道德楷模，帶領純樸的她們體驗沖繩的夜生活。

比嘉美沙帶著醫務室女孩流連在夜晚的沖繩，那霸有一個叫「松山」的鬧區，她們在那裡的夜店跳舞到天亮，有時還會去牛郎店開開眼界，談個小小的戀愛，經歷甜蜜或悲慘的戀情。她們有充分的金錢和體力遊玩，先從早工作到晚，再從夜裡玩到清晨，然後繼續從早工作到晚。

剛開始工作時，醫務室女孩都很天眞稚氣，畢竟前陣子還是高中生，因此也理所當然。但在日間照護病房工作一年後，她們全都變成熟了。

明明在家裡都沒幫父母做過家事，這些不會煮飯、洗衣、打掃的少女們，一回過神，已經能完美地處理日間照護病房的事務工作了，熟練到就算立刻成爲母親也沒問題。

而且，醫務室女孩也確實一個個都成爲了母親，談戀愛、懷孕、生子，最後辭職。

「加油喔！」比嘉美沙每次都會鼓勵她們，或許是基於自己的人生經驗，她對女孩們總是非常溫柔。「要是伊基嘎（沖繩方言的「男人」）敢做什麼壞事，一定要跟我說啊！說不定我能幫上忙，雖然我自己也不是多順利啦。」

青春正盛的醫務室女孩，跟我這個得養家活口的臨床心理師，在日間照護病房做著幾乎完全相同的工作。而且，我顯然更派不上用場。情況眞的完全地、致命地就是如此——因爲我一不小心，就把診所的車子撞得稀爛了。

最愛「向後看」的臨床心理師

在日間照護病房，我們經常會集體外出。

例如去體育館打排球、踢足壘球[5]或是打羽毛球，到棒球場打軟式棒球，有時還會去佳世客（JUSCO）[6]南風原店練習購物等，日間照護病房的運作頗爲仰賴在地生活圈。但是，每當平日中午，我們在媽媽排球隊的隔壁場地進行羽毛球大賽時，我都會懷疑自己到底是不是在工作。

5 一種結合壘球和足球的運動，以壘球的規則踢足球，用腳代替球棒。
6 日本永旺集團旗下的連鎖百貨，店名現已統一改爲「永旺 AEON」。

無論如何，對於經常需要到當地活動的我們，「交通工具」不可或缺。所以護理師、醫務室女孩，或是有博士學位的心理師，都要兼任司機，用商旅車載著成員前往體育館、購物中心，或是天涯海角。

雖然我偶爾會滿懷詛咒、化身怨靈，其實我還挺喜歡開車的。商旅車的駕駛座比較高，馬力也很強，我自己的輕型車跟它比起來簡直像玩具，所以開起來很暢快。

我也很喜歡一邊開車，一邊跟成員聊天。雖然大多數的成員會跟在病房時一樣，只是靜靜看著窗外，但在車裡跟他們搭話，有時也會聽見意想不到的回答。

「下個禮拜就是排球比賽囉！」我開口說道。

歷經水中毒然後很快平安歸來的康夫，平時只會回一聲「對啊」，這次卻咧嘴笑說：「我已經是廢柴，所以沒用了。」回答了一整個句子。

車裡真的很好聊天，因爲不需要視線交流就能輕鬆對話。

「爲什麼變成廢柴了？」車子已經開到體育館的停車場，我正準備倒車。

「我自×太多了。」這句不得不消音的無恥言論，讓所有人爆笑。

「哈薩！」最喜歡下流梗的玉木興奮了起來，「好色喲～～康夫超級色的～～」

就在這時，「霹哩霹哩霹哩霹哩霹哩！」一陣異常的聲響傳來。

我回過頭，發現後擋風玻璃出現了巨大的裂痕，像是撞到了什麼。

「喔喔喔喔喔！」我瞬間陷入恐慌，雖然馬上踩剎車也來不及了，某個東西撞穿了後擋風玻璃。車子停了下來，一根粗壯的圓木就這樣緊貼著康夫的頭部穿進車裡。

「我可能會死耶！」康夫放聲大叫。

交通事故發生了。我直接倒車撞穿了停車場裡突出的一根圓木。

高江洲部長連忙趕到現場聯絡警察，再打電話給車商說明事情經過，請對方準備一部臨時代用車。

比嘉美沙開著另一部車過來，看到慘不忍睹的商旅車，很沒禮貌地笑了出來。我心想這傢伙也太讓人惱火了，但也知道自己根本沒資格抗議。

當大家在體育館裡滿身大汗打著排球，我卻獨自一人在停車場等著警察和車商到來。散落在柏油路上的玻璃碎片，在熱情的陽光下閃閃發亮。

「我本來就很不會倒車嘛……」

明明就不會倒車，還發給我臨時駕照，都是目黑那間駕訓班的錯！這種時候我也只能詛咒無辜的他人。

回到診所，大奧總管護理課課長惠子狠狠把我訓了一頓，「東畑！你也太不小心了！你不知道安全第一嗎？開車時一定要注意後方！」

我一句話都說不出來，生平第一次寫了檢討書。「我發誓，今後一定，不，絕對會在停車時注意後方，仔細確認狀況，不再犯下相同的錯誤。」

就這樣，我變成了最愛「向後看」的臨床心理師。

滿足基本需求的「依賴性勞動」

罹患後照鏡焦慮症的我，後來還是繼續接送的工作，因爲不做不行。有的工作就是這樣，卽便技術再差，還是得有人做，否則就忙不過來。

專家的工作如果未達一定水準，自然不能輕易嘗試，例如外科手術或心理治療，都不是生疏的新手可以接替，因爲一不小心就會給對方造成致命的傷害。所有的專業人士，都是受過重重訓練並累積經驗，具備了相當程度的資歷。

但是，普通的工作就不同了。技術再差的人照樣能洗盤子，而且盤子一旦沒人洗，廚房就會變得髒亂不堪，導致難以使用，也就是無法製作餐點。這些工作就像家務事，如果不想讓日常生活陷入困境，就一定得有人去做。

所以，我依然開著車。要是我不開車，大家就不能去體育館打排球，更麻煩的是，玉木就再也不能來日間照護病房。引發交通事故當然不行，但只是普通地開著車，將人平安送達目的地，這種簡單的工作我還是沒問題的，反正又不是要像競速賽車那樣飆到體育館。

實際狀況雖是如此，但我還是無法輕易接受。我到底在做什麼？我遭到流放後，到底流落到了何方？我現在又變成了什麼人？

我需要時間好好思考一下。

伊娃．基塔（Eva Feder Kittay）這位美國女性主義哲學家曾提出一個耐人尋味的論點，她將這些日常性的工作稱爲「依賴性勞動」（dependency work）。

> **依賴性勞動，就是照顧（照護）處於脆弱狀態之他人的工作。它能維持親密者彼此間的牽絆，或者它本身就能創造親密與信賴的關係，換言之，它能建立人與人之間的連結。**
>
> ——伊娃．基塔，《愛的勞動：關於婦女、平等與依賴的論文集》（*Love's Labor*）

「依賴性勞動」，就是針對「必須接受他人照顧才能活下去的人」所做的照護工作，亦即主動去承擔這些「弱勢者」的依賴。

的確如此，我在日間照護病房做的就是依賴性勞動。腳不方便的玉木沒有我接送，就來不了日間照護病房；康夫在日間照護病房需要有人陪伴，才不會被妄想吞沒。連活下去這種最基本的需求，他們都必須依賴他人，而身爲工作人員的我們，就是承擔起這些依賴的人。

這完全就是母親照顧孩子的工作。孩子無法自力更生，母親就必須替孩子做各種事，幫他們換尿布、餵他們吃飯、替他們洗衣服。母親會滿足孩子的各種需求，承擔起孩子對自己的依賴。這讓母親的工作變得繁重，而且還不能像這樣抱怨——「我對餵奶沒有意見，但換尿布不包含在合約裡吧！」不，她們或許會表達抗議，但最後還是得有人去換尿布，不然小嬰兒的屁股就會長出紅疹。

所謂的「照護」就是這麼一回事。當某方面處於弱勢的人出現各種需求，就必須有人隨時應對處置。所以我們會去泡麥茶，會用抹布擦拭灑在地板上的沖繩麵條，因爲到頭來還是必須有人做這些事。

基塔同時也強調，這些依賴性勞動通常不會被視爲專業性的工作。

> 提到依賴性勞動，一般都會直覺地認爲是一個人獨自完成所有工作的型態。當工作被合理化、專業化，就不會被視爲依賴性勞動。
>
> ——同前書

社會學將類似母親做的事稱爲功能性擴散工作，將類似專家做的事稱爲功能性特化工作。

——同前書

聽起來有點難懂，所以我又想解說一下。大家可以想像原始人的時代，人類雖是群居，但每個人做的工作應該都差不多，大家一起出去打獵，一起圍著火堆，一起享用食物。當然，男女老少或許會被分配不同的任務，但至少不會複雜到「我去建構銀行的ATM系統，你去改良咖啡豆的品種」。但是隨著社會逐漸發展並且複雜化，分工更加精細，專門的職業也應運而生。

照護也是一樣。從原始時代開始，人類就懂得照顧病人及弱者，例如協助他們行走、提供餵食、讓他們靜躺，或是輕撫身體等等。

有一段時期，我對黑猩猩很好奇，曾經到處去採訪及收集資料。黑猩猩不會說話，所以我自然是跟靈長類動物學家、飼養員或獸醫打聽相關資訊，因而得知當黑猩猩感到不安或憂鬱時，會互相碰觸或輕咬身體，爲對方提供照護。

沒錯，對人類來說，依賴是最基本的行爲。當我們變得脆弱，就會依賴他人，尋求對方的照護；我們也會去照顧弱者、提供照護，這是我們的本能。

這些原始的照護，慢慢分化成更專業的工作，而產生各種特化的職業，例如專門治療身體的醫生、調配飲食的營養師，以及處理內心問題的臨床心理師。中井久夫曾說過，護理比醫學更古老，但照護又比治療更久遠。

依賴性勞動，就是這些殘留下來、沒有被專業化的照護工作。因此，一旦哪裡出現了需求，我就必須承擔起各式各樣的工作。

然而，社會對這些依賴性勞動的評價過於低下，導致問題變得更加複雜，基塔也指出了這一點。她雖然身爲哲學家，女兒卻患有多重障礙，她日夜照護女兒，想必內心也有著許多掙扎吧，所以才對依賴性勞動有如此深刻的思考。

> 後工業社會（post-industrial society）時代讓專業性工作逐漸可視化；但現代社會的個人主義特質，卻使依賴性勞動更不可視化。專業性工作雖然要求更高的水準，但能獲得相對高的報酬；依賴性勞動即便不是無償，也只能取得極低的薪資。
>
> ——同前書

就是這樣。

我們在社會上生活的前提，就是自力更生。從幼稚園到小學，隨時都能聽到「自己的事情自己做」，一旦做到了，就會被稱讚「好聰明伶俐」。是能夠自立、承擔自我責任的人構成了這個社會，在此前提下，我們的社會才得以運作。

因此，自立者顯得更有價值。比方說，丈夫去公司工作、妻子當家庭主婦，丈夫就會被視爲家裡的經濟支柱，妻子則被視爲丈夫的依賴者。

但事實並非如此，丈夫也同樣依賴著妻子。丈夫要依賴妻子爲他提供食物、清潔、打掃等最基本的生存需求。想想桃太郎的故事就知道，老爺爺之所以能外出砍柴，是因爲有老婆婆在家做洗衣服這項依賴性勞動。

依賴性勞動很難被看見。老爺爺看不見老婆婆的價值，老婆婆自己也可能覺得「我啊，砍不了柴，只能在家洗洗衣服而已」。

鼓勵自立的社會，往往看不見自己所依賴的對象，因此對「滿足依賴」的工作都給予過低的評價。例如老婆婆在河邊洗衣服明明就很辛苦，而且她工作的場所還是一個會漂下巨大桃子的危險地帶。

看看周遭的景況，就會發現依賴性勞動在社會上的評價確實很低。小兒科醫師可以領高薪，托育人員的薪水卻很低；管理老後資產運用的基金經理人收入優渥，負責看護的照服員收入卻很微薄。不用說別人，我自己先前也一直認爲心理治療的工作比心理照護更厲害，價值也更高。

就是這個。是這種想法傷害了我。

一想到社會對我正在做的普通工作有何評價，我便覺得自己遭到流放，遠離了專家的國度。

所以，再回到之前的問題——我到底是誰？在接送成員、製作麥茶的時候，我還是臨床心理師嗎？我不知道。所以我心裡才滿懷詛咒，導致內在的魔法公主不斷出來吶喊：「不可以！不能變成『邪魔神』！」[7]

開車出門，穿梭在沖繩

跟著日間照護病房，我幾乎遊遍了沖繩的觀光地。這裡有一個「開車出門」的活動，目的地可以選擇任何地方。既然如此，何不去名護的 Orion 奧利恩啤酒工廠參觀、去南部的奧武島品嚐聞名的天婦羅美食，回程再到隨風搖曳的甘蔗田[8]裡奔跑呢？我們最遠甚至去過北部的美麗海水族館[9]。開著商旅車，天涯海角都能去。

話雖如此，不管去哪裡，我們做的事情都一樣。大家坐上商旅車去某個地方，到了之後在那裡休息一下，再坐上車原路返回。無論是去中部的邊野古，那霸附近的與那原或齋場御嶽[10]，都是一路安全駕駛，喝罐三十九日圓的可樂「悠庫太」（沖繩方言的「放鬆」之意）一下，再一路安全駕駛回家，一天就這樣過去了。

這天的目的地是濱比嘉島。這座小而美的離島，跟伊計島、宮城島、平安座島一樣，都是藉由大橋與沖繩本島相連。從沖繩市東邊的勝連半島筆直伸展出去的海中道路疏朗開闊，驅車奔馳在寬廣的淺海正中央，彷彿可以一路飛上藍天。

這一天，我和比嘉美沙同車，去程是我開車。

由於我罹患了後照鏡焦慮症，所以開車時非常小心（停車時也有好好注意後方），仔細遵守所有該做的步驟，一路從容地開到了高速公路的服務區，讓大家休息兼上廁所。下車後要確認人數，全員一起去廁所，再全員一起回來，絕對不能疏忽把人忘在服務區，這是最重要的事。如果電影《小鬼當家》的糊塗媽媽在日間照護病房工作過，絕對能安全地把凱文帶到度假的地方。

玉木也在我們這部商旅車上，一直頻頻跟比嘉美沙搭話。

「小美沙～～我啊，最近不太能喝酒了～～」

---

7 引用自宮崎駿執導的動畫片《魔法公主》（もののけ姫），片中描述一對少年少女爲了解開邪魔神的詛咒，而被捲入動物神靈、邪魔與人類之間的生存搏鬥戰爭。

8 引用自日本流行歌曲《さとうきび畑》（甘蔗田），演唱人森山良子爲琉球人第二代，她也是沖繩名曲《涙光閃閃》（涙そうそう）的作詞人。

9 美ら海水族館，位於沖繩北部的海洋博公園，是日本最南端，也是亞洲最大、世界前三大的水族館。

10 位在沖繩南部，琉球國時期最崇高的御嶽，二〇〇〇年十一月被列爲世界遺產。

「喔，這樣啊。」

「所以，每次去喝酒，只要花一千日圓左右就能喝醉了，超划算的～～」

「喔。」

比嘉美沙的態度超級惡劣，一直坐在副駕駛座低頭玩著手機。

「小美沙～～下次我們要不要一起去喝酒，順便跳個舞？我以前很壞喔！到處吃吃喝喝，和女孩子跳舞，好懷念啊～～」玉木說。

「不用了。」

由於比嘉美沙實在太過冷淡，我只好出來打圓場。

「不然，康夫跟玉木一起去吧！」康夫聽到自己的名字，透過後照鏡咧著嘴笑了。

「好啊！但我更喜歡泰國浴。」

「哈薩！康夫眞是壞男人～～比我還壞～～」玉木說笑著。

比嘉美沙面無表情，甚至感覺更僵硬了。

濱比嘉島深處有一片平淺的海岸，我們抵達了那裡的停車場。醫務室女孩中最年輕的博子，分給每個人一罐三十九日圓的可樂，停留時間雖然不長，但大家可以隨心所欲。

我邀請成員中的淳子和康夫一起去海岸更深處的洞窟探險，那裡據說是琉球創世祖神——女神阿摩美久和男神志仁禮久居住的聖地。我很喜歡宗教或神話，來這裡之前就做過功課，決定到了濱比嘉島一定要去看看。

洞窟位在蓊鬱的森林裡，御嶽這個沖繩民間信仰中的聖地多半都是如此。這種泛靈信仰[11]通常沒有具體的神像，森林本身就是神聖的場所，只會放置小小的香爐或幾顆石頭，讓人知道「啊，原來這裡就是供人信仰的對象」。

濱比嘉島的聖地建有鳥居，更類似於神社這種宗教建築，在沖繩來說算是很稀有。不過，穿過鳥居、爬上階梯後，就會看到森林和位居其中的巨大岩石、洞窟，立刻能感受到森林本身才是神聖之地。

洞窟入口設有柵欄進不去，上頭綁著紅中帶粉的繩結，很有南國風情的美感。或許是森林遮蔽了聲音，此處顯得非常寧靜，涼爽的空氣帶著西行法師所言「不知神之名，誠惶誠恐、感極淚流」的聖潔感。沖繩的信仰，更講求心靈的感受。

「好感動啊！」我說。康夫一臉疑惑地歪著頭，淳子則雙手合十靜靜祈禱。沖繩人很習慣祈禱，那種姿態真的很美。

11　Animism，廣泛地相信非人類的動、植物和物品有著靈魂或某種力量，包含自然崇拜及祖靈崇拜。

回到海岸邊，成員們全都坐在長椅上愣愣地望著大海，視線前方是醫務室女孩在海中歡鬧的身影。爲了徹底防禦紫外線，她們用毛巾包著臉、戴著太陽眼鏡，看起來就像農家女孩，有幾個人跑到了淺海更深處的地方，互相潑著水。

仔細一看，玉木也混在裡面開心地玩水。他的腳沒事嗎？我心想……看樣子應該沒事吧！

我坐在福木樹下[12]乘涼，比嘉美沙牽著高齡成員儀間奶奶的手朝這裡走來，大概是剛陪她上完廁所。

「謝謝你呀！」儀間奶奶道謝。

「別這麼說，」比嘉美沙溫柔地答道，「我們再過十五分鐘就要回去了，您休息一下喔！」

「好啊。」儀間奶奶坐到長椅上，然後就跟在日間照護病房一樣，安靜地發起了呆，默默「存在」著。

比嘉美沙接著看向我說道：「阿東，你聽說了嗎？」

「聽說了。」我回答。我之前就知道這件事了。

她露出驚訝的表情，「你怎麼知道的？」

「惠子說的。」那個大奧總管護理課課長早就把話傳遍了，「博子好像懷孕了，對吧？」

醫務室女孩中的博子，正在淺灘上跟玉木互相潑水。她來這裡工作還不到一年，才十九歲的年紀已經懷孕，再過不久就要請產假了。這些醫務室女孩只要請了產假，幾乎就不會再回來，直接走向另一條人生道路。

「才不是這個薩。」比嘉美沙一副傻眼的樣子，接著又說，「不過，也算是有點關係。」

「欸？不然是什麼事？」居然還有別的事嗎？這間診所是怎麼了？

「理惠要離職了，聽說她考上了護理學校。」

「眞的嗎？我都不知道。」

理惠是醫療事務課的課長，比嘉美沙的直屬上司。原來如此，她要成爲護理師了啊！也是，明明做著幾乎一樣的工作，護理師的薪水就是高出很多，一般人都會這麼想。

但是，我心想，「離職的人不會太多了嗎？」

「所以說喲——」比嘉美沙回了我一句沖繩人拿來搭腔的萬用語，「我要升爲課長了。」

「眞的假的？」怎麼會這樣？我們明明是同期進來，比嘉美沙居然要成爲我的上司。不過，她畢竟比別人多走了一段人生的彎路，在醫務室女孩中年紀也最長，除了她之外，確實也沒有人

12　菲島福木，又稱爲福樹或金錢樹，原產於台灣、菲律賓、沖繩等。

可以接任醫療事務課的課長了，「那你之後要辛苦了。」

「所以說喲——」比嘉美沙嘆了一口氣。這個職場好像一直平靜不了。

玉木走了過來，「小美沙，要不要一起去海邊玩？」

「我們差不多該回去了，趕快回車上去吧！」比嘉美沙冷淡地回道。

照護者也需要「陪伴者」

從濱比嘉島回去的路上由比嘉美沙開車，我坐在副駕駛座。在海中道路上行駛，眼前的大海非常遼闊。太陽逐漸西斜，天空映出一片金黃，顯得美不勝收。

大家的心情似乎很好，車子裡難得十分熱鬧。

最容易得意忘形的玉木搞笑地說了一句：「接下來，我玉木木要認眞了！」

我忍不住吐槽說，「第一句就很不正經啊！」

接著淳子突然脫口而出，「東畑心理師的雞雞一定超小的！」大家全都笑了起來。

「別說這麼可怕的話啊！」我多少有點受傷，但也跟著笑了。

充斥著各種黃色笑話的商旅車，逐漸駛離大海，開進宇流麻市的國道，朝著沖繩高速公路前進。天色慢慢暗了下來。

比嘉美沙靜靜地開著車，彷彿車內的喧鬧完全與她無關。她沒跟人說一句話，一路專心地確認交通號誌，注意中央及左右的後照鏡，當車流開始堵塞，便溫柔、安靜地踩下剎車。

這時，比嘉美沙做的不是「普通」的工作，而是「大人」的工作。大人會理所當然地做著大人該做的事，這才是良性的依賴性勞動。

商旅車裡依舊熱鬧非凡，大家忘我地說笑，完全沒發現比嘉美沙一路上都溫柔地踩著剎車。不，他們可能連是比嘉美沙在開車都忘了。除非比嘉美沙不小心發生事故，或是緊急剎車，否則他們根本不會注意到是誰在開車。

這就是依賴性勞動。本書常提到的精神分析學家溫尼考特醫師，曾經說過以下這段話：

> 討論多樣性擁抱等與母親相關的育兒問題時，有一個需要注意的重點，那就是當一切進展順利，幼兒不會察覺自己是如何受到適當的供給，或可能出現何種妨礙。只有在狀況受阻時，幼兒才會察覺。
>
> ——唐諾．温尼考特，《成熟過程與促進環境》

沒錯，當人眞正處在依賴狀態時，並不會發現自己正處在依賴狀態。

我們幼小時，不會每次看到晚餐都逐一表達感謝，也不曾認眞思考媽媽在背後付出了多少辛勞。老爺爺去山裡砍柴時，根本沒想過自己當天穿的兜襠布，是老婆婆在河邊幫他洗乾淨的。

只有當壞事發生，孩子才會逐一感謝媽媽的貢獻，因爲他們的依賴狀態受到了阻礙。所謂依賴性勞動，就是用理所當然的方式，滿足理所當然的需求，因此另一方根本不會察覺自己正處在依賴之中。

這麼一想，依賴性勞動簡直是吃力不討好的工作。所有的媽媽都很辛苦，就算把事情做得再好，也不會有人感謝她們；因爲越沒有人感謝她們，代表她們將工作做得越完美。依賴性勞動的社會評價如此低下，想必跟這個因素也有關係——依賴不會被察覺。

但是，普通的一天、平凡的日常，還有我們的日間照護病房，都必須依賴著誰才能夠運作、成立。

上了高速公路後，景色開始一成不變，成員們不知何時睡著了，車子裡靜謐無聲。

比嘉美沙調低音響的音量，快節奏的夜店舞曲小聲地在車裡迴盪。

「什麼歌啊？」我隨口問道。

「不知道，就夜店會放的那種。」比嘉美沙冷淡地回答。

沉默。前方車輛的紅色尾燈不停閃爍著。

突然間，比嘉美沙開口說：「阿東啊，你居然有辦法跟他們聊天呢！」

她在車子裡確實不怎麼開口。

「爲什麼這麼說？」

「很累人啊！」比嘉美沙嘆著氣，「又不知道要聊什麼，我們也沒學過這個。」

這時我才明白，即便看不到專業性，它還是存在著的。比嘉美沙和其他醫務室女孩看起來若無其事，其實內心一直很困惑。

這裡要再強調一遍，她們是日間照護病房不可或缺的存在，非常認眞敬業，製作餐點、接送成員，支撐著病房的「一天」。她們承擔了日常所有的依賴性勞動，而且做得很好。

但是，依賴性勞動不僅僅是清洗衣服、提供食物及交通工具而已。基塔提過這一點，請容我再引用一次——

> **依賴性勞動，就是照顧（照護）處於脆弱狀態之他人的工作。它能維持親密者彼此間的牽絆，或者它本身就能創造親密與信賴的關係，換言之，它能建立人與人之間的連結。**
>
> ——伊娃．基塔，《愛的勞動：關於婦女、平等與依賴的論文集》

沒錯。照護存在於親密關係之中，依賴性勞動一旦缺乏連結就無法成立。但是，聚集在日間照護病房的，全都是難以建立這種連結的人。

商旅車安穩地行駛在路上，坐在裡面的人們不是距離太近，就是距離太遠。成員們都有著與他人共存的困難，所以無法待在職場或其他任何群體，只能聚集在日間照護病房。日間照護病房，就是這些難以與他人共存的人，試著「存在」的地方。

以比嘉美沙爲首的醫務室女孩，當初都以爲自己應徵的是行政工作，沒想到卻必須面對這些精神障礙者的「困難」。例如聊天時對話常會中斷，或者像玉木這樣急切地尋求性的接觸，有時一不小心，就會陷入一團混亂。她們面對的是生命中這樣的脆弱。

我想，這對她們都造成了慢性傷害。我漸漸理解到，所謂的心理照護就是與脆弱的人待在一起，還要小心地不傷害對方。但是，這件事一點也不簡單。照護者本身其實很容易受傷，因爲他們也處在脆弱的狀態。承擔依賴性勞動的人，同時也默默承擔了伴隨依賴而來的各種困難。

因此，基塔提出——承擔依賴性勞動的人也需要「陪伴者」（Doulia）。

「Doula」原本是指陪產人員或陪產同伴，主要幫助生產後忙於照顧嬰孩的母親處理身邊的各種事務。基塔由此產生靈感，將照護「照護者」的人稱爲「Doulia」——這是Doula的複數形，照護者如果要長期進行照護，就需要很多力量的支持。

我也有「陪伴者」，其中給予我最大支持的就是臨床心理學。它教會了我如何與成員保持距離，以及與他們相處的方式；透過心理學，也讓我理解他們內心的脆弱，讓我不至於傷害他們，也保護自己不受傷害。更重要的是，臨床心理學讓我找到了照護工作的價值與意義。

舉例來說，即使將白袍換成了運動服，也不會改變我專家的身分。在我承擔依賴性勞動的同時，我依舊受到臨床心理學的保護，專業知識讓我這樣的照護者得以存活下來。

但是，醫務室女孩們卻都光著腳。她們毫無防備地用自己的肉身，面對所有精神障礙造成的困難；她們不知道自己被捲進了何種麻煩，就這樣奉獻出自己最容易受傷、最隱私的親密關係。

她們總是早早轉職，或者懷孕、結婚，可能也是這些不爲人知的痛苦造成的。她們如此沉溺於夜店的快感，或許也是想療癒自己每天在工作中受到的傷害。

所以，比嘉美沙才總是那麼冷淡吧！每次她開車時，總是把音樂開得很大聲，彷彿想藉此將自己和什麼東西隔離開來。爲了保護自己不被某種緊逼而來的莫名危險傷害，她用夜店舞曲包裹住了自己光裸的腳。

「比嘉美沙，你考慮過將來要去讀護理學校嗎？」我試著詢問。決定去護理學校的理惠，一定也是想獲得某種保護自己的武器。

然而，比嘉美沙卻毫不猶豫地回答：「啊？我才不要，我還有女兒耶！」

「是喔。」

「我想做行政，其實跟處方箋或醫療費打交道也蠻有趣的。」比嘉美沙笑著說。她臉上原本的濃妝花掉了，露出了孩童般的神情。是啊，她其實還很年輕。

天色暗了下來，診所已近在眼前。留在日間照護病房的其他醫務室女孩，正在爲成員們準備晚餐。

「診所到了喔！」我把成員們從睡夢中叫醒。

溶入「日常」中的專家

怎麼樣才算是日間照護病房的專家呢？

當中確實需要某種職業性的專業，護理師做著護理師的工作、心理師做著心理師的工作。意思就是，護理師和心理師各自用自己的方式與成員們相處、建立彼此間的連結。

但是，這部分很難被看見。我是商旅車的司機，同時也是臨床心理師，但開車本身就是不斷地重複紅燈停下、綠燈前進的動作，專業性都溶入在這些日常的行動裡。

具備各種專業的工作人員做著日常性的工作，就像心理治療與心理照護混合的水溶液一樣，只要缺少其中之一，日間照護病房就不再是日間照護病房。

實際上，這也逐漸溶入了我的心理治療。爲了成爲心理治療的專家，我大老遠跑來沖繩，希望自己能探究深層的內心。然而，當我兼任日間照護病房和門診心理諮商的工作，我開始在心理治療中「刻意」不去碰觸深層的內心。我不再挖掘精神疾病或人格障礙等重症患者的深層內心，而是從支撐他們的日常生活中感受到價值。我的心理治療，開始溶入心理照護的部分。

我將這些想法全都寫在每天早上的論文裡。雖然更專業的心理治療論文在業界更受歡迎，但我希望自己的論文能成爲某些和我從事相同工作之人的「陪伴者」。所以我每天努力早起，將溶入了心理照護的心理治療，記錄在論文中（這也是我寫這本書的動機）。

在我的內心，也開始生出混合了各種東西的水溶液。

從濱比嘉島回到診所的成員們，用完簡單的晚餐後，開始準備回家。

「回家囉！」我招呼完大家，便坐進商旅車，確認好人數，然後出發。

「今天好開心薩——」玉木說，「大海好美啊～～」

「實在很棒呢。」我眞的覺得非常愉快，「好想再去一次啊！」

商旅車行駛在茫茫夜色裡，車頭燈的光線前方，已經可以看到家具量販店。

「東畑心理師，可以把我送到我家附近嗎？我的腳有點痛薩。」

原本按規定只能送到家具量販店的停車場，但玉木看來確實很累，我便答應了。

從家具量販店前方的轉角彎進去，體積龐大的商旅車駛入了住宅區錯綜複雜的狹窄道路，就像胖虎硬擠進了哆啦A夢的時光機抽屜。

彎過前面的轉角就是玉木的公寓了，我轉動方向盤。

就在這時。

嘰哩哩哩哩哩——！

超級嚇人的聲音，一聽就知道絕對完蛋。

「心理師！你在幹什麼！」玉木也驚慌失措起來，「一定刮到了！」

「啊啊啊啊啊！」我不禁慘叫出聲。

等到把大家都送回家，一定得檢查一下車子了。不用說，絕對又會被大奧總管護理課課長痛罵一頓。所以嘛，我原本就該按規定讓玉木在平時的地點下車的。

啊！明天上班又得寫檢討書了！我寫了兩本論文才成爲博士，到底要寫幾份檢討書才能成爲日間照護病房的專家呢？

送完所有人之後，我也踏上歸途。龐大的商旅車奔馳在系滿的街道上，後照鏡裡反射著來往車輛的燈光。我打開音響，比嘉美沙喜歡的妮琪米娜唱著緩慢的抒情歌曲。

我愼重、溫柔地踩了刹車。

—第一次中場閒聊—

線性人生與閉環式日常

讀到這裡，先休息一下吧！

各位讀者，大家好。

近來是否安康？心情如何？是否美好如初呢？

突然跟大家搭話，實在不好意思。其實啊，我覺得讀到這裡應該可以休息一下了，所以才斗膽發言。

不知您此刻正在何處閱讀本書？如果在家中，可以喝杯茶；若是正在搭電車，可以含顆薄荷錠，保持清新好口氣喔！

啊，不然點開推特也是個好選擇，PO個推文分享一下：

「正在閱讀《只要存在著就好》。作者叫我發個推，所以就上來發文了。《只要存在著就好》，NOW～！」

我沒有要大家幫我宣傳的意思啦！當然我也不是完全沒有私心，就是提醒大家可以

休息一下～～

那麼，我也要休息一下，含顆薄荷錠了。咔哩，嗯～～真清涼，這個薄荷錠味道真好！對了，順便也來抽根菸吧！呼～～～

真不好意思，囉囉嗦嗦寫了一堆，明知道地球資源有限，我還在這裡說廢話，白白浪費紙資源，良心真是過意不去。

但是啊，有些話我實在難以啟齒，才想說來個中場休息，實在抱歉。不過，該說的話還是得好好說清楚，對吧？嗯，沒錯，不能逃避。

大家發現了嗎？隨著前四章結束，其實時間已經過了兩年。我在日間照護病房待了四年，所以已經過了一半。

「欸？真的嗎？你不是才剛把登場人物介紹了一遍？」

如果您是這麼想的，完全沒錯，真是不好意思。

就是啊，故事的時間線被我弄得亂七八糟。我本來只是想透過各個相關的故事介紹書中的登場人物，結果這些故事的時間線不是出現重疊，就是來回跳躍。

我知道，既然要寫成書，就應該按照時間順序來敍述；雖然我懂，但真的好難！

「你這是什麼話？既然如此，就更要提升自己的寫作能力呀！本小姐／公子可是花了寶貴的時間在讀這本書！」

別責備我！我也很努力了啊！但是，日間照護病房的故事真的很難寫！字字屬實，絕無虛言。

說得更確切一點，日間照護病房的「時間」真的很難寫，幾乎是難如登天，所以不是我的錯！要怪就怪日間照護病房！沒錯，都是它害的！

您明白了嗎？這本書的時間線之所以亂七八糟，全都是日間照護病房的錯，它的本質就是如此。絕對，跟我沒有關係！

大雄少年的線性暑假

不好意思，一時間有點慌亂，由於這件事很重要，還是需要跟各位說明一下。

請各位再享用一顆薄荷錠，或者再啜飲一口茶，我很快就會說明完畢。

為什麼日間照護病房的時間線很難寫清楚？

為了思考這件事，我們試著來對比一下心理治療與日間照護病房的時間線吧。

如果是心理治療，在時間的敍述上比較簡單，用圖來比喻就會像是這樣：

心理治療的時間線屬於從右到左的螺旋狀。之所以這麼說，是因為心理治療都是朝著某個變化的方向前進，例如想要緩和心中的不安，或是與家人恢復關係，通常會有具體的目標。基本上，心理治療的目標就是從A狀態轉移到B狀態。

當然，人的內心沒有那麼容易改變，途中往往會在同一個地方打轉，一進一退、反反覆覆，偶而也會弄不清楚自己現在走到了哪兒、或是正在做什麼。但即便如此，只要回過頭看，就會發現自己走過的路都有脈絡可循，時間確實朝著直線前進。

因此，心理治療的時間線是可以描繪出來的。說到這裡，我得先聲明一下，我啊，可是寫了很多跟心理治療相關的論文！我知道怎麼寫時間線！像這種從右到左的線性時間，我是寫得出來的，因為它們本身就是完整的故事。

關於這一點，各位可以參考文藝評論家千野帽子的《人類為什麼需要故事》（人はなぜ物語を求めるのか）這本書。千野老師認為，故事的基本構造是「（平衡狀態↓）緊急狀態↓新的平衡狀態」。

這是什麼意思呢？也就是說，剛開始一定是平凡的日常，大家每天過著單調、重複的生活。各位可以回想一下《哆啦A夢》的電影版，故事是不是多半都從大雄少年無所事事的暑假開始呢？當然，如果暑假就這麼平順度過，便無法構成故事了，因為實在太過無聊。

所以，一定會發生某個事件。例如從空中掉下一個受傷的魔法少女，或者意外得到一顆恐龍蛋，日常便出現了翻天覆地的變化，不是被捲進魔法世界的陰謀詭計，就是在原始世界和恐龍獵人對戰，突然進入緊急狀態。雖然發生了一連串事件，但最後還是靠著哆啦A夢的道具和大雄的勇氣拯救了世界，大家又回到平凡的暑假生活。這時，大雄必定獲得了一些成長，世界看似回到原樣，但其實已經跟先前不大相同了。

這就是「（平衡狀態↓）緊急狀態↓新的平衡狀態」的意思。當各位遭逢人生的危機時，不也是如此嗎？像是出現了拒學的問題、被戀人背叛、工作遭遇挫敗等，原本平靜的生活瞬間消逝，人生進入了緊急狀態。在歷經幾番迷惘與掙扎後，終於慢慢構建出新的日常，例如到新的學校重新開始、或是和戀人復合。結果可能不盡相同，但我們都會從中得到小小的成長或成熟。

這時，時間是呈現線性流動。雖然當下會弄不清楚狀況，等之後回過頭來，就會發現時間是由後往前流動，從過去走向未來。以故事而言，根據這種線性流動的時間來述說會很容易，因為有開始，也有結束。

我一邊寫著，一邊有了這個想法：心理治療其實是一項幫助時間順利流動的工作。治療者並不是直接干涉內心，讓心靈產生變化，而是幫助在內心裡停滯的時間重新開始流動，再慢慢等待時間改變內心。

海螺小姐的閉環式生活

總之，心理治療的時間是呈線性流動的，因此很容易寫成故事。但日間照護病房不一樣。大家請看看146頁的圖，日間照護病房的時間流動模式是圓形的漩渦狀。當中的確也有許多直線，畢竟每個成員人生中的某段時間是在這裡度過，自然有不同的故事線穿插其中。但日間照護病房本身的時間，卻是在同一個地方不停地打轉。

以前面提過的故事基本構造為例，這是因為日間照護病房是個必須避免緊急狀態、優先提供平衡狀態的地方。成員們並不是來這裡追逐冒險，而是來尋求一個能平穩度日的避風港。

所以，這裡的時間呈現的是閉環式流動。實際上，日間照護病房也是每天重複做著相同的事——做廣播體操、開晨會、進行午前和午後的活動、中間用餐，然後回家。每天都轉著同一個圈，反覆循環。

從宏觀的角度來看也是一樣。春天有濱降（去海邊採海藻的沖繩春季活動）和甲子園觀戰，夏天有海灘派對和甲子園觀戰，秋天有排球大賽，冬天有聖誕節派對。相同的季節年年轉換，每年都重複做著相同的事。

日間照護病房的時間是閉環式的，時間都是在同一個地方不停地打轉。是不是很像動畫《海螺小姐》[1]？每週日晚上六點半，電視就會播出磯野一家人的日常生活，當中雖然有各式各樣的小插曲，但磯野家絕不會突然進入緊急狀態。海螺小姐的弟弟鰹男不會進入青春期，她的爸爸波平不會得到不治之症，海螺小姐也不會對這個家產生疑問，進而外出旅行尋求人格上的成長。海螺小姐永遠活在閉環式的時間裡。

就如線性時間是我們人生的一部分，閉環式時間也是我們人生的一部分。基本上，我們的每一天都是閉環式的。你看，你是不是想不起來三週前的星期二做了什麼？因為七週前的星期二與三週前的星期二，還有這週的星期二，大概都是一樣。因為一樣，我們才可以安穩度日；大家能像現在這樣平靜、自在地讀著書，也是因為時間總在原地繞圈。畢竟，如果我們的世界快要被某個來自魔法國度的大法師消滅，大家應該也沒空讀這本書了（麻煩專心拯救世界吧）。

1 《サザエさん》，以磯野家爲主角，歷經昭和、平成及令和三個時代播出的日本長壽國民動畫。

我們都活在兩個時間裡，一個是線性時間，構成我們的人生故事；一個是閉環式時間，構成我們的日常生活。

著名小說家遠藤周作不也說過嗎？「人生是線，生活是圓，生活與人生不同。」

最像日間照護病房的時刻

感覺好像繞了一大圈，大家是否明白我想說什麼了？沒問題吧？

我想說的是，我之所以無法釐清這本書的時間線，原因就出在日間照護病房的時間是閉環式的。畢竟，要描述沒有變化的日常真的很難。

所以等我發現時，到此為止所描述的日間照護病房，已歷經了兩年的時間。在我寫的這些故事背後，時間正在大家看不到的地方繼續繞著圈。

事後我仔細思考，在第二年即將結束的這段期間，是我覺得日間照護病房最像日間照護病房的時刻。實際上，每當我想起日間照護病房，或是午夜夢迴夢到這個地方，出現的都是這個時期的景象。

這時的日間照護病房，有高江洲部長、有阿大、有新一，還有比嘉美沙，連成員們都是熟悉的固定面孔；我也每天過著重複的日子，替病人做心理諮商，或在日間照護病房玩撲克牌、打棒球，度過相似的每一天。在這段時期，我也屬於日間照護病房閉環式時間的一部分，或者說，我的閉環式時間與日間照護病房的時間深深地疊合了。

但在不久後，這個閉環就突如其來地消失了。原本密合的圓出現了裂口，變成一條巨大的線，這當中所發生的故事，留待日後再來述說。

怎麼樣呢？大家是否明白這不是我的錯了？一定明白了吧？

OK～～那麼，中場休息就此結束。

沒問題吧？薄荷錠也嚼得差不多了吧？

等大家準備好，就要進入比賽後半場了。

由於機會難得，下一章我就要描寫這段最像日間照護病房的時期了。

除了閉環式時間內發生的事，還包括穿插在當中，許多小小線條的故事。

接下來，就要進入閉環式時間內必然會到訪的無聊時刻。

那麼，有緣再見囉！敬祝各位安好。

第5章

圓與線

努力遊戲的日間照護病房

「好痛苦啊！」

「好想消失。」
「好想死。」
「好難受。」
「好可怕。」
「我可能會殺人。」
「好痛苦啊！」

心理諮商室總是充斥著許多令人心痛的傾訴。

這些話語出現的情境，可能是因爲自暴自棄，可能是不時冒出的口頭禪，也可能是從不依賴他人的人好不容易鼓起勇氣才發出的求救訊號。

所以，我都會認眞地看待這些話語，愼重地思索「好想消失」這句話乘載的意義，仔細咀嚼其中隱含的自我厭惡、對親近之人的憤怒，以及對我的依賴，然後確認裡頭是否只剩下絕望，或是至少還殘留一點希望。接收這些情緒，通常需要花費很多時間。

心理治療的溝通與一般的對話有點不同，這其中極力排除了社交或人際往來的要素，只追求心靈與心靈之間純粹的交流。

「好痛苦啊！」

漫長的沉默被打破，臘月時節的心理諮商室裡響起了話聲。

「嗯。」我回應著，將對方的傾訴放到心裡，然後認真領會這句費力擠出的話語所透露的心情，同時聯想到對方過往慘痛的人生。

「好痛苦啊～～」

「嗯。」

「沒出息、沒出息！」嗯？「好痛苦啊～～」

誰的聲音！我仔細一看，發現天花板竟在砰砰砰的震動，還不斷傳來「好痛苦啊」的聲音。患者整個人都呆住了，指著天花板說：「你們樓上在幹什麼啊？」

不好意思，寫得有點誇張了，我改編了一下，純粹是爲了故事效果。畢竟就算是我，也不會分不清人氣視覺系樂團Golden Bomber（金爆）的歌聲和患者的聲音。

不過在諮商時，天花板是眞的傳來了Golden Bomber的歌聲，不是幻聽。諮商室上方就是日間照護病房成員活動的小廳，他們正搭配Golden Bomber的名曲《沒出息》在跳舞。沒錯，下週就是日間照護病房一年一度的聖誕大會，大家正在排練表演節目。

真是讓人火大，因為聲音會傳到樓下，我先前還反覆叮嚀他們，不要在諮商的時間練舞，到底在搞什麼啊！

諮商結束後，我衝上二樓準備表示抗議，果然看到成員們重重地踩著地板跳舞。站在C位的是南風原，他跳得滿身大汗，看到我走上樓來。

「啊，東畑心理師！大家現在可以配合得很好了耶！」他笑容滿面地喊道，「接下來你不用看診了嗎？那要不要和我們一起跳？」

看到他真誠純樸的笑容，我的氣勢頓時消減一半，原本的抗議也說不出口了。算了，沒辦法，反正今天的諮商也結束了，要不就跳一下吧！

南風原再次播放音樂，聽到前奏，我立刻擺好姿勢。

「沒出息、沒出息～～」

南風原激動地揮舞著雙手，我也很嗨地開始揮手。這舞步要越噁心才越完美，由我來跳，更是噁心加倍！

「好痛苦啊～～」

打磨著石頭的少年

來說說南風原的故事吧。那時我剛在日間照護病房工作一年，逐漸習慣許多事，南風原就來到了這裡。他當時才上大一，我也是二十幾歲，在我眼中他就像親戚家的小孩，讓人放心不下。

南風原被下的診斷有點微妙——「疑似思覺失調症」。他從高中起就常出現奇怪的言行，例如說想和父親一起自慰，卻又沒有確實的幻聽或妄想，與他人的溝通協調能力也不差，所以既不是明確的思覺失調症，也不像恐懼社交的精神官能症。

南風原是在高中時顯露異狀，當時他雖然每天都去學校，但一回家就躲進房間，最後出現了各種與性相關的奇怪想法。母親擔心他的狀況，便帶他到診所就醫觀察。南風原的成績很好，所以還是勉強考上大學，但也只去了半學期，後來就一直躲在房間裡變成繭居族。家人無計可施，他就來到了日間照護病房。

起初，南風原完全無法融入這裡。他從不跟其他成員坐在一起，經常躲到半地下室的桌球室獨處，戴著耳機聽「嘉利吉58」[1]樂團的歌，這時他總會閉上眼睛、全心投入。

---

1 かりゆし58，團員皆爲沖繩出身；「嘉利吉」是沖繩方言，代表幸運、吉祥之意，「58」則是指國道58號。

我曾經問過南風原在做什麼，他回答說，因爲他的大腦裡全是空洞，爲了塡補那些洞，他必須打磨石頭。這個石頭當然不是指現實裡的，而是想像中的。

他認眞、仔細地打磨石頭，就像蠶在吐絲結繭，再把這些石頭塡入大腦的空洞。然而，那些石頭總是有點不合，難以完全塞滿，所以他必須每天不斷地打磨、塡補，否則就無法平靜，甚至會坐立難安——南風原曾經痛苦地這麼說。

南風原說這些話時，看起來就像是易碎的玻璃藝品，隨意一碰就會碎裂，必須小心地維護。每次看到他，我總會覺得悲傷，因爲「他還那麼年輕」。

其他工作人員應該也跟我有相同的想法。病房裡偶爾會出現這種特別會觸動大家的成員，讓人想爲他「做點什麼」，南風原的青春和純樸打動了我們，所以我們經常會找他聊天說話。

阿大總是熱心邀請他參加午休的軟式棒球練習，新一會找他一起散步，醫務室女孩一直想教他做菜。就連超級怕麻煩的高江洲部長，都難得地會跟他聊體育報上的新聞。每個人都竭盡所能想幫助他「存在」於日間照護病房。

我則是邀請他一起玩桌遊——打撲克、玩花牌、疊疊樂、黑白棋，還有將棋，邀請他跟我玩各種遊戲。

這些遊戲全都是成員們教我的。當我還在爲日間照護病房的靜止時刻所苦時，他們過來邀請我一起玩桌遊。玉木教我怎麼打花牌，室主教我怎麼下將棋，在跟著他們一起玩的過程中，我總算能安穩地「存在」於日間照護病房。所以，這次換我邀請南風原玩桌遊了。

現在回頭想想，我應該在日間照護病房玩掉一輩子份的桌遊了。就像我再三強調的，日間照護病房裡的時間既漫長又無所事事，總是無聊至極。爲了塡補這種無聊，我們一個勁兒的玩著各種遊戲；爲了讓自己「存在」，需要可以適當消磨時間的東西。

只是，南風原看起來不太有興趣。

「我沒關係。」他會露出認眞的表情，拒絕我的邀請，「我怕自己會失去平衡。」

他害怕桌遊會讓他好不容易堆積起來的石頭崩塌。對他來說，石頭的安穩更重要，他會極力避免其他干擾。因此，我們總是會發現他躲在半地下室，全心全意在腦子裡打磨石頭。

「感覺如何？」我擔心地詢問他的狀況，他也姑且做了回應。

「我自己也不淸楚，只是覺得現在必須要好好打磨石頭，無論如何都不能停下來。」

他每分每秒都活得迫切而拚命，根本沒有無聊的時候，甚至毫無喘息的空間，這讓我感到十分悲傷。

滿是破洞的圓

在這裡，我想認眞討論一下「無聊」（借用日本搖滾樂團「色情塗鴉」〔Porno Graffitti〕的說話風格）。這是因爲對日間照護病房而言，無聊是非常重要的現象。

首要的前提是，日間照護病房是一個無聊的地方。爲了寫這本書，我去了許多不同的日間照護機構採訪，說得直接點，每一間都是無聊至極。只有一個機構不那麼無聊，制定了很多必行事項，無論成員或工作人員都顯得很忙碌。也可能是因爲那裡接收的都是病況比思覺失調症輕微的患者，但就我的觀察，那裡的人都顯得有點緊張和疲憊。

日間照護病房非常無聊，而且是本質上、宿命性的無聊。反過來說，無聊是日間照護病房做爲日間照護病房不可或缺的一環；不無聊的日間照護病房，就不是日間照護病房了。

我們的生活也需要無聊的時間。你看，大家的家庭生活不就挺無聊的嗎？說實在的，如果回到家，等著自己的是眼花撩亂的狂歡時間，那也太累人了（新婚夫妻可是很累的）；又比如，家裡要是跟荒野求生的環境一樣緊張刺激，鐵定會讓人吃不消。不管學校、職場都一樣，必須要有無聊的時間，我們才能安心地「存在」。

沒錯，無聊並不是壞事。

話雖如此，無聊還是很難熬，我實在承受不了。呆坐在風平浪靜的日間照護病房，眞的痛苦萬分。我無法忍耐毫無刺激的生活，現在也是如此，連抽菸時我都得順便滑手機刷推特。我有嚴重的資訊處理依存症，對無聊難以適應。

這是爲什麼呢？無聊的時候，我到底感受到了什麼？

日本哲學家國分功一郎在他所寫的《閒暇與無聊的倫理學》這本書名極其無聊，內容卻一點也不無聊的書中，提到無聊是由「牽制」與「空虛擱置」兩者組成，接著就來詳細說明一下。

書中舉了一個「必須在車站等待四小時，下一班電車才會抵達」的例子（據說這是德國哲學家馬丁．海德格〔Martin Heidegger〕的親身經歷，向他寄予無限的同情），這時的無聊，國分教授稱之爲「無聊的第一形式」，並且如此論述——

> **無聊的時間非常遲緩，總是拖延不前，處在無聊之中的我們，會爲這些拖延的時間感到困擾。……這些拖延之所以令人困擾，不只是因爲拖延，它也同時牽制了我們。我們不但無聊，還被拖延的時間牽制了腳步。**
>
> ——國分功一郎《閒暇與無聊的倫理學 增訂新版》（暇と退屈の倫理学）

這完全描繪出我在日間照護病房的體驗。不吃完午飯，下午的活動就不會開始，日間照護病房的時間永遠都在拖延；那些靜止時刻，都是拖延磨蹭的時間，那時的我被牽制於「現在・這裡」，哪兒都不能去。

國分教授接著往下探討，因爲這還不足以完全說明「無聊」的意義，以及這些「牽制」爲何會讓我們感到無聊。答案如下——

> 當我們受到牽制，就會被擱置在一種無事可做的空虛狀態。沒有人能夠忍受這種狀態，所以爲了「不讓自己被擱置在因無聊而形成的空虛中」，我們會去尋求自己能做的事。
>
> ——同前書

沒錯沒錯，所以我才會沉迷於桌遊，或是反覆數著桌子上的木紋。國分教授又接著說明「空虛擱置」是什麼？明明周圍存在著各種事物，爲什麼會說我們被擱置在空虛的狀態裡？

> 那裡有各種事物。但那些事物不會對我們採取任何動作，我們完全被擱置在一旁。「空虛擱置」並不是指空無一物，而是這些事物不會爲我們提供任何意義。
>
> ——同前書

沒錯沒錯，完全就是如此（我彷彿成了推銷汽水的小販）。我在這個位於世界一角的日間照護病房感受到的一切，都被具體化成了文字。就是這樣，我被擱置在一旁無事可做，完全正確。

不過再這樣下去，我可能眞的會變成推銷汽水的小販，所以這裡暫且不再深入探討國分教授的論點，而是回到我們的問題。我們的問題，和無聊還有一步之遙。

重點是，南風原並不覺得無聊。不，不只是南風原，大多數的成員在日間照護病房都不會特別感到無聊。讓我苦悶至極的時間，他們過得悠然自得，就像南風原一直在腦子裡打磨著石頭，他們也都沉浸在自己的世界。

爲什麼？爲什麼他們都不會無聊？

線索就在前面提到的「空虛擱置」。無聊是一種被擱置在空虛中的狀態，身邊的事物不會爲我們提供任何意義。

因此，不覺得無聊的南風原，並未處在空虛的狀態，他身邊的事物會跟他說話、對他採取行動。我不是指他的世界就像電影《美女與野獸》，會有茶壺和燭台在片中唱歌跳舞。卽便是有如愛麗絲神奇國度的日間照護病房，裡頭的事物實際上也是保持沉默的，無論是櫥櫃或苦瓜炒蛋都不會唱歌。

我不是那個意思。在南風原及成員們的世界裡，空間中都充滿了「某種東西」。例如幻聽，是在空無一物的地方突然響起的聲音；還有訴說「自己的大腦被摘除了」的成員，他的空間就充滿著來自宇宙的電波。再來就是被害妄想，明明沒人說話，卻覺得有視線在冷冷地監視自己。

這種狀況不只會出現在思覺失調症患者身上。拒絕上學的孩子會在空無一物的地方，察覺到針對自己的攻擊和敵意；我們也會在請假隔天回公司時，感受到其他同事責難的視線。明明當中什麼都沒有，我們卻能感受到滿滿的「某種東西」。空虛偶爾會被整個占滿。

這麼一來，就根本沒有心力感到無聊。待在充滿惡意的空間裡，每一刻都很迫切，必須想盡辦法熬過所有的危險時刻。對我來說的靜止時刻，他們卻可能正處在「某種東西」肆虐席捲的狂風暴雨中。

所以，南風原才會不斷地打磨石頭。他說自己的大腦裡充滿了空洞，要把它們塡滿才行。當然，他的大腦在現實中並不存在什麼空洞，上面好好地覆蓋著頭蓋骨、頭皮和頭髮，他自己也很清楚。但是，他依然對空洞很執著，因爲那會讓他覺得自己「沒有被困住」。

美國精神分析學家保羅．費登（Paul Federn，曾與開創急性精神病人安撫手法的知名護理師葛楚．史溫〔Gertrud Schwing〕共同治療思覺失調症）曾經提出「自我邊界」的概念，這是指自己與外界，或自己與他人、自己的意識與潛意識之間所生成的邊界膜。

「自我邊界」其實非常重要。當我們擁有確實的自我邊界，才不會混淆自己與他人的想法，也不會分不清現實與空想。反過來說，一旦自我邊界動搖，就會變得很麻煩，例如發生幻聽時，就是內部的聲音與外部的聲音交錯混雜在一起。

擁有自我邊界，才能讓我們無論跟誰在一起都會是自己。那是一條將「自己」區隔出來、給予包容，讓自己得以是自己的邊界線。

南風原的空洞不是出現在他的大腦，而是他的自我邊界吧！那裡有很多東西洩漏了出去，也有很多東西入侵進來。在那個空虛的空間，充滿了從空洞洩漏而出的「某種東西」，那些東西不肯放過南風原，不斷地跟他說話、威脅他。所以，他不可能感到無聊，他就像活在鬼屋中，每一刻都充滿恐怖與驚嚇。

沒錯，那是一個圓。運作良好的自我邊界，就像圓包裹著我們，這個小小的圓讓我們能過著日常生活，只要它完全密合，就能保護我們不受威脅。然而，一旦這個圓有了空洞或裂縫，生活就不再安穩，像是赤身裸體被丟到教室裡，或是滿身傷痕被浸泡在鹽水中。

中井久夫說過，「如果思覺失調症患者開始感到『無聊』，就代表他差不多康復了。」無聊代表守護身心的圓完整密合，是偉大的成就，空虛是這個圓完全封閉的證據。

所以，南風原才一直打磨著石頭，想去填補那些空洞。其他的成員也一樣，他們雖然封閉自己，但還是想防堵侵占身心的某個東西以保護自己，努力要封住滿是破洞的圓。只不過，他們一直無法做到。

那麼，要如何才能順利封住到處都是破洞的圓呢？

這與日間照護病房的閉環式時間又有什麼關係？

爲了思考這個問題，我們得先讓故事往下進行。

南風原後來怎麼樣了呢？

康復的跡象出現了

我直接說結論吧，南風原變了。他成了日間照護病房的一員，能夠安然「存在」於這裡。

其實也不是出現什麼戲劇性的契機，像是金八老師[2]給了不良少年一記愛的鐵拳，讓他就此醒悟，這種事絕對不可能發生在日間照護病房（畢竟這裡不需要故事性）。不，或許發生過什麼，只是我不知道、其他工作人員不知道，連南風原自己可能也不知道。只能說，這個重複日常的閉環式時間出現了變化。

反正他就是變了，而跡象是他開始懂得玩了。

他迷上了花牌[3]。剛開始他對我的邀約不是拒絕，就是勉爲其難地加入，後來漸漸地越玩越起勁，甚至會主動來約我。他用著在腦中專心打磨石頭時的認眞表情問我：「要不要玩花牌？」

那一本正經的模樣可愛到讓我笑了出來，「好啊，來玩吧！」

玩花牌的過程中，依然殘留著奇妙及尷尬的感覺，他會出現某些莫名其妙的堅持，像是碎唸著「不能湊齊豬鹿蝶[4]，反正就是不行」，但他確實樂在其中。如果卡牌配對成「役」[5]，他會開心地喊「耶！」，也會玩到忘我，隨著遊戲一下開心、一下懊惱，整個人非常投入。

就這樣，因爲迷上花牌，南風原也和其他成員有了交集。每個人都很疼愛他，室長想把菸分給他，不過被他拒絕了；愛管閒事的淳子一天到晚塞糖過去，其他人則總是請他喝可樂。

慢慢地，南風原的行動範圍變大了。他開始定期參加午休的軟式棒球練習，阿大開心不已，努力幫他做特訓，發現他運動神經不錯，甚至讓他擔任游擊手這個重要位置。他於是成了球隊不可或缺的存在，南風原自己也喜歡上活動身體的感覺。

不只是軟式棒球，他也愛上了開車兜風、地面高爾夫球等各種活動，中間一有空檔他就玩花

---

2 《3年B組金八老師》是日本TBS電視台製作的老牌校園電視劇，由武田鐵矢主演。

3 源自日本安土桃山時代的傳統紙牌遊戲，玩法類似麻將，將卡牌配對成特別組合來累積點數。

4 花牌中的一種牌型，在某種玩法中就是以湊齊這三張爲最後的贏家。

5 花牌中可獲取點數的組合。

牌，最後甚至都能跟別人開玩笑了。回過神來，他已經很久沒再提到打磨石頭的事，他的圓似乎覆上了安全的薄膜。

南風原成了日間照護病房的一員，能夠「存在」於這裡了。當然，他的康復不是直線發展，狀況時好時壞、起起伏伏，但他確實變了。

「南風原變得很有精神了啊！」熱心教他軟式棒球的阿大很欣慰，然後下了一個決定，「我想把聖誕大會交給他負責。」

然後，故事回到「好痛苦啊～～」這一幕。

日間照護病房每年都會舉辦聖誕大會，由成員們分成幾個小組表演不同的節目。雖然每個小組都有工作人員跟著，但還是會從成員中選出小組組長，花一個月進行排練。

有一個小組的節目，是搭配當時火爆到不行的 Golden Bomber 名曲《沒出息》表演舞蹈，南風原被選爲小組組長，我則是陪同這個小組的工作人員。

南風原全心全意地投入這項任務。好像有什麼東西完美地嵌進了他的內心而不再缺漏，他滿懷熱忱爲表演做起了排練。

他每天都會召集我們，大家一起看著 YouTube 上的《沒出息》MV，模仿其中的舞蹈動作死命練習。

「東畑心理師，這裡的動作越噁心越好，你可以再誇張一點喔！」我又被南風原提醒了。

「了解，我會努力的。」聽到我的回答，南風原用著一貫認眞的表情對我低頭行禮：「這件事眞的很重要，就麻煩您了。」

聖誕大會勁爆秀

聖誕大會當天，大家似乎都有些靜不下來。會場已經在前一天布置完成，日間照護病房有別於平常顯得熱鬧華麗，桌上擺滿了三十九日圓可樂和巧克力派、洋芋片等飲料、點心。

待在日間照護病房很容易就會失去季節感，因爲沒有春酒也沒有尾牙，不斷循環的閉環式時間很難有斷點，小小的圓一直在重複繞圈。所以，我們不時會配合季節舉辦春天的賞花會、夏天的海灘派對等活動，聖誕大會也是其中之一。這會讓我們想起「已經是聖誕節了啊」，感受到小小的圓外面還緩緩地繞著更大的圓。

會場布置盡可能呈現聖誕節的氣氛，告知大家今天是與衆不同的一天。或許這一天跟其他日子其實沒什麼兩樣，但我們還是有點期待。或許是心理作用，我覺得平時總是沉浸在自己世界的成員們，看起來也挺興奮。

「Ladies and gentlemen! Time has come! 聖誕大會即將開始啦！」

在這段期間，只要舉辦類似的活動，都是由我擔任主持人。我的工作就是運用過去在研究所寫論文時培養出來的語言能力，盡力炒熱聖誕節的氣氛。

「首先，請高江洲部長上台跟大家打聲招呼！」

部長穿著運動服和 Polo 衫，頭上戴著閃亮的聖誕節裝飾，慢吞吞地走到麥克風前面。

「各位——有在努力禿頭嗎——？」部長大喊著，全場拍手。「真的很謝謝大家～～今天是聖誕節啦！大家都要努力地發光發亮，不要輸給我的禿頭喲～～」

聖誕大會由各小組的表演節目構成，大家輪流表演拚命練習了一個月的成果，爭奪大會的最佳表演獎。

第一個節目，是曾經和有里大吵一架的隆司與醫務室女孩優花的四手聯彈，這裡其實隱藏著一段小小的戀愛插曲，詳情稍後再說。

當 Spitz 樂團的名曲《櫻桃》樂聲流洩出來，深知內情的成員們全都開始起鬨，「咻！」的吹起了口哨。隆司一臉害羞的表情，有點拙劣的彈琴技巧反而流露出戀愛的青澀，感覺非常好。

「Wonderful! Marvelous! Next!」我說著奇怪的英語，努力善盡主持人的職責。

接著由比嘉美沙率領女性成員進行手鐘表演，曲目是《平安夜》和日本童謠《慌張的聖誕老公公》，很有聖誕氛圍的音色獲得了熱烈掌聲。當一邊挖著鼻屎一邊演奏的成員想跟比嘉美沙握手，她露出厭惡的表情卻還是握了上去，大家都笑了。

「Wonderful! Marvelous! Next!」我用同樣的方式繼續當著主持人。

再來是阿大帶領的KARA[6]男團，由阿大、新一和玉木等七人組成，戴著七彩爆炸頭假髮登場。KARA的成名曲《Mister》前奏一響，包裹在黑色緊身褲裡肌肉發達的臀部，隨著音樂挑逗地又搖又晃，最後阿大還回頭丟了一個飛吻，「大家3Q～～愛你們喲～～」

「好噁心！大家說是不是啊？」因爲實在太噁心，我忍不住說回了日語，「那麼，接下來是Golden Bomber的《沒出息》！請上場！」

表演開始，《沒出息》的MV完美重現（大家可以參考YouTube的影片，眞的一模一樣）。首先是泡沫時期潮女打扮的有里（之前熱唱「嗚啦啦」的成員，最近出院後又回到日間照護病房），踩著高跟鞋大步走上台。她因爲藥物的副作用整個人有點搖晃，大家都笑了。

接著，南風原緊跟在有里後面上場。

「哪，等等我嘛～～拜託啦，我不是道歉了嗎～～」他扮演的是被有里拋棄的軟爛男。只見他五體投地趴跪下來，「不要拋棄我啦～～求求你，是我錯了。」

---

6 韓國DSP Media公司於二〇〇七年推出的女子流行演唱組合。

有里一臉不屑地笑著說「別碰我」，然後丟下一句：「你是女人嘛?!」被悲慘拋棄的南風原站起身，音樂開始。以我和康夫為首的男性成員一起出現在舞台上。

「沒出息！沒出息！沒出息！好痛苦啊～～」

遺憾的是我筆力不足，根本無法呈現我們的演出有多噁心，噁心到讓全場哄堂大笑。再說這種場面真能用文字描繪出來嗎？就像高中時代社團活動結束，朋友在回家路上模仿顧問老師的模樣，逗得大家笑到肚子痛，這種搞笑誰都能做到，但其中的歡樂絕對是筆墨難以形容。

那天的 Golden Bomber 真的笑點滿滿，南風原的舞蹈動作非常到位，簡直噁心到了極點。音樂一結束，立刻博得滿堂采，南風原渾身是汗，整個人氣喘吁吁。

進行到此，所有的表演節目全部結束，當高江洲部長和其他評審在商議比賽結果，我們就吃著先前準備好的蛋糕。成員們紛紛稱讚南風原：「真的好有趣喔！」「你超帥的薩～～」讓他害羞了起來。

接著成績發表，高江洲部長揭下貼在禿頭上的小張便條紙，唸出優勝隊伍。

「優勝者是──Golden Bomber！」

「喔喔喔！」全場歡聲雷動。

「喔耶──！」南風原好高興，由衷開心地從高江洲部長手中接過獎狀。
「很棒喔！」部長拍拍南風原的肩膀。
「謝謝！」他滿面笑容地拿著那張獎狀。
最後，大家一起唱聖誕歌曲，想到一年就快結束了，我不禁覺得有些寂寞。沒想到，剛才消失不見的高江洲部長突然穿著女裝現身了。
高江洲部長握著麥克風，唱起女歌手秋元順子的《愛就是這樣》，忘情高歌的他，模樣說有多詭異就有多詭異。總是反覆折疊紙巾又打開的奇妙系成員裕次郎爺爺，忽然大喊了一聲：「哈薩！好噁心啊！」就直接闖進了部長的舞台，踩著神祕的公雞步在台上不停繞圈，奇妙的行動讓全場爆笑。
聖誕大會就這樣在歡樂中落幕。當大會結束、聖誕節裝飾被收起，充滿節日氣息的空間，轉眼就變回了原本的日間照護病房。我看到南風原正在解下五顏六色的彩條，一臉消沉的模樣。
「沒事吧？」我問道，「累了嗎？」
「沒事，也不累。就是……」南風原把聖誕節裝飾收進紙箱，表情認眞地說，「就是突然覺得有點空虛。」

我把紙箱蓋起來，「這樣啊……」

「其實我也不太清楚啦。」他撓了撓頭。

聖誕大會結束後，年末就到了，再來則是新年。明年還一樣有聖誕大會嗎？我心想，一邊和南風原繼續整理會場。

遊戲的療癒能力

聖誕節和跨年過去，新的一年到來了，南風原還是悶悶不樂。日間照護病房的大家去了奧武山公園的護國神社進行新年參拜，參道兩旁十分熱鬧，南風原卻一臉無趣的模樣。

他的樣子實在有點奇怪。卽使我像往常那樣邀他玩將棋或花牌，他也只是敷衍地配合，似乎沒有那麼開心。那種卽將崩潰的緊張感，又跟先前堆積石頭的情況不同，南風原身上的危機並不迫切，反而帶著某種醒悟、或是困惑的氛圍。

取而代之的是，他開始長時間待在網路上。日間照護病房設有電腦，他會在網路上搜尋各種資訊，雖然有點好奇他在找什麼，我還是暫時沒去管他。有時候，人就是想要獨自靜一靜。

原本我以爲他是出現了「狂歡後的空虛」，才顯得情緒消沉，畢竟他爲聖誕大會眞的投入了很多心力。但是，事情好像不只是如此。

當我詢問他時，南風原答道：「我就是有點無聊，待在病房裡的時間感覺好漫長。」

我大吃一驚，南風原竟然開始感到無聊了。

在這裡，我想再一次認眞地討論「無聊」。過去一直不覺得無聊的南風原，爲什麼開始感到無聊了？那時在他身上發生了什麼事？

我們來復習一下吧。國分功一郎教授說過，無聊就是被拖延的時間所牽制，而被擱置在空虛的狀態。但是，南風原的「自我邊界＝圓」出現了空洞，當中的空虛被「某種東西」占據了，這使他感受到威脅，因此沒有時間感到無聊。

單純從上述內容來判斷，南風原那個充滿破洞的圓，在日間照護病房的閉環式時間包裹下，似乎得到了修復。

然而，事情沒有那麼簡單。

之所以這麼說，是因爲南風原的家庭和學校，也就是他過去的日常生活中，原本也應該存在著閉環式時間。南風原會來到日間照護病房，就是他那個充滿破洞的圓，讓他無法待在家庭和學校的閉環式時間裡。無法待在圓之中，成了他的問題。所以，爲什麼只有日間照護病房的圓，能夠修復南風原的圓？我們必須探究這個原因。

具體地思考看看吧。南風原在日間照護病房做了什麼？是不是接受了某種特別的治療？當然沒有，我們所做的，就是單純地打發時間。爲了塡補閉環式時間的空虛，我們玩花牌、打軟式棒球、舉辦聖誕大會，努力排煩解悶。

說得更極端一點，我們就是在玩。

玩。就是這個，這當中自有秘密。

因爲，南風原開始好轉，跟他開始懂得玩幾乎完全同步。

這是怎麼回事？玩到底有何秘密？

我們都喜歡玩。說到工作或學習總提不起勁，但一提起玩就精神百倍。自我啟發書也常寫著「要用玩耍的心態工作」，代表玩是內心的自發行爲，被視爲正面、開心的事。

但實際上，並不是每個人都玩得起來，有的人就不會玩，或是沒有時間玩。憂鬱症患者不會有心情玩遊戲，拒絕上學的孩子卽使被玩具包圍也不會伸手去拿；南風原也是這樣，他起初根本沒有能力玩。當內心陷入緊迫的狀態，我們不會有心思玩耍、遊戲。

奠定「遊戲的精神分析理論」的唐諾·溫尼考特醫師是這麼說的——

精神療法需要兩個遊戲的領域——亦卽患者的領域與治療者的領域——重疊才能成立。精神療法是在共同遊戲的兩人之間建立連結。綜合以上得出的自然結果，當遊戲的狀態無法發生，治療者要做的事就是將患者從無法遊戲的狀態，努力引導至可以遊戲的狀態。

——唐諾．溫尼考特，《遊戲與現實》（*Playing and Reality*）

這裡所說的是遊戲的療癒能力，以及遊戲必須在兩個人重疊的地方才能進行。溫尼考特醫師將這個重疊之處稱爲「中間領域」或「潛在空間」。簡單來說，遊戲只會發生在某些東西與某些東西之間。

或許有點太跳躍了，但這個部分雖然麻煩，卻也是有趣的地方，還是容我再詳細說明一下。溫尼考特醫師常會用簡單的文字來解釋各種莫名其妙的事（如果不好懂，一定不是我的錯！），之所以不好理解，是因爲他闡述的是母子關係中微妙又纖細的部分，我會努力說明。

請回想一下在沙坑玩耍的孩子，他非常專心地堆著沙子做的城堡，在我們看來，他是一個人在玩耍。

不過，依照溫尼考特醫師的說法，他並不是一個人在玩耍，他的心裡一直有「母親」的存在（當然，這裡指的不一定是生物學上的母親，也可以是照顧者或照護者）。

這就是溫尼考特醫師讓人有點難懂的地方。明明孩子滿腦子想的都是眼前的沙堡，無論從外表來看、或在我們眼中，他都是一個人在玩耍；但是，他心裡其實一直有母親的存在，必須等到他中斷玩耍時，我們才能察覺這一點。

孩子常會停下手上的動作，回頭確認母親是不是還坐在後面的長椅上，他擔心母親會突然不見，所以中斷了玩耍。這時母親可能正用手機玩著迪士尼的手遊 Tsum Tsum，所以沒有察覺，但大多數的狀況，母親都會對他揮揮手。於是孩子就安心了，再次專心地玩起沙子。

沒錯，每個人的內心都必須有個依靠，才能安心地玩；一旦這個依靠消失了，就會不安地玩不下去。當孩子內心覺得有母親抱著他，或者自己的領域能與他人順利重疊，就能安心地玩。

這樣的重疊不只發生在自己與他人之間。我們再來仔細觀察一下孩子。

從外表看來，孩子一直在雕塑著沙子，他也很清楚自己在做什麼。如果有人問他：「你在做什麼？」他可能會回答：「我在玩沙子啊，一看就知道吧？」（不知為何浮現出一個愛頂嘴的小孩）。但對孩子來說，那其實不只是沙子，還是機器人帝國的雄偉要塞，孩子正在機器人帝國這個想像的世界裡玩耍。

遊戲通常誕生於現實與想像重疊之處，缺少任何一方都無法成立。如果「只是單純地在堆沙子」，那就一點也不有趣；要是眞心相信「我在建設機器人帝國的要塞，現在眞的很危險，不趕快建好要塞，世界就要毀滅了」，也會讓人聽得冷汗直流，這種程度已經不能說是遊戲了。

遊戲存在於兩者之間，例如主觀與客觀之間、現實與想像之間，或是孩子與母親之間。遊戲只會在「自己與他人重疊的領域」進行——這也就是說，人只有在全心依賴、委身於他人時，才有能力遊戲。

但是，這就會導致一項悖論。人必須讓自己的領域與他人重疊，才有辦法遊戲；反過來說，人也必須藉由遊戲，才能讓自己的領域與他人重疊。

想想尷尬的初次約會就知道，剛開始因爲緊張，根本沒辦法放鬆玩樂，但是強裝冷靜地打完保齡球，或是去ＫＴＶ歡唱後，會變得越來越開心，最後兩個人就能自在互動了。與轉學生相處也一樣，起初或許會有點格格不入，等到玩在一起，自然就成了朋友。

原本因爲緊張而全身僵硬的我們，在參與遊戲的過程裡，慢慢地能樂在其中，也讓自己的領域與他人重疊，並且給出全心的信任。

這是類似先有雞還是先有蛋的問題。因爲依賴他人而能夠遊戲，因爲遊戲而能夠依賴他人，兩者皆存遊戲才能成立，遊戲只會發生在兩者之間。你看，「先有雞或先有蛋」這個問題本身就是一個思考遊戲，不是嗎？

日間照護病房的活動以遊戲居多，絕對不只是用來打發時間，而是治療計畫中的一環。藉由一起遊戲，讓沒有能力玩的人也能加入遊戲，幫助他們讓自己的領域與他人重疊。

現在回頭想想，從高江洲部長、阿大到新一全是遊戲高手，他們每次都能玩得很開心。不管是軟式棒球、排球或聖誕大會，這些在世界一角都只是用來消磨時間的小小活動，他們卻每次都全力以赴。藉由這個方式，成員們也能跟著一起享受遊戲的快樂。

所以，成員們也成了遊戲高手。不只是運動，他們對撲克、花牌或將棋都十分熱衷。而他們陪著我玩，我的領域在遊戲中與他們重疊，我也因此成了懂得玩的人。

南風原也被拉進了日間照護病房的遊戲。無法「存在」於人群中的他，透過遊戲讓自己與日間照護病房重疊，在這裡找到了容身之處。南風原那滿是破洞的圓，就這樣與日間照護病房的閉環式時間重疊，然後得到了修復，我是這麼想的。

奔跑吧，機車男孩！

現在來整理一下。

南風原的圓因爲滿是破洞，所以無法感到無聊，但透過遊戲這個媒介，他的圓和日間照護病房的圓重疊在一起，進而得到了修復。不過，故事並沒有因此獲得完美的結局，還有後續。

畢竟，人都要從遊戲中醒來。

到了吃晚飯的時間，就不能待在沙坑裡玩耍了，再快樂的約會終究也要結束。這時，機器人帝國的要塞會變回平凡的沙子，原以爲靈魂互通的兩人，會確實感覺到彼此不過是他人。

南風原也是如此。無論是花牌、軟式棒球或聖誕大會，一旦從歡樂中醒來，就變回了打發時間的遊戲。再怎麼把它當成大事，也只是位在世界一角的日間照護病房內部的小遊戲而已。那會帶給人錯覺，但只要醒悟過來，魔法就解開了，只剩下無盡的空虛，以及隨之而來的無聊。

國分功一郎教授將這種隨之而來的無聊稱爲「無聊的第二形式」。

這與之前等待四小時電車的「無聊的第一形式」不太一樣。第一形式的問題是「外物所造成的無聊」，第二形式的問題則是「面對外物所感受的無聊」。例如，即便正在參加派對或做著令人開心的消遣及娛樂活動，卻依然感到無聊，這就是第二形式，也是南風原目前面臨的狀況。關於這個類型的無聊，國分教授是這麼說的——

> 第二形式的無聊，已經有能力爲自己留出時間去參加派對，不再被時間追趕，也有餘裕面對自己。因此，這種無聊當中存在著「安定」與「理智」。
>
> ——國分功一郎，《閒暇與無聊的倫理學 增訂新版》

沒錯，這當中有著「安定」與「理智」，也是南風原的圓成功閉合後產生的成果。他不再受到威脅，也不再有東西穿過空洞非法侵入他的大腦，他已經能好好地「存在」。當他從玩耍的錯覺中清醒，就必須直接面對空虛，還有隨之而來的無聊。

因此到了這個階段，他開始在網路上不斷搜尋資訊。那些禁錮並占據他大腦的東西消失了，他得到了解放，也變得自由，感到無聊的他，想要尋求不同的新事物。

後來，他找到了。南風原在蓊鬱的網路森林中，找到了全新的事物。

那就是輕型機車的駕照。

只要有了駕照，他就能一個人闖遍各地，南風原沉浸在這樣的夢想裡。他於是在日間照護病房打開輕型機車考照手冊專心備考，之後順利考取駕照，家人也買了輕型機車給他。

剛開始，南風原還會滿臉驕傲，騎著輕型機車來到日間照護病房，成員及工作人員都會稱讚他：「好帥喔！」「好厲害啊！」他就會顯得很開心。

然後，他漸漸不再過來了。之前他總是風雨無阻地每天報到，後來就開始說「最近有事」，越來越常請假。他找到日間照護病房以外的世界了。

日間照護病房也有了變化。這裡的閉環式時間雖然還在原地打轉著，但還是漸漸改變了。每個成員都活在自己的線性時間裡，他們在某一天來到日間照護病房，然後離去，日間照護病房就有了一點變化。

工作人員也一樣。他們的線性時間與日間照護病房的閉環式時間相交，畫出弧形的軌跡，再不停在原地打轉。然後，他們總有一天也會離開日間照護病房，這個世上沒有什麼是永遠的。每一條不同的線，都畫著屬於自己的軌跡。我現在也離開了日間照護病房的圓，活在東京的另一個圓裡，日間照護病房就是這樣不斷在改變。

但即便如此，每當我想到日間照護病房，總是會憶起當時那場聖誕大會畫出來的圓。那時我已經完全被日間照護病房接納，並徹底融入其中，那是一段美好的時期。

所以，當南風原離開的時候，我一邊開心他終於康復了，一邊卻還是有些寂寞。日間照護病房就是這樣不斷在改變；日常生活也是時時刻刻在變化。那時確實失去了一些東西，畢竟世上沒有什麼是永遠的。沒錯，從那時起，我心目中的日間照護病房就慢慢崩塌，誰都無法阻止。不過，那也是稍後一點的故事了。

南風原離開日間照護病房幾個月後，我曾經看過他一次。當時我坐在商旅車的駕駛座，正準備去系滿港參觀「龍舟祭」，那是一個祈求出海平安和漁船滿載的祭典。

筆直延伸的系滿街道這一天非常壅塞，戶外極爲炎熱，火辣辣的太陽不斷炙烤著柏油路。我把窗戶關得密不透風，一邊吹著冷氣，一邊跟成員們互相說笑。

這時，只見對向車道有一輛輕型機車飛奔而來，全白的車身十分眼熟，果然是南風原。他依舊一臉認真，直直地看著前方。

我打開窗戶，揮手大喊：「南風原！」成員們也「喂——」的喊著他。

但是南風原沒有聽見，咻的一下從我們眼前掠過，我們的視線追隨著他，只看到他的背影。

南風原的輕型機車在奔馳著。

他穿梭在壅塞的車陣中，筆直地朝著那霸方向駛去。是要去大學嗎？我不知道，我不知道他要去哪裡。

但是，南風原找到了可以前往的目標，這讓我非常開心。

南風原筆直地在自己的那條線上奔跑著，背負著完整的圓。

一臉認真的機車男孩，穿過擁擠的系滿街道飛馳而去。

第6章

白熊與鯨魚

抗拒不了戀愛的男人

釋放壓抑的運動時間

「刺吧！」

「偷啊！」

「幹掉那兩個人！」

這不是強盜搶劫，也不是恐怖攻擊、革命運動或國家內亂。再補充一句，當然也不是幻聽。這是一場軟式棒球比賽。

不是暴力傷害，是刺殺出局；不是扒手偷竊，是趁機盜壘；不是無差別殺人，是直接雙殺。在這個有一堆貓無聊地大打哈欠的球場裡，事件正在發生，友軍及敵軍兩方相互廝殺。軟式棒球眞的好野蠻啊！

我們每天都待在系滿市西崎的一個小球場，打著軟式棒球。

主謀者是前高中棒球健兒的阿大。卽便成爲職棒選手的夢想早就破滅了，每年到了球隊選秀時期，阿大這個狂熱的棒球迷護理師，還是會像自己被指名了一般興奮不已。

最後，只是在假日打業餘棒球已經無法滿足他了，阿大開始帶著日間照護病房的成員打起軟式棒球。就這樣，阿大實現了以棒球爲工作的夢想。

練習時間是每天午休，吃完中飯後，成員和我會換上運動服前往球場，認眞地練習傳接球。在散發泥土及青草氣息的球場上，我把比普通棒球大了一圈的白球用力丟向康夫。康夫平時總在發愣，對棒球卻很在行，不管丟什麼球過去，他都能俐落接住，再軟綿綿地把球丟回來。

之後，魔鬼教練阿大就會登場，展開魔鬼般的外野守備練習。

「去囉！嘿喲——」

他擊出非常高的外野飛球，白色的球在藍天下飛翔著，成員中最靈活的隆司一下子就衝到落球點，優美地用手套接住白球。

「漂亮！」

隆司立刻準備回傳，把球丟回給捕手新一，結果方向偏掉了。

「小心傳球！」阿大出聲提醒。

沖繩的陽光眞的很毒，活動三十分鐘後，從成員到工作人員都滿身大汗，臉頰也曬得通紅。所以每次練習結束，大家都會聚在榕樹下暢飲冰涼的三十九日圓可樂。涼爽的樹蔭下微風習習，感覺十分舒暢，連甜膩的可樂這時都奇妙地變得好好喝。

這麼幸福的時刻，阿大還是不放棄熱心指導的機會。

「隆司，你高飛球接得好，一遇到彈跳球就不行了，這種時候不能怕啊！」

「聽到！」隆司一邊擦汗一邊回答。
「南風原太常漏接，要確實張開手套，讓球落到最深處！」
「聽到！」南風原一臉嚴肅地回應（日間照護病房的時間是閉環式的，時間線亂七八糟）。
「還有，阿東的動作太慢了，明天開始肌肉鍛鍊！」
「聽到！」我咕嚕咕嚕地喝著可樂。

就這樣，日間照護病房日復一日地投球、揮棒，揮灑著汗水，完全就是學校的社團活動。

不過，有別於高中棒球健兒的是，我們幾乎沒有進步。我們的投球姿勢一直都很醜，一緊張球就到處亂飛，當然也永遠抓不到接彈跳球的時機，萬年漏接。

四年間，我明明每天都打軟式棒球，技巧卻毫無起色，隆司、康夫和其他成員也一樣。這或許是因爲，我們並非爲了讓技巧變好而練習，只是爲了練習而練習吧。

即便如此，我們每個月還是會舉辦兩次比賽，實力相當的成員和工作人員分成兩隊，進行紅白對戰，展開殊死決鬥。說實在，眞的讓人熱血沸騰！

「可惡——！」

平時只會使用最少詞彙「嗯」來面對人生的室主，一旦失誤了也會放聲怒吼。

聽到「鏘——！」的擊球聲，平常坐在板凳上發呆的友香和裕次郎爺爺都會忍不住看往球打出去的方向。

場上滿壘，打者擊出了外野飛球，有人不斷大喊：「回本壘！回本壘！」三壘跑者康夫一臉猙獰地全速奔跑，成功得分，全場起立歡呼。

接著，在這個最適合絕地反攻的情況下，阿大眞的擊出了全壘打。

主動擔任第四棒打者的阿大揮棒打擊，白球輕飄飄地飛向藍天，原本沉重的棒球就像紙飛機般輕巧滑過，穿越外野區後方的巨大榕樹，消失在市街上。阿大慢慢繞完場內的壘包，與激動地等在板凳前方的成員們熱情擊掌。阿大擊出的全壘打眞的很美。

軟式棒球比賽激情而熱烈，無論輸贏都讓人瘋狂。

不論哪一個日間照護機構，都會安排運動相關的活動。有的跟我們一樣，會去運動場或體育館進行正式的運動，有的會在診所內做些打桌球等簡單的活動，還有的會讓成員用寶特瓶擊打塑膠球，來場小小的推桿高爾夫比賽。總之，所有日間照護機構都會在治療計畫中引進運動項目。

我想，這是因爲日間照護病房太過和平的關係吧。或許大家已經聽到耳朵長繭了，但這畢竟是本書的主題，我還是要再重複一次——日間照護病房總是風平浪靜，時間也停滯不前（些微的滯塞感反而剛剛好）。日間照護病房，就是要和平到讓人感到無聊。

但是，這種日照和平本質上只是暫時的，而且完全建立在危險的平衡狀態上。成員們既脆弱又容易受傷，還有著激烈的一面，只是被藥物及照護治療壓制著。在日照和平背後，隨時都有東西在蠢蠢欲動。

因此，日間照護病房必定存在著某種裝置，以便處理這些在背後蠢動的東西，藉此排掉沉積的毒氣、攪動停滯的時間。這也是爲什麼這裡總會舉辦各種活動，例如卡拉ＯＫ大會、聖誕大會、遠足或海灘派對等。

這就是民俗學所說的「晴與褻」[1]（非日常與日常）。如果不斷反覆、彷彿沒有終點的「日常（褻）」逐漸乾涸，就會變成「穢」；這個「穢」會失控，威脅到日間照護病房的和平，因此需要頻繁插入「非日常（晴）」的時間，讓枯涸的一切恢復生機。

「非日常（晴）」是慶祝的時刻，所有平時不被允許的事物都會解禁。小丑可以戲弄國王，年輕人可以嘲笑老人，所有人都無所顧忌、說著粗鄙笑話，非日常在這一刻展露無遺。

在這當中最有效的就是運動。運動會產生勝負，所以能具體釋放平時受到壓抑的攻擊性。卽便是溫吞的推桿高爾夫，到達比賽高潮同樣能殺得你死我活，那些躲在暗處蠢動的東西就能因此發散，停滯的時間也能再生，日照和平得以重建。

所以，我們的軟式棒球比賽十分野蠻。

「刺吧！」「偷吧！」「幹掉那兩個人！」「混蛋！我踢死你！」

欸？踢？軟式棒球有這種規則嗎？

沒錯，慶祝時刻也會出現風險。一旦解禁的東西失去控制，事件就會發生。

激戰中，事件爆發！

當時，我正在中外野的守備位置（爲了維護中外野的和平）。因爲阿大擊出了全壘打，勝負幾乎已定，我只能像平常那樣一邊發呆，一邊反芻過往人生中各種令人火大的爛事。接著，我突然聽到「鏘——！」的一聲，回過神來，球已經飛過我的頭頂。

糟糕！我看見位在一壘的隆司開始奔跑，連忙往球的方向追過去，終於在外野的最深處撿到球，用盡全身力氣回傳。

就在這時，我一下子腳步不穩，跌了個狗吃屎，腳踝發出「啪嚓」的聲音。

但是，球從上方越過了準備攔接的游擊手南風原，直直飛向了位在捕手位置的阿大。居然是

1　在民俗學者柳田國男提出的日本傳統世界觀中，「晴」（ハレ）代表喜慶的「非日常」，例如婚禮與祭典；「褻」（ケ）則是普通的「日常」。

奇蹟似的完美傳球！隆司衝過三壘奔回本壘，比分拉近了！

「出局——！」

負責裁判的高江洲部長模仿大聯盟的誇張風格，宣告跑者出局。

沒想到，這引發了隆司的激烈反應：「爲什麼！我明明踩到本壘板了！」

「出局——！」高江洲部長開心地又重複了一次。

「你把我當白痴嗎？」狀況開始白熱化，「混蛋！我踢死你！」

隆司用力踢飛掉丟在本壘板附近的捕手面具，往高江洲部長的方向逼近。情勢變得緊張，其他成員全都不敢動。

當隆司正要踢向部長，阿大穩重地出面阻止。

「隆司，我們冷靜一點，好嗎？」阿大用身體擋在部長和隆司中間，藉由碰觸「心體」阻止暴力，並試著滅火。「我們來聊聊吧！」

這時的阿大充滿了魄力，情緒激動的隆司頓時停下動作，氣勢全消。爲了可以私下談話，兩人於是消失在防護網的另一邊。

軟式棒球比賽是慶典，也是非日常，因此往往會過度白熱化，進而引發事件。

至於我呢，那時正在外野區的地上一邊掙扎，一邊看著衝突發生。原本我應該即刻衝到現場才對，腳卻痛得不得了，看樣子一定是受傷了。

戀愛成了絆腳石

回到診所進行檢查，果然是扭傷，腳踝腫得很厲害。

「阿東，你也太慌張了。」阿大看著傷處取笑我。身爲棒球迷的他，還不忘評價一下我的表現，「不過，那個回傳很漂亮喔！」

接著，他在我的傷處包上繃帶、把腳固定好，細心地給予照料。

「包紮得不錯吧？我在以前待的那家醫院，打針技巧也是最好的。」

的確很厲害。明明身材壯碩、手指也像毛毛蟲般粗大，用白色繃帶包紮我的腳踝時卻動作俐落，我覺得自己好像在被大金剛媽媽照顧著。

阿大不只是棒球迷，還是日間照護病房裡所有人的父親和母親。他總是堅定地維護紀律，同時也細心地給予照護。成員們對這樣的阿大有著深深的信任，身爲工作人員的我們也一樣，阿大是日間照護病房的精神支柱。

因此，員工會議的中心永遠是阿大。此刻，大家也正圍著接受包紮的我和正在包紮的阿大，開著臨時會議；每次只要發生事件，所有的工作人員就會聚集起來開會，分享資訊、確立方針，而此時的話題自然是隆司。

最近這一陣子，隆司相繼引發了各種麻煩，經常情緒焦躁，也會跟成員發生衝突，或者遷怒工作人員，總之就是很不穩定。雖然至今爲止隆司還沒有直接使用暴力傷害到別人，但只要在運動中激動起來，往往就會大吼大叫或鬧情緒。每次發生這種狀況後，他又會陷入自我厭惡，情緒跌至谷底，表情也變得兇狠。一旦有什麼事刺激到他，又會再次引發衝突。

阿大跟他面談後，發現他的幻聽也更嚴重了。

隆司說，他經常聽到叫他「去死」或是罵他「變態！」的聲音，而且每次都發生在他幻想女性的時候。

「看來，跟有里交往還是讓他有負擔了。」阿大說。

「哈薩！」高江洲部長喊道，「有里眞是個魔性的女人啊！」

原本，隆司就是個抗拒不了戀愛的男人。

當時剛滿三十歲的隆司，在大學就讀期間罹患思覺失調症，經過住院治療後，來到了日間照護病房。他的恢復過程很順利，雖然沒逃過年輕男性成員的宿命，被迫成了阿大日照病房棒球隊的一員，但他原本就有超群的運動神經，很快就成爲球隊的主力。後來，他和其他成員的交流變多了，也開始會熱絡病房裡的氣氛。他在很早的階段就被判斷能回歸社會，也就是所謂的「高功能」患者。

但是，戀愛卻成了他的絆腳石。

隆司一次次地陷入戀愛，對方都是醫務室女孩。由於醫務室女孩的流動率很高，每次有新人進來，隆司就會墜入愛河，導致狀況惡化。每次他想到喜歡的女孩，或是浮現與性相關的事，腦中就會出現幻聽，變得極度不安，然後便缺席沒來日間照護病房。

每當此時，都是阿大在傾聽他的煩惱。阿大會給出護理師的專業意見，告訴隆司喜歡上別人不是壞事，出現性衝動也是自然的，但如果因此造成情緒上的不安，就盡量避開這方面的思考。

這種情況一直反覆發生。隆司恢復正常，陷入戀愛導致狀況惡化，再恢復正常，又陷入戀愛導致狀況惡化。自從他來到日間照護病房，一轉眼五年就過去了，他的圓不停在原地打轉。

不過，隆司雖然一直在原地打轉，同時也在穩步地前進。

改變的契機，是他愛上了新來的醫務室女孩優花。在這之前，隆司膽大包天地喜歡上了比嘉美沙，結果輸給了她的冷酷無情，這份愛慕隨即無疾而終，而下一個對象就換成了優花。

優花是個會在家裡養蛇當寵物、個性奇妙又有點天然呆的女孩，知道隆司愛上自己時也毫不在意，還笑著說：「沒想到我這麼受歡迎啊～～啊哈！」

這樣的個性，略為安撫了對自己的戀心與性欲感到恐懼的隆司，讓他即便因戀愛陷入混亂，也能勉強保有自己。在這個情況下，隆司甚至出人意料地邀請優花，跟他一起在聖誕大會表演四手聯彈（上一章曾經稍微提過）。

對於才十幾歲的優花來說，被一個年紀快要大自己一輪的男性追求，自然會有些困惑，但她個性溫柔，又是個徹底的樂觀主義者，所以也只是說了一句：「四手聯彈很難啊～～啊哈！」就答應了隆司。

我很替隆司高興。他不再赤裸裸地展現愛意，而是透過鋼琴的四手聯彈來表達心中的戀慕。他學會了怎麼一邊保持距離，一邊與喜歡的人「共存」，即使最後沒有在一起，也依然能感受到快樂。對隆司來說，這應該是他人生中一次重大的體驗。他守住了戀愛的衝動，也實際感受到戀愛不是只會造成威脅、讓人恐懼。

眞正的事件，是爆發在不久之後。

隆司突然開始和有里交往。對，就是那個唱著「嗚啦啦嗚啦啦」，還曾經因爲毛巾被和隆司發生「殺人或被殺」劇烈衝突的有里。

兩人的交往毫無徵兆，某天就突然發生了。我像是挨了一記悶棍，其他成員或工作人員應該也一樣，就連阿大都感到震驚。爲什麼呢？因爲他們的個性實在相差太多。

女性經驗爲零、樸實木訥的隆司（我只看過他穿運動服），和打扮花俏、多話、男性經驗極爲豐富的有里（外表完全是辣妹），這兩人居然開始交往，眞是讓人做夢也想不到。

「呀～～隆司！好棒呀～～啊哈！」從暗戀對象中被排除的優花活潑地給予祝福，但我和護理師們總覺得有點憂心。

因爲，有里曾經好幾次跟日間照護病房的男性成員交往，後來又很快就分手。要是好不容易陷入熱戀，結果兩三下就被甩，實在讓人擔心隆司是否有辦法承受。

然而，戀愛是無法阻擋的，更何況看到兩人沉醉在夢幻的愛情裡快樂的模樣，我也很想祝福他們。其他人應該也是相同的心情吧！像玉木就老在那邊起鬨。

「怎樣？你們親親了嗎？偷偷只跟玉木木說～～」

「你好色啊～～才不告訴你～～」

有里故弄玄虛地偷笑著，然後看向隆司，「不告訴他，對吧？」

但是，隆司卻得意地直接坦白。「親了！」

玉木沒想到會聽見回答，立刻興奮起來亂喊亂叫。

「哈薩——！好厲害啊，隆司！動作也太快了！」

「你怎麼可以說出來嘛～～」有里用手肘撞了隆司一下。

「對不起啦！」隆司沮喪地低下頭，嘴上卻忍不住微笑。

「好甜蜜啊～～啊哈！」優花笑著說。

隆司看起來很幸福，但事件也就此發生。從這時候開始，隆司慢慢變得越來越不穩定。

事件是災厄，也是再生

日間照護病房偶爾會發生事件。不，現在想想，應該算是持續發生。很多時候，前一個事件剛結束，下一個事件又開始了，還會有其他事件並行出現。

然而，日間照護病房同時又十分和平。就像第3章提過的，日照和平總是在承載各種事件的狀態下勉強維持著。

因此，我們經常私下召開員工會議。想要維持住狀況頻仍的日間照護病房，共享情報和因應對策是不可或缺的行動。

每到這時，我們都會對彼此非常坦誠。

「等到出事才處理就太晚了啦！」大奧總管護理課課長惠子說，「我們已經跟隆司談過好幾次了，他還是不能遵守規定，那就必須考慮讓他暫時休息。」

惠子大多屬於強硬派，她主張想維護日照和平，多少需要採取嚴厲的處置。

「有道理。」阿大點點頭。

這種時候，護理師基本上是安全第一的和平主義者。既然起火了，當然要馬上滅火，這樣無論對周遭或本人才最安全。

就像傳染病一樣，一個小小的錯誤或輕忽的預判，會導致重大的傷亡事故，護理師都有過這種親身體驗。發生事件會使風險提高，所以必須及早滅火，他們是這麼想的。

然而，此時可以採取的手段其實十分有限。一旦成員心裡的火種被點燃了，就不是那麼容易撲滅，我們既沒有可以瞬間平撫情緒的魔法咒語，吃藥也只是取得一時的安心。就如同江戶時代的大火，當時的救火技術還不夠先進，如果著火了，就只能等著它燒完，所以江戶救火隊的主要工作是拆除著火房屋四周相鄰的建築，阻止火勢繼續蔓延。

爲日間照護病房滅火的護理師也是一樣。一旦火勢出現蔓延的趨勢，爲了不讓病房被燒得精光，就必須隔離起火點，具體上就是禁止對方出席日間照護病房或利用其中的設施。

起初，我認爲這種做法很無情，簡直就是萬惡的父權主義，總覺得還能再做些什麼；但是慢慢地，我開始理解這也是一種照護的方式。

畢竟只要火一被點燃，就會無法控制，直接隔離看似嚴厲，卻能將其他成員的傷害降到最低，對本人來說，也能將他們的混亂限縮在最小的範圍。如果預防受傷、將傷害降到最低是心理照護的目標，那麼運用權力做出嚴厲的處分，也具備了心理照護的機能。

爲了維護日照和平，護理師們做了所有自己應該做的事。

即便深刻地理解這些狀況，每到這時，我卻不一定是和平主義者。

對護理師們來說，事件會破壞日常秩序，希望盡可能不要發生，因此爲了守護和平，他們時刻都在努力滅火。

但是心理師有點不同。「心理諮商者」雖然給人溫柔的印象，卻不是只重視安定與和平。不可否認這確實很珍貴，但我們也認爲，偶爾失去和平，經歷痛苦或掙扎的過程，對心靈也是非常重要的事。

這是出自心理治療的初衷。基本上，心理照護的目的是消除或緩和痛苦，但心理治療卻是秉持著正視傷口與困難的價值觀。面對傷口、確實地陷入苦惱及低潮，這樣的體驗乍看很負面，但與人心的成長與成熟卻息息相關，就像想要打好棒球，便不能逃避艱苦的練習。

說句不怕被人誤解的話，我並不討厭事件的發生。應該說，每個事件都在提醒我，此時正在發生重要的轉變，也激勵我必須全力以赴地應對。

事件其實很奇妙，它既是災厄，同時也是再生。這裡先暫停一下，來思考什麼是事件（好像偵探的口吻啊）。

後現代主義哲學家斯拉沃·齊澤克[2]（Slavoj Žižek）在同樣名爲《事件》的這本書中，爲所謂的「事件」下了這樣的定義——

事件是顛覆所有安定模式、突然發生的全新事物。

——斯拉沃．齊澤克，《事件》（*Event*）

齊澤克指出，事件是某種突然出現並足以打碎日常生活的東西；不僅僅是局部性的破壞，而是搗毀支撐日常生活的最基礎架構。

確實如此。如果是事故，等到災後處理結束，大多可以復原（雖然過程會非常艱辛），但事件就完全不同。九一一事件後，徹底改變了世界對伊斯蘭教的認知，導致全球警戒、戰爭頻仍，事件破壞了過去所建立的框架。深陷事件的當下，會完全看不清未來的發展，它會顛覆人們極爲平凡的日常。

所以，事件有兩個面向。

一是會破壞日常生活和迄今爲止的自己，還會擾亂秩序、讓周遭充滿危機；但在此同時，事件也會開拓全新的世界，創造出全新的自己。這樣的破壞也會帶來創造。

---

2 斯洛維尼亞社會學家、哲學家與文化評論家，也是二十世紀深受矚目的哲學家。

其中最有趣的是，齊澤克提出了許多「事件」的相關案例，像是耶穌復活、佛陀頓悟及《江南Style》的爆紅（據說在瑪雅預言的世界末日當天，這首歌在YouTube的觀看次數已經超過十億），而在這些世界級規模的事件中，他特別提出了「愛情」。

> 當我們認真地墜入情網，就像是被什麼東西附身了。愛情不就是永恒的例外嗎？日常生活的適當平衡被擾亂，所有的好意都被內心深處的「某個東西」點亮了色彩。
>
> ——同前書

然後，齊澤克引用了著名DC漫畫《睡魔》的作者尼爾・蓋曼（Neil Gaiman）某篇文章中的一小節。「睡魔」這個角色能以沙塵覆蓋對方，將敵人喚入睡夢中，因此又有「沙人」之稱。這樣的沙人也會墜入愛河嗎？對象會是誰呢？雪女嗎？先擱置我的疑問吧。

> 一旦戀愛了，我們就會變得脆弱。我們被迫敞開胸懷、打開內心讓某個人進來，把自己弄得天翻地覆。……在這個瞬間，你的人生已經不屬於你，愛情占據了你、侵入了你，將你吞食殆盡，然後將你丟棄在黑暗中悲傷哭泣。
>
> ——同前書

沒錯，愛情的風險極高，也很容易引發大火。

實際上，每當日間照護病房裡有人談起戀愛，都會造成各種各樣的麻煩。病房內的人際關係會變得複雜，幻聽加重了，情緒也會不穩定，偶爾情侶間甚至會互相傷害。思覺失調症的成員尤其無法抗拒戀愛，基本上，他們發病的契機很多時候都跟性息息相關。在青春期．青少年這種不安定的時期，談戀愛或是主動、被動的性接觸，經常都會使內心不堪負荷導致發病，這樣的案例多不勝數。

或許，愛情就是自我之中最脆弱的部分吧！所以每當我們陷入愛情，就會渾身充滿弱點，弄得傷痕累累。

這是爲什麼？爲什麼愛情會如此具有破壞力呢？

很多心理學理論都可以說明這一點，但我最喜歡深層心理學大師榮格的說法。畢竟，他曾經讓妻子和情婦共同生活，也跟病人談過戀愛，因此寫起愛情來應該很有說服力。

榮格認爲，當人陷入戀愛時，男人會投射出女性化，也就是「阿尼瑪」（anima）的一面；女性會投射出男性化，也就是「阿尼姆斯」（animus）的一面。

「阿尼瑪」與「阿尼姆斯」，指的是與平時的「自我」完全相反的「自我」。當一名男性努力以男性的身分生存（當然也有人不是這樣），他的內心會潛藏著自己不曾擁有的另一半人生，也就是女性（＝阿尼瑪）的特質；女性則剛好相反，內心會潛藏著男性（＝阿尼姆斯）的特質。

你看，就像沙人生活在炙熱乾燥的沙漠中，雪女生活在冰冷潮濕的雪山裡，兩者恰好相反。所以，沙人會因爲雪女擁有自己從未具備的特質，而被她深深吸引。

這麼一來，事情就會有以下的發展。

當男性墜入愛河時，我們是跟現實中的某人談戀愛，旁人看來也是如此；對方可能是《哆啦A夢》的靜香、《海螺小姐》的花澤，或是日本傳說的雪女。但無論是誰，其實都是我們內心的「阿尼瑪」向外投射的結果。沙人愛上了現實中的雪女，同時也動搖了內心的「阿尼瑪」，藉此活在自己不曾經歷的人生中。

所以啊，愛情才會如此顛覆我們的日常。這個由內側產生、完全相反的事物，會破壞掉爲了在現實中存活而勉強創造出的自己。愛情是盲目的，會讓人看不清現實，的確是事件無誤。

然而，愛情不只是帶來傷害及破壞，這也是事實。事件還有另一個面向。

即使雙方都是日間照護病房的成員，也有人順利地從戀愛到結婚，建立起安穩的關係，最後生下了孩子。他們熬過狂風暴雨的非日常，成功地克服難關、存活下來，構築了全新的日常。

這爲他們的人生帶來良好的影響，他們找到了自己的安身之所，開始爲妻兒努力工作。從此，他們的人生進入嶄新的局面，不斷累積珍貴的回憶。

我們不也是一樣？愛情會使人成長。

只要看過少女漫畫就知道，它們的故事架構幾乎都大同小異。例如剛開始時，女主角通常還很幼稚，個性散漫冒失，每天無憂無慮，還有很高的機率是個愛吃鬼，對於自己的女性身分絲毫沒有自覺。

某天，在她身上發生了事件，她陷入愛情了。對象大概是籃球隊或足球隊裡某個背負著沉重過去的男孩（開朗女孩的「阿尼姆斯」通常是憂鬱男孩。令人不解的是，他絕不會是桌球隊），然後少女開始心煩意亂，變得脆弱易傷、多愁善感，對未來感到迷茫。

但是，在這樣那樣、這些那些、如此如此這般這般（請大家自由無限延伸）的各種經歷後，少女克服了心中的迷茫，最後與男孩有情人終成眷屬，這時她就從幼稚的孩子變成了大人，接受了身爲女性的身分。新的她誕生了，新的世界也從此展開，這是少女漫畫常見的情節。

話題扯得有點遠了，總之我想說的是，事件不只是破壞日常，還會帶來成長與成熟。而對於心理師，特別是從事心理治療的心理師來說，後者的可能性更爲重要。

因此問題就在於，愛情會爲隆司帶來新的成長，還是讓他就此崩潰。而當時的我覺得隆司或許可以從愛情中獲得某些東西，也認爲他應該擁有面對這一切的力量，所以我在員工會議中試著提出了自己的想法。

「隆司不是愛上工作人員而是成員，這是全新的發展。如果他能突破這個關卡，會不會帶來重大的改變呢？而且隆司雖然會拿東西發洩，卻一直克制著不遷怒到別人身上，我認爲他一直很努力地在面對現實。」

隆司並沒有沉溺在愛情中忘記了現實，而是努力地觸碰現實，小心翼翼不去破壞它。他並沒有被內心的「阿尼瑪」完全吞沒。

所以，我認爲即便發生了事件，愛情也確實會帶來風險，隆司應該有能力克服這一切，獲得某種可能性。

「有道理。」阿大依然點點頭。

員工會議以阿大爲中心運作，所有人各抒己見提出的想法，都會被保存在阿大心裡，再經由他冷靜、細膩地思考。明明外表像大金剛，這個部分卻極爲纖細。最後，阿大這麼說了。

「總之，我們就先看看情況吧！」

他最終做出這個結論。即便就像惠子所說，事態可能發展到必須禁止隆司出席，阿大還是決定先看看情況。

說得再多，我們能做的也只有「先看看情況」。日間照護病房沒有魔法，也沒有俐落解決事件的名偵探。說到底，心靈的問題本來就沒有特效藥，只有時間這種效果緩慢的萬能藥。

所以，我們觀察著停滯不前、緩慢流動的時間會如何改變內心，謹慎、小心地在旁守護著。為此我們不斷開會，護理師從照護的角度提出看法，心理師從心理學的角度表達見解（這裡是指日間照護心理師的專業）。

所謂的先看看情況，不是漫無目的地冷眼旁觀，而是要一邊思考眼前發生的狀況，一邊進行觀察，這就是日間照護病房的做法（諮商過程其實也一樣）。

「好，我們一起加油吧！」在會議的結尾，阿大說道。

「辛苦了。」說完大家便回到自己的工作崗位，帶著各種不同的想法，走向成員身邊。

白熊與鯨魚的爭鬥

直接說結論吧！隆司的愛情最終只是曇花一現。

察覺到的時候，他們兩個已經分手了，有里再次跟日間照護病房的其他成員交往，然後很快又分手。自始至終，她都是一付雲淡風輕的模樣。

「眞是魔性的女人啊！」

高江洲部長嘆了口氣，摸著自己的禿頭，「我也得小心一點啊。」

雖然不知道部長要小心什麼，但他可能也有不少糾葛吧！有里也有許多糾葛，她因爲內心寂寞以及想要有個依靠，對於戀愛對象一向來者不拒，到最後卻是誰都無法承擔她的一切，讓人覺得有些悲傷。

隆司被甩之後的狀況很悲慘，不僅食不下嚥，晚上也輾轉難眠，情緒一直很焦躁。但更明顯的是，他整個人總是疲憊不堪。

不過，他仍舊每天都來日間照護病房。以前的隆司只要情緒一崩潰，就會封閉內心，躲在家裡足不出戶，最少需要半年左右才能恢復。但是這一次，他沒有休息。

取而代之的是，他雖然來了，卻總是一個人獨處。以往他會待在一樓跟大家開心地聊天，現在不是避開大家躲到半地下室的桌球室，就是縮在和室的角落睡覺，偶爾還會看到他孤寂地叮叮咚咚彈著鋼琴的琴鍵。

他也不再參加午休的軟式棒球練習，拒絕的理由是「覺得有點累，所以今天想休息」；排球比賽時他也不上場，只站在旁邊看，一個人終日鬱鬱寡歡。

慢慢地，隆司控制住了難以壓抑的焦躁，也不再出現異常的行爲。在旁觀者眼裡，他似乎終於平靜了下來，大奧總管護理師惠子還因此覺得「實在太好了」，而安心不少。但我卻認爲，隆司現在才正處於事件風暴的中心點。

隆司不斷地跟內心搏鬥，想要控制住自己，但眞正的他仍然傷痕累累，也恐懼著自己體內熊熊燃燒的戀火。那團火焰反覆地灼傷他，同時讓他亢奮又焦躁。我覺得隆司正逐漸崩潰，所以他一直在跟那樣的自己戰鬥。

這場戰鬥發生在他的內心，即使他外表看似平靜，實際上卻處在混亂的漩渦中。

精神分析學派的創始者佛洛伊德，是這樣定義所謂的「過度煩惱」——

> **在這裡爭鬥的兩種力量，就像衆人所知的白熊與鯨魚，幾乎沒有相遇的可能。現實中的爭鬥，兩方都必須站在同一個競技場上，才有辦法一決勝負。而我們這項療法的唯一課題，就是讓這場爭鬥化爲可能。**
>
> ——《佛洛伊德全集15　精神分析引論》（*Introductory Lectures on Psycho-Analysis*）

我們的心裡都住著白熊與鯨魚，牠們分別生活在冰面上下的兩個世界，通常沒有機會相遇，也不知道彼此的存在。

在這個情境中，白熊代表的是意識，鯨魚是潛意識；或者也可以說，白熊代表的是自我，鯨魚是阿尼瑪，稱呼各有不同。

重要的是，白熊與鯨魚必須相互爭鬥，才能豐富我們的心靈，這是佛洛伊德的主張。他認爲面對內心的一切，努力去抗爭與糾結，這樣的行爲是有價值的。

但是，在日間照護病房的成員中，有人內心的鯨魚力量特別強大，能輕易打破堅硬的冰（這裡的冰等於前面提到的「自我邊界」），將白熊拖到海裡。這時，心靈就會陷入極度的危險。愛情尤其會讓鯨魚變得狂暴，隆司的冰面被撞得粉碎，鯨魚卽將吞吃掉整隻白熊，於是白熊感到不安、焦躁，變得很不穩定。

事件發生時的情況就是如此。由於強大的鯨魚正和白熊戰鬥得鮮血淋漓，隆司只能讓自己跟外界隔離，這是爲了不刺激到鯨魚，讓鯨魚能再次潛到冰面之下。隆司用這種方式，拚命抵擋鯨魚的猛烈攻擊。

事件發生在難以窺見之處，因此乍看之下，隆司像是一個人在戰鬥。

但是，隆司並非孤軍奮戰。爲了不陷入這樣的境地，他一直沒有停止來日間照護病房。只要來到這裡，就會有人跟他說話，可能是玉木、淳子或友香，都是隆司過往建立起來的人際關係。他們通常只會短短交談幾句，雖然說的話與隆司內心深處發生的事應該無關，但能與他人待在相同的空間，還有人主動跟自己交談，其實給了白熊很大幫助，讓牠因此與現實產生連結。

不只如此，雖然每天只有很短的時間，阿大也會跟隆司說話。阿大非常擔心隆司，但他都只會詢問隆司的身體狀況或睡眠等再平常不過的事——在這種時候，身體是守護心靈的堡壘。偶爾他也會詢問隆司關於幻聽或失戀的事，隆司會告訴阿大「不太舒服」或「好一點了」，阿大也只是回答：「嗯嗯，我知道了。」

隆司跟阿大是老交情了，所以能夠信任對方。有個信任的人陪伴著自己，在一旁默默守護，會給痛苦的心靈帶來有力的支持。這段期間，我經常看見他們兩人在房間的角落說話。鯨魚一直在嘩啦嘩啦地拍打著流冰。

「不變」與「改變」

三個月後，我們一如往常做著外野守備練習。這時的風逐漸涼爽了起來，但太陽仍然炙熱得足以致命，我和隆司曬得滿臉通紅，不斷追著球跑。

看來鯨魚的力量已經減弱，再次沉入冰面之下了。隆司也不再總是一個人，開始像從前那樣跟成員們聊天，重新回到了軟式棒球隊。

在此同時，他也能自然地和有里說話，不再那麼用力，也沒有不安。這時隆司還留著青春痘疤的臉龐會放鬆下來，露出溫柔的微笑。

一切看起來都恢復了原狀。

一切都恢復了原狀，什麼都沒有改變。隆司和以前一樣每天都來日間照護病房，有里依然每天都吵吵鬧鬧。這裡又回到了過去的平靜。

事件發生，度過難熬的時期，再重建全新的日常。我先前提過，事件也會帶來成長及成熟，但是實際上，所有發生過的事全都會回復成原狀。

待在日間照護病房，會讓人對所謂的「治療」感到困惑。

如果是身體的治療，就很清楚明白。受傷、生病的人前來接受即時的治療，成爲「患者」，經過打針或手術、療養，身體就會恢復健康，像我的扭傷就完全治好了。然後，原本的「患者」就不再是「患者」，在此情況下，治療只是一種手段，是暫時性的過程。

但說起內心的治療，也就是所謂的心理治療，事情就變得有點複雜。內心的疾病不但攸關生存，問題又極爲根深柢固，連什麼樣的狀態算是痊癒都很難判斷（現今這個時代，沒有人知道哪種生存方式才是正確）。即便如此，心理治療依然以開創新生活、重建新人生爲目標，人們認爲這是一種成長。因此，事件對心理治療來說具有深刻的意義，在此情況下，治療同樣只是一種手段，是暫時性的過程。

日間照護病房則不相同，這裡所認同的最高價値是「不變」。日間照護病房花費了衆多人力及大量時間，健保還爲此付出高額經費，但投入了如此龐大的能量，它的目標卻是「不變」。

在日間照護病房裡，每個人都是爲了度過「一天」而度過「一天」；在這裡，手段本身就是目的。成員接受照護是爲了留下來，這時治療不再是暫時性的過程，而是爲了在這裡「安身」。當然，其中也有成員順利地「回歸社會」，這時我們確實能感覺到自己做了類似「治療」的事。然而，絕大多數的成員都是爲了能「存在」於日間照護病房，才「存在」於日間照護病房。這就是現實。

這個看起來沒有意義的「同語反覆」，幾乎動搖了我的信念。

這樣就可以了嗎？我們不是該以成長爲目標、朝著痊癒的方向努力嗎？我聽到了這些聲音。

但是，待在日間照護病房這個地方，會讓人覺得「不成長、不治癒、不改變」也有其價值。

我們所生活的這個世界，非常重視「改變」。

管理學中有一項概念稱爲「PDCA循環」（PDCA Cycle，循環式品質管理），也就是決定目標（Plan）、執行挑戰（Do）、確認成果（Check），最後改善行動（Action），藉此達成目標、獲得成長，並促進改變。這種方式深受世人認同，也是我們的社會尊崇的倫理。

但是，說不定這種想法其實才是特殊的，我們一直生活在非常偏頗的社會。法國人類學家克勞德・李維史陀（Claude Lévi-Strauss）在其名著《野性的思維》（La Pensée Sauvage）中，將原始部落稱爲「冷社會」，我們的社會稱爲「熱社會」。

在「冷社會」中，所有對社會安定與連續性造成影響的歷史性要因，都會遭其自創的制度自動消去；「熱社會」則會將歷史的形成主動納入其中，將之做爲發展的原動力。

——克勞德．李維史陀，《野性的思維》

這段生硬又繁雜的論述，簡單來說就是下面的意思。

熱社會會促進歷史性的發展，它以過去爲基礎朝著未來邁進，筆直地不斷向前走去；兒子必須超越父親，經濟也必須時刻獲得成長，go forward。

相對來說，冷社會只要出現發展的跡象，就會主動掐斷苗頭，努力保持原狀；因此，從祖父到父親到兒子，都遵循相同的人生軌跡，維持一成不變的禮儀，如同閉環般在原地打轉。

所以，我們生活在熱社會，處在亞馬遜河流域深處的原始部落則生活在冷社會，歸納下來大致是這個意思。

然而，我不這麼認爲。我們雖然活得很熱，同時也活得很冷；有時雖然以改變爲目標，有時又必須留意不能改變。看，我們不就小心翼翼維持著一成不變的日常嗎？聽到上司想要改革，內心第一時間就會大喊「不要啊——」，不是嗎？

沒錯，我們雖然期望自己的「人生」擁有熱度，卻希望「生活」保持冷度，人類需要「冷」帶來的安定。所以，我們活在這個世上，做每件事的目的不一定都是爲了得到什麼。

我們每天打棒球，不是爲了增進打球的技巧，純粹是爲了接球而接球，爲了練習外野守備而練習外野守備。

同樣地，我們不是爲了死亡才活著，而是爲了活著，所以才活在今天，生活就這樣一天天成形。待在日間照護病房，讓我明白了這其中的珍貴。

不過，即便如此，我還是會覺得，這是如此容易就能整理清楚的嗎？到頭來眞的什麼都沒有改變嗎？可以這樣斷言嗎？隆司的愛情沒有開花結果，我的球技一直沒有長進，但這個過程中眞的沒有產生任何東西嗎？

經過一場戀愛，隆司心裡的白熊可能變得更強壯了；每天的傳接球練習，或許也讓我能和成員們打成一片。

被我視爲精神導師的日本心理學泰斗河合隼雄，曾經分享過一個小故事。一位患者寫信來感謝他，信上寫著：「因爲醫生的幫助，我改變了很多，然後變著變著，就有了三百六十度的大轉變。」眞是金句名言。說不定我們也一樣，也完成了三百六十度的大轉變啊！

每次只要提到日間照護病房，我就會一直重複說著「不過，即便如此」，都快要變成口頭禪了。日間照護病房就是存在著某種讓我欲言又止的東西，也讓我開始弄不清楚到底該「改變」、還是「不變」。

「不過，即便如此」，日間照護病房仍然會出現小小的精彩場面。

球場上今天也在進行外野守備練習。

一顆高彈跳球向隆司發動攻擊，向來不擅長接彈跳球的隆司漏接了。

「東畑心理師，彈跳球眞的好嚇人薩～～」隆司笑了。

「不過，接到了感覺會很棒喔！」

下一個輪到我，球朝這邊飛了過來，我卻突然覺得側腹一陣抽痛——是先前骨折的肋骨。但我仍往前踏出一步，伸出棒球手套，然後漏接了。

「果然還是好難啊！」

我們的球技完全沒有進步。

一如往常的風景，只有擊球員換人了。站在那裡揮棒的是新一，不是阿大。

阿大已經不在球場了。

不對，應該說他不在診所了。

確認隆司眞的平靜下來後，阿大就提出辭呈，爲了全新的生涯規劃，他決定離開沖繩。

沒錯，在隆司與鯨魚艱苦奮戰的時期，阿大其實也對自己的人生產生了質疑。他的心裡也發生了事件。

不，不能這麼說，事件早就發生了。那天晚上，阿大不就說過：「我沒辭職之前，你也不能走喔！」他一直都在考慮辭職的事。

最後，阿大還是下了決定。他決定離開日間照護病房，去新的地方開始自己的人生。而一旦下定決心，阿大就像全力擊出的全壘打一樣，很快地消失在某處了。

剛好一週前的歡送會晚上，我輕率地向阿大提出相撲的挑戰。那時歡送會剛結束，一走出常去的那間居酒屋，我就在停車場對阿大下戰帖，因爲我醉了。

「全力以赴！勝負未定！」[3]

爛醉如泥的高江洲部長充當裁判，大聲喊著。

我不顧一切朝著阿大衝過去，和他扭成一團。我抓住大金剛龐然的身體，大金剛也反手抓住我瘦弱的身體，好痛苦！

突然間，我心裡湧出強烈的憤怒，連自己都嚇到了。不知道爲什麼，激動的情緒從我內心深處猛然爆發出來。

---

3 「はっけよい 残った！」相撲比賽開始前裁判的固定喊話。

「我要殺了你！」

我發動全身的肌肉細胞，一心想把阿大拋出去。我用盡渾身力氣扭動身體，想著一定要讓他倒在柏油路上不可！肌肉在燃燒著氧氣，血液在大腦中沸騰，我心裡的鯨魚在吶喊：「死胖子，我要殺了你！」

但是，阿大根本紋風不動，連半點搖晃都沒有，大金剛太強了。接著，大金剛輕輕把我拎起來，丟到停車場裡，我摔得全身疼痛，肋骨骨折了。

「東畑心理師好弱啊～～啊哈！」優花大笑著。

「痛死了——」我躺在地上說，「你也太強了吧，阿大。」

阿大冷靜地站著，因爲喝酒而全身通紅，只見他用小得幾乎聽不見的聲音說：

「對不起啊。」

「嗯？」

阿大又說了一次。

「對不起啊，我不可能永遠待在這裡的。」

「知道了。」我一直很清楚。

我感到寂寞，也很惶恐不安。我想都沒想過，有一天阿大會不在日間照護病房。阿大指揮著日間照護病房的一切，是這裡的支柱，沒有阿大，日間照護病房根本撐不下去。所以，我對要離開這裡的阿大感到憤怒，這對我來說是個大事件。

當然，阿大還是走了，日間照護病房沒有了阿大。

只不過，和我先前想像的不同，日間照護病房依然「沒有變化」，這裡還是一成不變。日間照護病房是冷社會，不管發生什麼事，都有某種力量維持著它的「不變」。所以，我帶著一動就痛的側腹後遺症，照常參加了今天的外野守備練習。

「阿大是不是已經去東京了啊？」隆司說，「有人知道嗎？」

「完全沒聽說……」

在那之後，阿大就斷了音訊，所以我們一直有種他還在附近打著業餘棒球的感覺。

「說不定他還偷偷躲在沖繩呢！」

「要是那樣就好了。」

大家的心情突然悲傷了起來，所以一起笑了。

「是不是因爲欠債啊……」隆司喃喃地說。

「好了！再來一輪！」新一揮著球棒。

強力的彈跳球再次飛來，隆司迅速奔跑過去，然後比平常多跨了一步，把手套伸向前方。一隻貓在他前方打著哈欠。

「啪！」的一聲，球完美地落進手套深處。這也太帥了吧！雖然大家的技巧還是很糟，偶爾也會有漂亮的表現。

「接得漂亮！」我大喊。

隆司「咻」的吹了一聲口哨。

第7章

治療者與患者

星期五的內部笑話

星期五最疲憊——早晨的通勤

星期五的腳步總是很沉重。

我是徒步通勤，所以每天都戴著耳機、聽著音樂走到診所，這天的背景音樂是小賈斯汀。那霸即將進入冬季，冷風迎面吹了過來，我把手伸進口袋，腳步沉重地爬上小祿的斜坡。

我原本想用快節奏的舞曲激勵一下自己，但實在太疲憊了，連小賈斯汀輕快的歌聲聽在耳裡都覺得有點吵鬧。所以我拿出 iPod 換了一首歌，改聽日本嘻哈團體「決明子」的《上吧！三十歲》。當然，這也無法讓我產生「上吧！今天的工作」的熱情，漫長的斜坡正在耗損我的內心。

好痛苦——好想休息啊。

星期五最疲憊。

從週一到週四，我每天都必須花十個小時和人相處。從進入診所到回家的那一刻，我都跟成員們待在一起，中間還要處理爲數衆多的心理諮商案件，午休又得練習棒球，不累才奇怪。

再加上最近高江洲部長一直處於亢奮狀態——他在故鄉宮古島的同學跑來那霸市的國場，開了一間名叫「天龍」的奇怪居酒屋。

每到傍晚，天龍的老闆就會傳語音訊息問：「今天來不來？」

而部長會假裝吃驚實則開心地大喊：「哈薩！今天也是不去不行了薩！」然後咧嘴笑著過來邀約：「新一、阿東，今晚怎麼樣？」

過了六十歲之後，一個不修邊幅的老同學傳來的訊息，居然比酒店的漂亮媽媽桑打來的電話更讓部長高興。對部長來說，帶著年輕下屬到相熟的居酒屋捧場，幾乎等同於國際巨星瑪麗亞凱莉被宴請的滿漢大餐，是最豪華的盛宴了。

因此，我們三不五時就被帶到天龍，猛灌著會引發嚴重宿醉的中毒系泡盛，使我的體力更加不堪負荷。

即便如此，我還是每天去上班。如果我現在是國中生，大概會拚命磨擦體溫計，然後大喊一聲「我發燒了——」，躲在家裡看著電視的娛樂新聞偷懶；但我是有家庭的「上吧！三十歲」，所以不上班不行。因此，我只能拖著沉重的身體，爬上小祿的斜坡。

穿過斜坡上的隧道，就差不多快到診所了，但我實在沒有心情馬上開始工作，便躲在高架橋下的廣場抽菸，坐在那裡發呆。

然後，同樣走路上班的新一，戴著耳機、聽著廣播走過來了。

「早啊，阿東。」他爽朗地跟我打招呼，接著關心地問：「唉呀，你看起來好累啊！」

「累死了。」我回答他。

「反正今天是星期五了薩——」他露出媲美旅美職棒選手達比修有的帥氣笑容鼓勵我，「再努力一下就好了。」

新一眞的很頑強。昨天在天龍，他明明也喝了一堆中毒系泡盛，看起來卻絲毫不受影響，而且一到診所就默默開始工作。阿大走了之後，所有工作都落到他頭上，他也沒有一句怨言；到體育館運動完，每個人都累得無法動彈，他還爲了鍛鍊身體繼續跑步，眞的超級強大。

「少來了，你看起來一點都不累。」

「很累薩——不過，今天是星期五了嘛！」他帶著春風般的微笑，然後說：「我們走吧！」

新一都這麼說了，我也只能挺起沉重的腰，努力地站起身。上吧！去上班！

當我們兩個到達診所，剛好看到裕次郎爺爺從接送巴士走下來。

罹患思覺失調症的裕次郎爺爺剛滿六十歲，是月球上的居民。他的身體雖然每天都來地球的日間照護病房報到，心卻一直在月球上生活著。所以，裕次郎爺爺一走下車子，那霸郊外的平凡景色就突然變成了月球表面。

裕次郎爺爺一邊走，一邊前後晃動頭部，就像公雞在走路。而且每前後晃動一次，他臉上的表情就會跟著變化，一會兒像嘟嘴歪笑的搞笑面具，一會兒像風獅爺張大嘴巴，眞的很奇妙。

一大早，裕次郎爺爺就踩著精神抖擻的公雞步朝診所入口走去。

「早安。」我向他打招呼。
只見裕次郎爺爺突然睜大雙眼，朝著我大聲喊叫。月世界的花開了。
「早——什麼早！我說！」
「阿基查皮喲！（我的老天爺啊！）」新一笑了，「裕次郎爺爺，星期五真有精神薩！」

相互給予的小小照護——上午的交流

裕次郎爺爺走進日間照護病房，先大喊一聲「早——什麼早！」，然後露出一百二十分的笑容跟大家揮手。
「早啊，阿裕！」「喔！今天也很有精神啊！」「早安。」
成員中的有里和玉木，以及醫務室女孩優花也回了一聲招呼。
「嘻嘻嘻。」裕次郎爺爺高興了起來，「所以，早——什麼早！我說！」
說完，他便坐到平時的那個老位子，拿起放在桌上的紙巾，開始認真地折疊、打開，折疊、再打開，一如往常那樣。我想，他在月球上做的就是這個工作吧！
不過，他今天的注意力不太集中，很快地月球的職能治療就中斷了。裕次郎爺爺把紙巾整個撕碎，撒在自己的椅子周圍，變成碎片的紙巾像雪花一樣飛舞著。

「哈薩！裕次郎爺爺——」

在廚房煮茶的新一看到了，「不能這樣啦，怎麼可以這麼浪費呢——」

「我今天在學校！有什麼關係！」裕次郎爺爺大叫著，隨即站起身來。

他踩著公雞步在日間照護病房裡不停地繞圈，開始跟月球上的居民通話。只見他一下生氣地喊著：「我說，這不是我提出來的！」一下露出詭異的笑容說：「好色喔！」有時又熱唱起民謠《荒城之月》。偶爾他也會回到地球上，稱讚「這個麵包眞好吃」，然後立刻又「嘻嘻嘻」地笑著踏起公雞步。

星期五，裕次郎爺爺也累了，所以馬上從地球抽身去了月球。地球距離月球一．三光秒，裕次郎爺爺的瞬間移動還更快。但是，他的身體還留在地球，兩者的反差讓我們忍不住笑了出來。

裕次郎爺爺正式和月球居民爆發了冷酷的爭戰。

「胡鬧什麼！」「你是白痴嗎！我說！」「不會殺光你們！」

他對著天婦羅丼大喊，看起來像是在跟幻聽吵架。這時的裕次郎爺爺就像惡鬼一樣猙獰，眼球向外突出，嘴巴糾成一團，完全變了一個人。

看到這種情況，愛管閒事的淳子立刻站了起來。

「阿裕，你頭上的角長出來了喔！」因爲服用精神藥物的關係，淳子的腳步一向不太穩定，只見她搖搖晃晃地走到裕次郎爺爺的身邊。

接著，她溫柔地對正在向敵人怒吼的裕次郎爺爺說，「不可以生氣喔～～大家都嚇到了。」

但是，這反而激怒了裕次郎爺爺。「我說，生氣的是你吧！」

他搞混了月球居民和地球居民，朝著淳子發怒、對她做起鬼臉，「略略略——！」

淳子的臉抽搐了一下，原本兩人應該會爆發冷酷的爭戰，但是淳子今天忍下來了。

「我沒生氣啊，我明明很溫柔。」

她到廚房拿來紙巾，遞給裕次郎爺爺，「這次要乖乖地玩喔！」

「耶——！」裕次郎爺爺瞬間回到地球，心情也變好了，開始哼著歌折起紙巾，然後再把它打開。他又回到了月球的工作崗位。

淳子笑了，「好乖～～」

這是日間照護病房最平凡的光景。

沒錯，成員在照護另一個成員，病房裡經常會出現這種相互給予的小小照護。

日間照護病房乍看像是一個什麼都不會發生的空間，毫無動靜、停滯不前，每個人只是「存在」於這裡。至少看起來是如此。

但是，長久待在日間照護病房，看慣各種光景後，世界就會變得不同。就跟森林一樣，起初看起來不過是沉靜樹木的集合體，一旦住久了，就會發現昆蟲或小動物們的生態系，看見這些小小生物們蠕動求生的模樣。

所以，用賞鳥的角度細心觀察吧！在「不動如日照病房」[1]的各個細部，小小的照護也在蠕動、運作著。每當成員們付出小小的行動，就會有人得到需要的照護。

比方說，正在照護裕次郎爺爺的淳子身體搖晃了一下，有里會立刻過來關心，說著「小心點啊」，然後拉過一張椅子讓她坐下；當有里因爲口渴喝了太多水，玉木會提醒她「喝太多了薩，小心昏倒喔」；康夫會把自己買來的可樂分給玉木，友香會幫康夫把翻起來的襯衫下襬理好，隆司會傾聽友香的抱怨……等等。

看慣各種光景後，會發現日間照護病房到處充滿著照護，不斷地在交互輪替。

是的，成員不只是單方面在日間照護病房接受照護，他們也會互相照護；他們是爲了互相照護，才來到這裡的。更進一步說，就是因爲他們會互相照護，才能存在於日間照護病房。

這是怎麼一回事呢？

美國社會心理學家法蘭克．里斯曼（Frank Riessman）曾經提出「幫助者治療原理」（The Helper Therapy Principle），簡單來說是指——「幫助別人，就是幫助自己」。

這在我們的生活中極爲常見。像是在電車上讓座給老人家，就會覺得「今天做了好事耶」，比自己有位子坐還開心；教別人念書，自己也會學到東西；請後輩吃飯，自己也會有滿足感。這裡存在的是「雙贏的世界」。

最懂得活用這個機制的就是「互助團體」。實際上，里斯曼就是基於對「戒酒無名會」等互助團體的思考與觀察，提出了幫助者治療原理。在戒酒無名會（Alcoholics Anonymous）裡，成功的康復者會幫助後來的酒癮患者，藉由這種方式，也能讓自己持續地復健。

爲什麼會出現這種狀況？

里斯曼列舉了幾項說明。例如教導別人學習，自己對這門知識也會有更深刻的理解；或是因爲對他人有所助益，而進一步肯定自我；還有藉此在團體中找到自己的安身之地等等。

或許的確是如此。當自己不再只是被照護者，同時也是照護者，就能「存在」於自己所處的環境。就是這樣。

然而，若僅僅是如此，聽起來就像在說「每個人都應該爲全體人類犧牲奉獻」，彷彿成了運動社團的宣誓大會。事情眞是這樣嗎？實際上，當淳子照顧裕次郎爺爺、或是友香整理康夫的衣服下襬時，並沒有抱著「我爲人人」的偉大想法，而是應該更接近於「只是隨手幫了一下」。

1　引用日本戰國名將武田信玄寫於軍旗上的《孫子兵法》名言改寫而成——「疾如風、徐如林、侵掠如火、不動如山。」

那麼，到底發生了什麼事？

我們再仔細地觀察一下吧，然後就會有更不可思議的發現。

如果照護他人，自己也會得到照護，那麼反過來說，接受他人的照護，也是在照護他人。老人接受讓座，會讓對方感到開心；成績差的學生接受教導，其實也等於在教導成績好的人。這裡發生的一切，都出現了神奇的反轉。

接著，讓我們繼續來「觀日」（觀察日間照護病房）。

收到了喉糖——下午的照護

互相照護並非只在成員的世界裡封閉地進行。也就是說，成員的照護不只是給成員的回饋，工作人員同樣被照護的圈圈吸納了進去。對，我也被包覆在那個圈圈裡。

當然，工作人員需要主動照護成員。爲了照顧腳不方便的玉木，我會放慢腳步，或者在跟室主下將棋時，故意輸給他；就連不甚親切的比嘉美沙，都會把裕次郎爺爺弄亂的紙巾整理好，伸手扶著腳步不穩的淳子一起走。

這對工作人員來說是理所當然，畢竟照護成員是我們的工作。

然而，工作人員其實也從成員那裡獲得了同等的照護，特別是在星期五這一天。

「阿東心理師，你的臉色很差耶！沒事吧？」結束了上午的諮商，午休時我在日間照護病房一邊發呆，一邊吃著午飯，淳子過來關心我。

淳子在日間照護病房屬於低功能的成員。其實剛開始她並不是這樣，只是融入了這裡之後，她就完全不再遮掩自己的那一面。她經常腳步蹣跚，也很難待在座位上，總是到處亂走，平時顯得表情呆滯，溝通性也不好，我覺得可能出現了一些智能上的障礙。淳子在這裡是需要被照護的微小生命。

然而，她同時也是一個照護者。我在第2章提過，從最初她無法安心坐著時，就一直到處幫忙大家；如今她已經融入這裡，也有了親近感，喜歡照顧人這一點依然沒有改變。不曉得是無法視而不見，或者就是不能好好坐著，我想兩者皆有吧！每次看到有人遇上麻煩，她就會想管閒事，圍繞在不同的人身邊團團轉。而且不僅限於成員，工作人員也是淳子照護的對象。

所以，我才一露出疲憊的模樣，就被眼尖的淳子發現了。

「沒事吧？你看起來好累薩——」

「很累。」因爲眞的很累，我就這麼回答了。但是淳子的關心讓我非常不自在，再加上身爲心理師的壞習慣，我忍不住反問她，「難道你不累嗎？」

「很累啊，畢竟是星期五了。」淳子說著，從口袋裡拿出一顆喉糖，「這個給你，可以提振精神喔！」

我的喉嚨並沒有不舒服，但還是接受了。從成員那裡分到東西的奇妙感受，讓我稍微猶豫了一下，但最後我還是拿了。

「謝謝。」我撕開包裝袋，把喉糖放進嘴裡舔了一下。這時我根本嚐不出味道，但還是說了一聲：「很好吃。」

淳子開心地笑了，臉上露出大大的笑容，然後又認真起來。

「我還有很多喔！想吃的話跟我說。」明明自己都站不穩了，淳子卻擔心地探頭問我，「不然我幫你按摩一下肩膀？」

這當然必須拒絕了。「不用了，謝謝你。」

「這樣嗎？要長命百歲喔！」

我覺得自己好像被當成了行將就木的老頭兒。

我在日間照護病房得到了照護。用觀察森林的角度凝視著這裡，讓我明白自己一直受到各種照護。淳子會擔心我是不是身體不舒服，然後送我喉糖；打羽毛球失誤時，跟我搭檔的隆司會幫忙補救，還會鼓勵我「沒事的喔，東畑心理師」；唱卡拉ＯＫ時，歌姬有里會帶著我這個音痴一起唱；康夫也會把撿來的菸蒂跟我分享。

我感恩地接受了所有的好意……才不是這樣。說實話，大多數時候我都很困擾，但我還是會接受。應該說，接受照護也是我的工作。

不只如此，基本上，要是沒有成員們的照護，這個工作根本難以完成。

午休練習棒球時，我得把沉重的保冷箱搬過去，但我一個人做不到，所以玉木會過來幫忙；煮飯時，如果沒有友香事先把菜切好，我自己也做不來；主持卡拉OK大會時，不管我說了再冷的笑話，成員們也會配合地笑出來，不然絕對會冷場。

事情就是這樣。我不是在說好聽話，日間照護病房一旦少了成員的照護，根本無法運作，連一天都辦不到。

因爲成員們願意伸出援手，這裡才會維持應有的功能；只要走進日間照護病房，工作人員的工作就是接受他們的照護，從早到晚。

剛開始在這裡工作時，我最困惑的也是這一點。我帶著「自己是治療者」的傲氣，幹勁十足地想著「一定要做出成果」，實際上我卻需要「別人的協助」，才能完成工作。因此，當我卸下「我是專家！」的武裝，察覺到成員的善意，並且付出自己的信任時，我才終於成爲這裡的工作人員，自在地「存在」於日間照護病房。

仔細想想，無論家庭或普通的職場都一樣。不獨自扛下所有工作，願意接受他人的幫助，彼此之間有這種共識，才能一起「存在」。換言之，「存在」就是讓自己習慣他人的照顧。

當我從胡思亂想中回過神，抬起頭才發現，淳子正在幫高江洲部長按摩肩膀，而部長本人早就在舒適的按摩中打起了瞌睡。我和淳子對視一眼，她咧嘴笑了，然後啪啪打了兩下禿頭，坐在附近的友香樂不可支，無聲地張嘴說著「光．溜．溜」。看著眼前似曾相識的光景，我也笑了起來，部長簡直就像過年時被孫子女孝順的老爺爺。看來職位高了，受到的照護待遇也會提升呢。

療癒也是被療癒

接受照護，就是給對方的照護。日間照護病房工作人員的工作眞的很不可思議。領取金錢，再提供所需的商品或服務——世上大多數的工作都是以這種方式成立。我付出一百〇八日圓，從超商店員那裡換來 MINTIA 薄荷錠；你付給書店二千一百六十日圓，換來《只要存在著就好》這本書。

付出金錢，然後得到某樣東西；錢從這邊流向那邊，那邊再流過來商品或服務。即使沒讀過馬克斯的《資本論》，也知道我們所生存的世界都是靠著這種「交換」原理而成立。

但是，日間照護病房不一樣。在這裡，成員會付出金錢給工作人員，同時也會付出自己的照護。成員們特地付錢來提供自己的照護，這不是很不可思議嗎？

畢竟，你什麼時候看過客人幫麥當勞員工打包薯條了？如果顧客還教導銀行行員怎麼賺錢，就顯得更爲可疑。當付錢的人主動照顧拿錢的人，氣氛瞬間就會變得詭異。你看，邪教教主、牛郎或偶像明星不都是這樣嗎？

沒錯，不管是邪教教主、牛郎、偶像明星，或者日間照護病房的工作人員，都是透過讓對方照護自己，來照護對方的內心。所有需要運用心靈、觸動心靈，爲其帶來良好影響的工作，都會出現「讓對方照護自己以照護對方」的奇妙現象，與「服務＝金錢」這種等價交換的世間一般常識完全不同。

爲什麼會發生這種事呢？照護與被照護，這兩者是如何產生關連的？

關於這一點，我首先想到的理論，就是榮格心理學提出的「受傷的治療者」（wounded healer）。在心理治療的過程中，經常會發生照護者與被照護者相互反轉的狀況。因爲治療是在兩人獨處的密閉空間裡進行，所以能用宛如顯微鏡的視角，鉅細靡遺地觀察兩人之間產生的所有變化，也因此經常會發現創傷與療癒相互反轉的時刻。榮格學派重要學者、英國心理治療師安德魯．沙繆斯（Andrew Samuels），曾在其著作中刊載下頁的圖表——

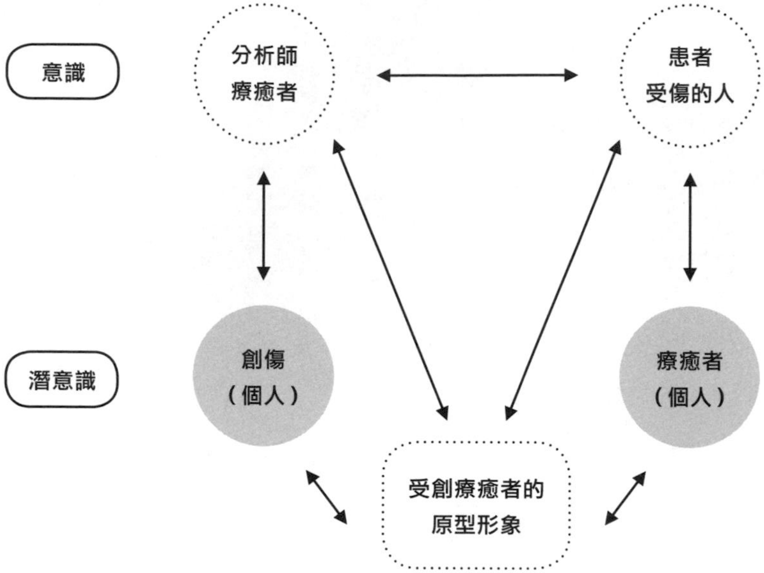

安德魯．沙繆斯，《榮格與後榮格學派》（Andrew Samuels, *Jung and the Post-Jungians*）

在這張圖表中與〈意識〉並列的，左邊是治療者（分析師、療癒者），右邊是患者（受傷的人），這是旁觀者眼中的心理治療。在此情境下，負責療癒的是治療者，受傷的是患者，這是一般的認知。

但是，當心理治療更爲深入，人的潛意識，也就是深層的內心會開始反轉。治療者內心的創傷會被觸發，患者內心的療癒力也開始活化。旁觀者看不見的反轉，正發生在心靈的深處。

舉例來說，當治療者碰觸到患者的創傷，自己過去所受的傷害也會隱隱作痛；患者的軟弱，也會動搖治療者同樣軟弱的地方。說得更直接一點，當患者將怒氣發洩到治療者身上，治療者會因此受傷。在心理治療的過程中，治療者一直在他人看不見的地方承受著傷害。

反之亦然。進行心理治療時，患者會開始在意治療者的感受，擔心對方的身心狀況，一心想提供對治療者有幫助的資訊，有的甚至會直接送禮。這就是患者內在的療癒力啟動的時刻。治療者的創傷會被患者的療癒力所照護，就如右圖所示，位在「意識」部分的治療者與患者，在「潛意識」的部分會反轉過來。

由此可知，狀況會變成這樣——療癒者受傷了，原本的受傷者療癒他；療癒也是被療癒，被療癒也是療癒。心理治療就是包含了各種反轉和複雜的糾葛。不過，也有一件事是確定的，那就是受傷與療癒並非各自分離，而是一體兩面、不可切割。治療者與患者兩方共同生成的這種內心運作，則被稱爲「受傷的治療者」。

此時，造成這種複雜連結的，是稱爲「投射」（projection）的心理機制，也就是將自己內心的某種狀態，轉嫁、投影到外界的其他人身上。就像自己很討厭的人，往往也會反映出自己身上討厭的部分，所謂的「投射」，就是在他人身上看見自己的內心。

瑞士精神科醫師、榮格學派精神分析學家阿道夫．古根布爾－克雷格（Adolf Guggenbühl-Craig）將「受傷的治療者」所形成的複雜投射關係，以這樣的方式表達出來——

> 當一個人罹患疾病，會形成「治療者－患者」的基礎原型，病者會尋求外在的治療者，與此同時，他自己內在的治療者也會被激發。位於病者內心的治療者，我們通常稱之爲「治療性要因」，那是患者自己內部的醫生，與患者的外在世界存在的醫生同樣具有治癒疾病的能力。所謂的「治療性要因」，就是我們自己內部存在的醫生，如果這個內在治療者沒有發揮功能，就無法治癒傷痛或疾病。
>
> ——阿道夫．古根布爾—克雷格，《援助專家的力量》（*Power in the Helping Professions*）

是的，患者會將自己的療癒力投射到治療者身上，透過被對方療癒來療癒自己；或者，治療者會將自己的創傷投射到患者身上，透過療癒對方使自己被療癒。有時這個過程也會反轉，患者會將自己的創傷投射出去，看到治療者身上的創傷，再透過療癒對方的創傷來療癒自己的創傷；或者，治療者也會將自己內在的療癒力投射出去，讓患者在被療癒的過程中展現出療癒力，進而療癒自己的創傷。

這其中的關係錯綜複雜、糾結不清，創傷與療癒全都混合在一起。

照護他人的同時，也受到照護；受到照護的同時，也照護他人。「受傷的治療者」認爲這些全都能透過錯綜複雜的投射來完成。

其實，這是十分常見的狀況。大家可以看看以醫生爲主角的電影或電視劇，主角多半都背負著創傷，然後在治療患者的過程中，自己也得到了療癒。

例如電影《心靈點滴》的原型人物，也是開展「小丑醫生」活動的美國精神科醫師派奇・亞當斯（Patch Adams），他在少年時期曾罹患憂鬱症，因爲有自殺傾向住進精神病院。在住院期間，他爲了鼓勵其他病人，經常逗笑大家，結果反而治癒了自己。他在出院後考上醫學院，成爲精神科醫師，繼續逗笑、治癒患者，同時也讓自己不斷地被療癒。

手塚治蟲的漫畫《怪醫黑傑克》也是一樣。黑傑克在幼年時被炸彈炸得身體支離破碎，經過名醫的縫合救治才撿回一命，長大後他成爲天才外科醫師，運用超凡的開刀及縫合技術，拯救了不同的病人。

這就是投射。派奇・亞當斯在眼前的患者身上看到過去罹患憂鬱症的自己，因爲自己被笑聲治癒，所以也透過笑聲去治癒患者。黑傑克也將自己的創傷投射到患者身上，看到過去那個身受重創、支離破碎的自己。他透過手術縫合創傷、治癒對方，就像自己過去被拯救一樣，他也在拯救對方，同時讓自己持續得到救贖。

其實不只是醫生或心理師，世上大部分的治療者都在演繹著「受傷的治療者」這樣的故事。按摩師、靈媒、護理師、社工人員，甚至是邪教教主，很多人都活在這樣的故事裡。

就連偶像明星或是選秀節目都會出現類似的話語，例如：「因爲自己曾經痛苦過，所以想爲有相同遭遇的人帶來勇氣！」他們是帶著「受傷的治療者」屬性的偶像明星。

人的內心眞的很神奇。透過投射，我能變成你，你能變成我。原本是主動地付出，卻被動地得到回饋；原本是被動地接受幫助，卻主動地付出關心。主體的位置不斷轉換，主動與被動也一直在輪替。

所以，日間照護病房的照護狀態也在不停地回轉交替，大家付出自己的照護，然後又接受他人的照護……我很想做出這樣的結論，但眞是如此嗎？

寫到這裡，我不禁猶豫了。

如果是兩個人在密閉空間裡進行心理治療，確實有可能出現「受傷的治療者」這種將兩人連結的狀況；但是，在大家一起生活的日間照護病房，這個理論能夠成立嗎？

當中是不是缺少了最核心的部分？

沒錯，我是不是忘了日間照護病房其實是一個「群體」（community）？

先別急著下結論，再觀察一下吧！漫長的星期五終於快要結束了。

爲內部笑話大笑——傍晚的撫慰

在日間照護病房裡，接受他人照護是工作的一部分，也是對成員的照護。我近乎執拗地反覆強調這件事。

所以，我在日間照護病房受到了照護，每天上班都幹勁十足。我眞的好喜歡工作！工作太棒了！我每天都好想好想去工作！

……這當然是不可能的，完全不可能。事實上，每到星期五我都疲憊不堪。

在日間照護病房接受照護，對我來說完全就是工作。確實，成員給了我很多幫助，像是一起搬運保冷箱等等，但除此之外的照護也很多。就像我從淳子那裡收下喉糖那樣，接受他們的照護也讓我感覺到了「負擔」。

爲什麼呢？我想大家應該也知道了——我不只收下了喉糖，也同時承擔了他們的投射。

在這裡，工作人員需要承擔各種各樣的投射，因爲成員會將內心的一部分投射過來，所以在日間照護病房工作、受到照護，代表會成爲某個人內心的一部分。不管叫情緒性勞動、照護性勞動或依賴性勞動都好，稱呼根本無所謂，就算叫「投射性勞動」也沒關係，這確實是一份承擔著他人投射的工作。

總之，這就是勞動，所以會疲累，況且還需要成爲別人內心的一部分，我的內心自然疲憊不堪。星期五最累，特別是這個星期五。

即便如此，星期五也會有終點。沒有哪個星期五沒有終點。

傍晚，當天最後的心理諮商也結束了，我快速地記下治療過程，一週的工作就全部完成。我收好醫療記錄，簡單地整理一下諮商室，脫下白袍。

我接著到二樓的更衣室，換衣服、拿私物，準備下班。

星期五終於要結束了。

我的一週都是從日間照護病房開始，在日間照護病房結束（中間空檔再做一些心理諮商），所以最後一定會回到那裡。

回到成員們正在做回家準備的一樓病房。

星期五的最後，我走下樓梯，那裡已經變成了月世界。

「辛苦——什麼辛苦！」

裕次郎爺爺依然充滿戰力。

日間照護病房一片騷動，大家全都目瞪口呆地看著裕次郎爺爺。

「辛苦——什麼辛苦！」他不停地大喊，用公雞步一直在月球表面繞圈走著。

「裕次郎爺爺，你冷靜一點啦！」淳子在旁邊勸著，裕次郎爺爺卻沒有停下來的意思。

「一兩天——什麼一兩天！」

淳子像平常那樣把紙巾遞給他，卻被他推開了。

不知道是疲勞到達頂點了，抑或是不捨週末的分離，裕次郎爺爺逐一跟月球上的居民打鬧、吵架。「迷戀，什麼迷戀！」「沒有，什麼都沒有！」「翻筋斗，沒有翻筋斗！」

接著，裕次郎爺爺雙腳打開，氣勢十足地站在日間照護病房中央瞪著天花板，然後又大大張開手臂，像是在等著什麼。該不會月球要墜落了吧？

室內瞬間陷入一陣寂靜，裕次郎爺爺突然「嗨！嗨！嗨！嗨！」的大聲打起拍子，然後拍手唱歌，跳起了像是野球拳的舞蹈。

「海鷗的裕次郎
溼答答的裕次郎
白帽子　白襯衫　白衣服
在海浪中嘩啦嘩啦　洗衣服
——什麼洗衣服！」

只見整個日間照護病房哄堂大笑。大家都笑了，笑得跟見鬼了一樣，爆笑不止。看到大家笑了，裕次郎爺爺也「嘻嘻嘻」的笑了起來，因爲實在太有趣，大家又笑了。

「哈薩！太好笑了，裕次郎爺爺！」連向來很冷靜的新一都在捧腹大笑。

「笑得我肚子痛死了薩……」

我也笑了，打從心底大笑，笑得肚子都痛了。裕次郎爺爺非常開心，又開始踩著公雞步在病房裡繞圈，唱歌跳舞。

「沒有——什麼沒有！就是有！」

雖然我很想精彩地描述當時的場景，但那種歡樂眞的很難傳達。

日間照護病房充滿了笑聲，但寫成文章也絕對傳達不了。卽便是面對面述說或拍成影像也無法傳達，這些歡笑只有待在日間照護病房的人才會明白。

因爲，這些歡笑是爲了療癒我們而存在的，是裕次郎爺爺爲了癒療大家星期五的疲憊才出現的。在本質上，它是只屬於日間照護病房的內部笑話。所以我們全都捧腹大笑，不是表演，是眞的在開心大笑，原本過度勞動的情緒，全都飛到了月球上。

雖然我之前才說過「日間照護是工作、是投射性勞動」，事實上也的確如此；但是待在日間照護病房，又經常會像這樣接收到最直接的照護。這也是當然，不管我再怎麼堅持「治療者與患者」，或者自己是專家，事實上，這裡也只是一個「群體」。

日間照護病房是一個群體，還是最極致的群體。會這麼說，是因為這個群體將為了「存在」而「存在」視為目標，這是一個為了成為群體而努力成為群體的群體。

日間照護病房沒有任何任務，例如開發新商品並加以行銷，或者將美好與良善傳揚到世間，還是對前途光明的年輕人進行教育等。不對，日本厚生勞動省大致有賦予這樣的任務——「協助精神疾病患者重獲社會生活機能，為個別患者安排相應方案，進行適當的團體治療」，但對於生活型日間照護病房來說，當中所提出的復健概念經常受到挑戰。

即便是江戶時代的村落，都有「子子孫孫要守護這片田地」之類的任務，但日間照護病房跟這些計畫無緣，它只是為了「存在」而「存在」，就像是沒有活動的戲劇社社員放學後聚在這裡打發時間。

所以，這裡呈現了最單純的群體形式。成員為了「存在」而「存在」，工作人員也是為了讓成員能「存在」而「存在」。為了「存在」於日間照護病房，我們產生了連結；更確切地說，我們產生了連結，所以才能「存在」於日間照護病房。這裡也是沒有出口的「同語反覆」。

而照護就在這當中產生了。大家可以回想一下，海鷗的裕次郎爺爺唱歌時，並不是抱著明確的念頭，主動想著「我要來照顧大家」才這麼做的。淳子把喉糖分給我，玉木幫我搬保冷箱，友香幫忙整理康夫的襯衫下襬也一樣，都是在不知不覺中產生的行爲。因爲眼前出現了需要，身體自然就採取了行動。

沒錯，這一章參考了「幫助者治療原理」及「受傷的治療者」等理論，將「照護」與「被照護」、照護者與被照護者、照護他人與被他人照護的狀況分開思考，努力觀察當中是如何難以分離又盤根錯節。但是我在「觀日」（觀察日間照護病房）中所發現的事，不應該是更早之前的部分嗎？也就是說，在每個人「主動／被動」的行爲之前，日間照護病房這個群體就出現了需要，而爲了加以應對，自然就產生了照護。主體應該是群體，不是嗎？

裕次郎爺爺的照護行爲也是一樣。星期五，大家都累了。我累了，康夫、有里、裕次郎爺爺也都累了，日間照護病房本身就疲憊不堪，每個人的身體都很沉重。所以，裕次郎爺爺才會飛到重力很輕的月世界，還帶領著我們一起。月世界讓我們歡笑，並短暫地解放了身體的重力。

腳出現疼痛，用右手壓住；背部發癢，用左手搔抓。這並不代表右手和左手就是照護者，腳和背部就是被照護者，而是超越了「主動／被動」，身體本身產生了照護的行爲。傷口結痂，也不代表血液中的血小板是療癒者，受傷的皮膚是被療癒者，而是全身都產生了療癒的功能。這就是實情。

同樣的事也發生在日間照護病房。裕次郎爺爺不是照護者，大笑的我們也不是被照護者，而是照護自然產生了。

所謂的成員就是這麼一回事。「Member」起源自拉丁文的「memberum」，意指「身體的一部分」或是「手足」，所以成員乃是群體的一部分。單方面接受服務的人不能稱爲成員，而是「使用者」（user）；成員則是打入內部、成爲群體中一員的人。成員既是搔抓背部的右手，也是被右手搔抓的背部。

裕次郎爺爺是日間照護病房最微小的生命，沒有大家的幫助，他無法好好存活；但他也是最受歡迎的人，大家都喜歡他。因爲裕次郎爺爺是完全屬於這裡的成員，他既是背部，也是右手，同時還是眼球。所以，當日間照護病房變得疲憊不堪，裕次郎爺爺就把我們帶到月世界，照護就這樣產生了。

這種既不屬於主動態，也不屬於被動態的狀況，哲學家國分功一郎將其稱爲「中間動態」。我們必須分清日常中的「施予」和「接受」，也就是主動與被動的狀態，生活才能成立。特別是學校的班會，每件事都會被追究「是誰做的」、「爲什麼要做」，以確認行爲的意志。「是我，是我自己的意思，我把營養午餐多出來的優格吃掉了，是我主動的，我錯了。」——我們所生活的世界需要釐清問題所在，因此區分主動與被動是很重要的事。

然而，國分教授指出，古代的文法中除了主動態與被動態之外，還有「中間動態」。眞要說起來也是如此，世上確實存在著無法用主動或被動來解釋的動詞。不是「施予」、也不是「接受」，世上存在著這種在不知不覺中產生的狀態。

國分教授舉了很多例子，像是「出生」、「死亡」、「坐著」、「忍受」、「內心動搖」或「關心在意」等等，這些全都超越了個人的意志，「不知不覺」就產生了。畢竟，像是「我現在要死了喔」、「那我現在要出生了喔」這種句子根本無法成立，它既不是主動也不是被動。

因此，國分教授對於所謂的「中間動態」是這麼解釋的——

在中間動態裡，主語代表的是成爲主語的過程，主語就位在過程的內部。因此，動詞會作用在主語上，當主語的利害關係出現問題時，就會使用這種動態。

——國分功一郎，《中間動態的世界》（中動態の世界）

就是如此。主動態是作用於外在的事物，例如「投球」，就是我把力量施加到棒球上，我做出了某個動作，這是主動態。

但是，中間動態則作用於我的內部。例如「出生」，產生作用的主體及承受作用的對象都是我自己。在內部產生、在內部作用，這是中間動態。

本章之所以一直討論「照護／被照護」的主動態／被動態，是因爲應該討論的是中間動態。**照護產生在日間照護病房，也作用於日間照護病房。**

疲憊的日間照護病房產生了歡笑，這完全是內部笑話，所以不是作用在外部，而是作用在內部。日間照護病房笑了，照護產生了。

是的，重要的是「內部笑話」。它產生在群體內部，也只作用在群體內部。內部笑話是中間動態。良好的群體必然存在內部笑話，每個人都能逗笑別人，每個人也都會爲此大笑，這種歡樂完全不會波及到外部，這就是內部笑話。

成員是製造內部笑話、會爲內部笑話大笑的人，而裕次郎爺爺確實是這裡的成員。他是日間照護病房的老面孔、知名人物，以及被大家所愛的成員。而我雖然是工作人員，在此之前也是這裡的成員。我是製造了好幾個內部笑話，也會爲內部笑話大笑的成員。

星期五充滿歡笑，爲內部笑話而歡笑。爲了在星期五催生出照護，星期五自己開始歡笑。也因爲這樣，裕次郎爺爺才跳起了公雞步。

舞台後的疲憊中年——回家路上

星期五在歡笑聲中落下帷幕。終於到了回家時間，有人要搭接送巴士，有人在等候家人，成員們各自奔向自己的週末。裕次郎爺爺上了接送巴士。

「謝謝大家——沒有照顧！」離開之前，裕次郎爺爺對著病房鞠了一個躬，然後揮揮手，「大家，拜拜！」

最後的最後，他又把大家逗笑了。

我們工作人員也迎來了週末。

高江洲部長今天也會去天龍。他急著奔向能讓自己成爲一員的群體，他會在那裡照護別人，同時也受到照護。

我和新一今天沒有受邀，所以一起走路回家。我們去附近的超市買了五百毫升的奧利恩罐裝啤酒，之前是新一請客，這次換我出錢。

「感謝～～」新一噗咻一聲打開啤酒，然後說了「乾杯」。

「辛苦了～～」我和他撞了一下罐子，辛勤工作後的啤酒最好喝。

我們一邊喝著啤酒，一邊穿過隧道，走下小祿的斜坡，腳步十分悠哉。

「這個星期眞的超累的。」新一難得抱怨起來。

「運動還超多。」這週眞的運動過度，我全身肌肉都在痠痛。

「就是啊，累死人了薩——」

我們沉默地走了一會兒，一邊喝著啤酒。夕陽柔和地籠罩著我們，彷彿連啤酒都閃著橘色的光輝，照護產生了。但是突然間，新一開口了。

「阿東啊，最近一到下午，我就覺得身體超沉重的薩……」
「可是，我看你下午一直都在跑步啊！」
「就是因爲覺得身體沉重，才一直跑步的薩……」

那個新一累了。

我完全沒有心理準備。這個身材纖細、肌肉壯實，長相帥氣、性格溫柔、毅力頑強的新一，突然露出背後那張疲憊又負傷的中年面孔。新一身上發生了某些狀況，這個事實讓我有了非常不好的預感。

我突然從夕陽啤酒的美好情境中，被拉回了眞實世界，被迫面對包圍著我們的痛苦現實。這一陣子，我們眞的陸續失去了很多。

阿大離開日間照護病房後，很多人也在這段期間離開了。當日間照護病房失去了因爲阿大而勉強維持的某種東西，守護這裡的基礎也隨之崩解，這個狀況隨著時間流逝，逐漸顯露了出來。

首先是大奧總管護理課課長惠子的離職，這件事對日間照護病房的衝擊不亞於阿大的離開。不論好壞，惠子畢竟是女性員工的中心人物，她離開之後，所有女性資深護理師都跟著離開了。

不只是工作人員，成員中也有人離開了。我想，一定是日間照護病房哪裡出現了變化，讓有些人再也無法「存在」於這裡。

室主就是這樣，他慢慢遠離了日間照護病房。其實沒有發生什麼事，就是在我們不易察覺的地方一點一點發生了腐蝕，等到發現時，室主已經轉院了。像香菸的煙霧逐漸散去一樣，在幾乎沒人留意到的狀況下，室主就這麼消失了。吸菸室失去了它的主人，我的內心像破了個洞，感到空虛寂寞。

即便發生了這麼多事，新一依舊毫無怨言。他平靜地繼續工作，獨自填補阿大和惠子離開後的空缺。新一努力想讓日間照護病房回到正軌，他的行動是那麼自然，就像那些工作向來都是他在負責似的，他總是若無其事地逐一完成。我感覺到新的日常逐漸成形，這給了我很大的鼓勵。沒事的，你看新一都沒事，所以一定沒問題，我每天都抱著這種想法努力工作。

所以，現在我才如此心痛。原來新一也累了，他不是真的沒事。

不只是新一，仔細想想，高江洲部長也一樣。他看起來每天都很輕鬆自在，工作時似乎也很愉快，但他那麼頻繁地去天龍報到，應該也是因為非常疲累了吧。

然後我也一樣。這一陣子，我真的疲憊不堪。不只是運動過度、或是投射性勞動的關係，我的心也受到了某種東西的腐蝕，但我一直假裝沒看見。所以，我只留下了異常疲憊的感覺。

惡運正在逐漸擴散，快要扼制不住了。但是，大家全都假裝沒看見。

因此，我改變了話題。我現在不想思考這些事，好歹這是星期五傍晚，我只想喝著啤酒，忘卻一切煩惱。

「今天笑得好痛快。」我提起了裕次郎爺爺。

新一又咯咯地笑了出來，「裕次郎爺爺眞是天才，我笑得肚子都還在痛。」

照護產生了，疲累的中年人又變回了帥氣型男。

「星期五的裕次郎爺爺太強了，明明他也很累了呢。」新一開心地說道。

「我們病房眞的好有趣啊！」我眞的這麼想。

「就是啊，超棒的薩～～」

新一咕嚕咕嚕地喝光啤酒，我的還剩下一些。由於已臨近冬天，鋁罐顯得有點冰涼，我們就這樣朝著慢慢落下的夕陽走下斜坡。不管怎樣，星期五還是要結束了。

「那麼，辛苦啦！記得好好休息，星期一見。」

新一到最後都還不忘照護我。

「辛苦了，下週見。」

和新一分開之後，我急忙趕著回家。

天色逐漸變暗，我們各自回到所屬的群體度過週末，享受當中的照護。然後，星期一很快就到來了。

星期一的離別通知

多少恢復了一點精力的星期一早上，我剛到診所就被高江洲部長攔住。他說了一句「有話跟你說」，就把我帶到值班室。平時看起來漫不經心的部長，那天的表情莫名凝重，他緊緊關上值班室的門，小聲地說：

「剛才，我接到電話了，裕次郎爺爺……星期六過世了。」

裕次郎爺爺突然走了，不是自殺，卻走得很突然，誰都沒有料到。

開晨會時，部長把這件事告訴大家，原本情緒就不太穩定的淳子立刻哭了出來，康夫整個人愣住了，玉木表情虔誠地雙手合十，每個人的反應都不同。但是，大家都接收到了裕次郎爺爺離世的訊息。

晨會的最後，我們一邊想著裕次郎爺爺，一邊爲他默禱。原本播放中的有線音樂關掉了，日間照護病房變得寂靜無聲。短暫的時間裡，我們閉上眼睛，各自回想著和裕次郎爺爺的記憶。

在日間照護病房，離別並不是什麼稀奇的事。經常有新成員因爲無法融入而離開，或是老成員岌岌可危的平衡不小心崩了一角，就再也無法來到這裡，最終只能住院或轉到其他機構，工作人員也會流動。因此，工作人員或成員都習慣了人們的離開。我們只是在人生的某個時期，一起坐上同一艘船的乘客而已，大家都抱著這種心態。

所以，即使有人離去了，我們也只會在偶爾想起時，提一句「不知道他現在還好嗎」，然後很快就習慣新的日常。因爲我們知道，他會在另一個群體繼續照護他人及受到照護，所以我們也要活在新的日常裡，努力讓自己活下去。

但是，成員的離世不一樣，這對日間照護病房是直接的衝擊。像裕次郎爺爺這樣衆所熟悉的資深成員一旦離世，會對這個群體造成深重的傷害。即便這股衝擊會隨著時間緩解、一切重歸平靜，我們也總是會說起這個人。

常常在某個瞬間，我們又勾起了對裕次郎爺爺的回憶。例如拿起紙巾，就有人會說：「我記得裕次郎爺爺老是把紙巾弄得亂七八糟的。」大家便開始談起他，不認識裕次郎爺爺的新成員或工作人員，則會一臉好奇地聽著。

眞的很不可思議。我們幾乎不會聊起離開的人，卻總是會談論過世的人，這份記憶會一直在日間照護病房裡延續。

我想，裕次郎爺爺今後依然會是這裡的成員，也一直會是我們這個群體的一部分。他跟離開後加入其他群體的成員不同，他離世時是這裡的成員，以後也繼續會是這裡的成員。

我們會想起裕次郎爺爺，不斷、不斷地想起，而且每次想起的多半是他逗笑大家的場景。我想，那一定是因爲我們忘不了他過去對大家的照護。

再說得直接一點，每次想起裕次郎爺爺，對我們來說都是對心靈的照護，也是從月球捎來的禮物。因爲與他一起度過的種種回憶，本身就讓人極爲眷戀。

不只如此，我們每次想起裕次郎爺爺，也是在持續照護著他。回憶是一種「關心」，在英語裡是「care about」（關心、照顧），沒錯，我們仍然在care about裕次郎爺爺。

我們今後仍會想起裕次郎爺爺，於是照護就永遠不會消失。所以現在也是這樣，我才會想起他，寫下他的故事。

回想起他踩著公雞步繞圈的事，我們又忍不住笑了。

然後，回憶中的裕次郎爺爺也「嘻嘻嘻」的笑了。

第8章

人與架構

兩人的離去方式

最低調的最終回

那是一個夏天看似沒有盡頭，但終將結束的早晨。待在沖繩，夏天總是漫長得宛如吞食了秋天、冬天般，會一直持續下去，但即便如此，夏天也還是會結束。當某處吹來了比體溫稍低的冷風，彷彿堅固無比的夏天便成了碎片，逐漸消散，就像那天早上的晨會。

「大家聽好——廣播體操要開始了喔——」

高江洲部長一如往常喊著，比嘉美沙立刻切換了有線音樂的頻道，廣播體操第一部的音樂響起。從我在日間照護病房工作開始，大概已經重複做了這套奇妙的體操將近一千次，今天同樣也要重複。就算我將來得了失智症，只要一聽到這首曲子，大概還是會不自覺地扭動身體吧！

廣播體操結束後，成員中的主席一如往常說明當天的活動。早上是伸展操，午飯是部長最拿手的「沖繩雜炒麵線」，也就是什錦炒麵線，下午是桌球，很平常的一天。

說明完畢，主席將位置讓給高江洲部長，部長開始宣布今後的預定計畫和注意事項，像是卡拉ＯＫ大會快到了，大家要決定自己想唱的曲目；下週要變天了，記得帶保暖的外套等。此時友香突然插嘴說：

「部長也應該戴個帽子比較好吧？」還沒說完，她就忍不住笑了出來。

「頭頂看起來冷颼颼的，好可憐啊——」

大家全都哈哈大笑，高江洲部長也笑呵呵地摸著自己的禿頭，「欸？怎麼沒了？掉哪兒去了？大家如果找到我的頭髮，記得還給我啊！」

然後，友香就從地板上捏了一根捲毛交給部長，「來，這是您掉的東西喔！」

「沒錯沒錯，原來在這裡啊。太好了，幸好撿到了，謝謝你啊！」部長接過那根頭髮，放到自己光溜溜的頭頂上，「阿基查皮喲！這不是我的頭髮啊！」

接著部長伸了一下舌頭，調皮地說：「你看你幹了什麼好事！」

這是晨會固定的搞笑橋段。雖然季節似乎變了，但也只是去年的季節再重複一次，日間照護病房依然沒有變化。就像同一個內部笑話每次都能逗樂大家，日間照護病房也總是在原地打轉。

公布完聯絡事項，就要開始早上的活動，今天是伸展操。但是，高江洲部長還有話要說。

「還有，我有事情要跟大家報告一下。」

他像平常那樣笑嘻嘻的，輕鬆地宣布：

「我就做到今天爲止了，多虧各位幫忙，眞的非常感謝。」部長低頭向大家道謝，然後又露出大大的笑容，「報告完畢，大家來做伸展操吧！」

高江洲部長一如往常展開早上的活動，遲鈍的康夫傻傻地站起來準備做伸展操，但有不少成員果然還是太過震驚，愣在那兒動也不動。這個消息太突然了，大家都無所適從。

只有友香大聲喊著：「欸？部長要辭職嗎？開玩笑的吧？」

近乎悲鳴的吶喊讓日間照護病房的氣氛緊繃起來，部長瞬間露出了難過的神情，很快又嚴肅起來。

「這種事怎麼能開玩笑，」部長認真地看向友香，「真的，我就只做到今天。」

「你通知得那麼突然，大家都嚇到了！應該要早點告訴我們啊？」友香不肯退讓。

「是啊，嚇到了吧？可是啊，我覺得這是最好的方式了。」

高江洲部長沒再多說，友香也問不下去了。

「好了，開始囉！」部長說著，帶頭做起了伸展操，成員們也只能零散地各自起身，含糊地喊著「一．二．三．四」，轉動手腕、拉伸後腳筋。

「一．二．三．四！」

一直到離職當天，高江洲部長才告訴成員這個消息。他直白俐落地宣布完要離職的事，然後就像平時那樣，度過在這裡的最後一天。

他照常去當地的超市買東西、照常做著拿手的沖繩雜炒麵線；到了午休時，就在日間照護病房打瞌睡，照常過著先前重複過了數千次的日子。

部長像平常一樣「存在」著。他想藉由這種方式，不讓成員們感受到離別的氣息，最低調地度過自己的最終回，極力消除離別的成分。爲了不擅面對離別的成員們，部長盡了最大的努力。

然而，即使再低調，離別還是離別。敏感地察覺到這一點的成員們，紛紛過來向部長道別，友香也是其中之一。午休的時候，她過來拍了一下正在打瞌睡的部長的肩膀。

「部長，一直以來謝謝你了。」

「阿給！嚇死我了！」部長直接跳了起來，然後滿臉笑容地說，「我才要說謝謝呢，要好好過日子喔！」

「部長以後有什麼打算？」友香問道，「是不是準備自己開一家日間照護中心？我在想，說不定我也可以轉過去。」

「哇它（我）已經老了，以後大概會去種田吧——」部長開玩笑地說，「你也要開始爲自己打算，好讓媽媽安心了，你還這麼年輕。」

「是啊……」友香嚥下原本想說的話，克制住寂寞的情緒，轉而說道：「眞的很謝謝你，部長。」然後勉強露出了微笑。

但是，友香到了下午卻突然出現異狀。她去了好幾次廁所，據說是吐了，臉色很糟，看起來十分難受。友香於是打電話給母親，拜託她過來接自己。

最後友香早退了。面對與部長的離別，她無法「存在」於這裡了。

「對不起啊，部長，我突然身體不舒服，你要保重喔！我們改天再見。」

友香緊皺著眉頭，痛苦地說。

「喔喔，你也要保重啊！」高江洲部長回答。

友香離開了。在高江洲部長離開之前，她自己先離開了。我們目送著她離去。

「看到了吧，他們真的很脆弱。」高江洲部長望著友香跟隨母親離開的背影，輕聲說著：「所以，我們一定要顧慮他們的心情薩。」

被隱藏起來的離別

高江洲部長突然離職了。

原因很多，但沒有一個是決定性的。不，之前確實出現了壓垮他的最後一根稻草，但以往同樣的事也發生過好幾次，絕非是什麼特殊狀況。這其實是複合性、綜合性的問題。

我們在本質上是討厭變化的生物，即使遇到了惱人、痛苦的事，也會選擇繼續忍耐。堅持難以固守的堅持，忍耐難以承擔的忍耐[1]，人類就是這樣。但是，這些忍耐全都會無聲地一滴、一滴積累在杯子裡，就算杯子滿了，表面張力也會發揮作用，讓杯子繼續容納超出限度的水量。

直到某個時刻，最後一滴水落下，水於是溢了出來。這時我們才突然發現，「自己再也無法承受了」，於是決定離開——可能是辭職、休學或離婚。高江洲部長的最後一滴水落下了，所以他決定離職。

部長的決定下得很快。他依照勞動基準法規定，在離職前一個月提出了辭呈，加上先前累積的特休，從他提出離職到實際離開日間照護病房，僅僅只有兩週。而且直到離職當天，他都還沒告訴成員這件事。

就像我前面再三提過的，對日間照護病房來說，離別是再平常不過的事。成員中不時會有人將這裡稱爲「學校」，兩者確實也很相似。許多人的日常生活在這裡交會，有相遇邂逅、有熟悉親近，當然也會有分開離別。但與學校不同的是，在日間照護病房往往看不到離別。

學校會將離別儀式化——轉學辦送別會，老師離職有歡送會，最典型的就是畢業典禮。透過

1 引用自昭和天皇的《終戰詔書》——「耐え難きを耐え、忍び難きを忍び」。

這些機會，離別變得具體可見，讓人得以細細體驗箇中滋味，然後化爲記憶，成爲心靈的糧食。至少，學校具備這種可以體會離別的機制。

但是，日間照護病房的離別通常都是安靜無聲。成員可能哪天就突然不再過來了，或是逐漸減少露面的時間，等到發現時，他已經轉院了。大家不需要感受離別，看不見的話事情更好辦。有的成員順利返回社會工作，爲了讓他隨時可以回來，也不會爲他舉辦歡送會；成員們不會完全脫離這裡，有空也會回來露個面，以此保持連結。即使眞要切斷連結，也會採取最溫和的方式，甚至直接隱藏起來。

爲什麼？爲什麼日間照護病房看不到離別？

因爲，離別太痛苦了。

離別讓人寂寞。當事情告一段落，雖然也可能覺得鬆了口氣，或是終於放下包袱，但同時還是會寂寞。離別斬斷了過去視爲理所當然的一切，讓人感到失落、重要的事物被奪走。所以離別很痛苦，非常痛苦，它會讓人心產生激烈的動搖。

爲什麼學校這麼堅持要將離別儀式化？就是爲了包容這些激盪的情緒。包括校長無聊又冗長的致詞，都是儀式的一部分，也因爲如此，這些激盪的心情才能被包容、被接納。

葬禮也是一樣。僧侶唸著「羯諦羯諦波羅羯諦」[2]這種衆人聽不懂的經文，但就是聽不懂，才能守護大家的心。如果僧侶一直說出感人肺腑的名言，想必沒幾個人能平靜地撐下去。

然而，即使是這種儀式化的離別，還是有人難以承受，有些人就是這麼脆弱。因此，日間照護病房經常會將離別隱藏起來，因爲這會對日常造成極大的動盪，就像友香的反應那樣。

在精神護理領域堅守四十年的高江洲部長，對這一點再了解不過。他深知思覺失調症患者的內心是多麼脆弱，所以直到離職當天始終都保持沉默，然後向大家道完別就瀟灑地離去，從此消失無蹤。

看著一個要離開的人、或是背叛自己的人，不斷在眼前出現，這眞是最痛苦的事。那是一種愛恨交織的情感，心理學稱爲「矛盾心理」（ambivalence），也就是對眼前的人產生了正反兩方的情緒。一個非常重要的人要離開自己，感受會變得複雜。就像高江洲部長，大家愛他卻又恨他，恨他卻又愛他，情緒糾結交纏，內心都要被撕裂了。這種強烈的情緒震盪會破壞安穩的日常，如果是內心脆弱的人，影響就更爲巨大。

這種時候，即使看起來無情，最好還是保持距離，遠走到對方看不見也碰不著的地方，赤裸裸的情緒至少能獲得一些緩衝。

---

2 《般若心經》中的一節經文。

基本上，「現實」是心靈的養分，當我們被隔離在現實之外，內心就會空轉，逐漸變得衰弱或肥大化，因此爲了心靈的健康，與現實接觸是很重要的。問題在於現實有時會太過營養，讓人無法消化，最後搞壞了肚子，這種時候，稍微遠離一下現實會更好。

這種方式在心理諮商的領域稱爲「關上黑盒子」。一般人都以爲心理諮商就是要打開心靈的黑盒子，仔細探究當中的祕密，其實並非總是如此。對有些個案來說，打開黑盒子可能會讓狀況惡化，這時爲了守護平穩的日常，就必須刻意地悄悄把黑盒子關上，例如告訴對方「現在先不要想這些」、「先把這個問題放到一邊」，或是暫時避開某個特定的話題。

日本最早的史籍《古事記》中所提到的伊邪那岐．伊邪那美神話，就是一個「關上黑盒子」的故事。

伊邪那岐．伊邪那美是日本諸島與諸神的創造者，母神伊邪那美生下火神迦具土時，陰部嚴重灼傷，不久便去世，父神伊邪那岐於是追著亡妻到了黃泉國。沒錯，伊邪那岐打開了黑盒子，前去尋找傷重而死的妻子，並說服妻子與自己一起返回原來的現世。伊邪那美同意了，但提出一個條件——在她與黃泉神交涉期間，絕對不能進殿觀看，深愛妻子的伊邪那岐自然答應了。

但是，大家都知道，只要故事裡提到「絕對不能看」，就一定會有人看。俄國作家契訶夫說過，只要小說中有一把槍登場，就一定會被人拿去開槍；同樣地，只要出現「不能看」的情節，就一定會有人看，要是不這樣，故事就無法發展。精神分析學家北山修將這種禁止偷看的描寫稱爲「禁止不看」，因爲這項禁止是爲了被打破而存在的。

所以，伊邪那岐看了。他打開了黑盒子，那裡面是變成腐爛屍體的醜陋妻子。

「令見辱吾（你竟如此羞辱我）！」伊邪那美悲痛地大喊。她因爲羞恥醜陋的自己被看見而受傷、因爲被背叛而受傷，於是陷入狂怒。人只有在受到傷害時，才會眞正地爆發憤怒，此時內心會湧出毀滅一切的衝動，毀滅最愛的人，同時也毀滅自己。

所以，父神伊邪那岐逃了，急忙轉身逃走。啊，應該沒那麼輕鬆，他是不顧一切拚命逃離，用盡了全身力氣。這種神話故事裡的逃命過程，也叫做「魔法之逃」（Magic Flight）。總之，他爬上生死交界的黃泉比良坂，逃出了黃泉國。當伊邪那岐一逃到生者的現世，便轉頭用巨大的千引石堵住黃泉比良坂，關上了黑盒子。

隔著巨石，伊邪那岐與伊邪那美終於可以對話，當中的距離壓制住了赤裸裸的激動情緒。事實上，伊邪那美的內心依舊飽受摧殘，恨不得殺了對方，但是她學會了暫時放下。或許，日後她會慶幸自己當時沒有殺了伊邪那岐。

這個故事告訴我們，離別是多麼艱難的一件事，還有打開黑盒子會造成多大的混亂，而關上黑盒子確實可以暫時解決問題。

高江洲部長關上了黑盒子，然後像伊邪那岐那樣逃走了。不過，他畢竟有四十年精神護理資歷所累積的知識與技術，逃跑的方式要比伊邪那岐高明多了。爲了不讓大家感受到離別之苦，甚至在湧上那些情緒之前，他就已經遠離這裡逃走了。如同他頭頂那些沒打聲招呼就悄然離去的頭髮，那些不知不覺就消失無蹤的心愛髮絲，精神護理的老者像風一般，離開了日間照護病房。

部長用最低調的方式度過自己的最終回。他降低了最終回的存在感，盡可能將之隱藏起來，以免讓這裡的成員受傷。我想，或許也是爲了不讓自己受傷吧。這是他能熬過這份嚴酷的工作存活下來，身爲老手所獲得的智慧。我們的工作確實有著這一面。

話雖如此，即使方式再低調，離別本身依舊是嚴峻的事態。畢竟高江洲部長消失了，這是無法改變的現實。然而，多虧了部長對大家的體貼，大多數成員都能因此對離別視而不見。

只有友香過不了這一關。我想，那是因爲她沒有封閉自己的內心。友香雖然被診斷爲思覺失調症，但比起其他成員，她內心中大部分的領域都沒有損傷，保全得比較完好。所以即便藏得再隱密，她還是對離別有著強烈的反應，而感到空虛寂寞。活著的心能感知到離別、體會到疼痛，當然也會覺得難受、煎熬。

離別會動搖人心。即便是看似安定的內心，也會因爲離別變得混亂。事實上，友香花了一段時間才回復內心的平靜，再次回到日間照護病房。離別的痛苦只有時間才能治癒。

高江洲部長謀畫「魔法之逃」的那個晚上，我們在廉價居酒屋魯邦爲他舉辦了歡送會。新一、比嘉美沙，以及還留在日間照護病房的所有員工，全都來歡送部長。

高江洲部長用食指攪拌著泡盛名品「琉球王朝」的水割，將筷子的包裝袋黏在光溜溜的額頭上。這一天，我們依然被這個內部笑話逗笑了。

然而，歡送會就是歡送會，是離別的儀式。我們都感到很寂寞，爲離別而痛苦。就算知道往後還是有機會見面，但也可能就此永別。更重要的是，部長下週就不在日間照護病房了，卡拉OK大會再也沒有他登台獻唱。

歡送會結束後，我和部長在停車場等著代駕。夜晚的風十分冰冷，我們就在部長的愛車本田Freed裡一起等待。車內的空氣混合著芳香劑、酒味，還有高江洲部長的體臭。爛醉如泥的部長眼神呆滯地喃喃說著：

「阿東，對不起啊。」

「嗯。」

「我真的是，再也待不下去了啊……」

「我知道。」我真的知道。所以我說了：「部長，辛苦你了，謝謝你長久以來的照顧。」

留下來的我們很寂寞。不過，這時候的我們，還有力氣好好辦一場離別的儀式。

沒有變化的慣性日常

不愧是日間照護病房，我眞的打從心裡驚訝，部長離開之後，這裡依舊沒有變化。大家照常做著廣播體操、照常享用餐點、照常打排球或外出兜風，什麼都沒有改變。卽使日間照護病房失去了支柱，成員們還是一成不變地過著日常的生活，友香隔一陣子也回來了。

我以爲高江洲部長是那種「看似沒在工作，其實有好好工作」的角色，現在則不禁懷疑，他該不會眞的沒在工作吧？這根支柱難道一直是空心的？不，說不定一開始就不存在高江洲部長這個人？他離開所造成的影響之小，讓我滿是疑惑，這樣的離去方式簡直是神乎其技。

雖然人員產生了變動，但架構並沒有改變。原本部長駕駛的商旅車換我來開；原本部長製作的沖繩雜炒麵線改由醫務室女孩接手；然後，原本部長擔任的「鎭宅之位」，轉由新一扛下。於是，日間照護病房再次順利地打轉起來。

我甚至認爲，像日間照護病房這種地方，或許具備基礎架構就能運轉。只要有一個場地，隨便安排幾個人，而且能提供照護，一切就沒問題。只要有人接下需要完成的工作，這個架構就能維持下去。

對日間照護病房來說，穩定的架構就是根本。如果每週營運五天的病房縮短成四天，就屬於激烈的變化；早上的集合時間提前或延後兩小時，更會對成員造成巨大影響（要是還搞個夏令時間，他們大概會抓狂），穩定的架構才能支撐所有的成員。

所以，每當有工作人員離職，就要有人立刻遞補這個角色，這一點很重要。就像新一代替阿大接下揮棒者的位置，代理者必須盡快補上空缺，以免損害原有的架構，順利的話，日間照護病房就能恢復平靜。現在這裡就很自然地回到了日常生活，像是高江洲部長從來不曾存在過。日間照護病房的架構依然維持穩定，高江洲部長排除「離別」的做法，完美地守護了這裡。

我們回到了日常生活，雖然工作量確實增加了。新一幾乎包辦了所有業務，醫務室女孩則分擔了一些原本屬於護理師的工作，每個人都忙得團團轉，我也增加了待在日間照護病房的時間。

但是，日間照護病房似乎被施了某種魔法。雖然不知道這是詛咒還是祝福，只要待在這裡，一切都會變得司空見慣；再怎麼匪夷所思的現象，違和感都會瞬間消失，變成可以接受的日常。因此，我們很快就習慣了新的狀況、新的工作，即使破綻百出，這裡的時間依然按照慣性，勉強地在原地打轉。

如此一來，就會產生似乎可以永遠這樣下去的錯覺，因爲每天都過著相同的日子。於是，時間一轉眼就過去了，歲月不斷流逝，時間依然在原地打轉。

早上開晨會，中午前處理諮商案件，午休練習棒球，週二和週三下午進行各種運動，其他日子還是處理諮商案件，一有空就待在日間照護病房。第一〇〇〇次傾聽康夫回憶年輕時的往事，再第一〇〇〇次吐槽他的回憶。到了晚上，就一邊喝著啤酒，一邊和新一走回家。睡了一覺清晨來臨，再開晨會、做諮商，第一〇〇一次傾聽康夫回憶年輕往事，第一〇〇一次被逗笑……

但是這一天，午休練習完棒球，處理完下午第一個諮商案件，我正準備去日間照護病房聽康夫訴說第一〇〇二次的回憶時，我看到新一在值班室認眞地盯著筆電。

「喲，阿東！你猜我現在想幹嘛？」新一把我喊住。

「不知道，有什麼有趣的事嗎？」

「你看，喏。」

新一把筆電螢幕轉向我，喀喀喀的笑了。

「我在找工作。」

因爲太過突然，我啞口無言，螢幕上確實顯示著「誠徵護理師　含各種津貼」的頁面。

「眞的？」

「嗯，眞的。」新一有點悲傷地說道。

當然是眞的，我明白。新一雖然經常開玩笑，但從不說謊。他的性格堅強又能忍耐，除非事情確定了，否則他不會說出口。他從來不抱怨，也絕對不會說出任何敷衍或輕率的話。他說他在找工作，那就一定是在找工作。

最後一滴水落下，杯子裡的水滿出來了。我嚥下了所有想說的話，因爲我不想再給獨力支撐日間照護病房的新一增添任何負擔。我將腦中浮現的話語全都推到一旁，然後對他說：

「眞的辛苦你了。」

「對不起啊。」

「完全不用對不起。」

我眞的是這麼想。完全不用對不起，每個人都有自己的人生要過。當杯子裡的水滿出來，就再也無法「存在」了，這一點大家都一樣，只是時機的問題，我也可能是先離開的那個。況且，過去一直是新一在支撐著我，所以完全不用對不起。我再次對新一說：

「眞的辛苦你了，非常謝謝你。」

徹底慘敗的正面對決

如果高江洲部長離開時算是那年夏天的尾聲、秋天的開始，那麼新一提出辭呈時，就是那個秋天行將結束之際。

只是，新一選擇了不同於高江洲部長的離去方式。他不打算像伊邪那岐那樣逃走，而是要親自面對現實，堅持到最後；他也不打算關上黑盒子，而是要直接面對離別的痛苦。他要用最高調的方式度過自己的最終回。

新一將自己離開的期限定在兩個月之後，然後早早就告訴成員自己要離開的事。兩個月，新一準備好好運用這段離別前的時間。

新一與我年齡相仿，住的地方也很近，所以我們經常相約喝酒、談天說地。特別是禿頭、胖子、瘦子、小博士四人組只剩下瘦子和小博士之後，喝酒的頻率更是增加了。我想，可能是我們兩個都覺得孤單寂寞吧！我們一起坐在廉價居酒屋魯邦的戶外席，感受著冰涼的晚風，單點一盤「鹽味小黃瓜」，喝著淡得像兌過水的啤酒。

新一喜歡玩機車，我熱愛鑽研後現代哲學，所以我們的話題自然會專注在精神醫療方面（偶而會聊聊甲子園沖繩代表）。我們都在同一個診所從事臨床工作，一聊起疾病、健康或治療就欲罷不能。當然，因爲我們分屬精神護理與臨床心理學兩種不同的背景，意見上會有分歧，但我們實在討論得太過頻繁，最後逐漸分不清彼此的差異，衍生出了混雜雙方理論的獨特看法（這不就是所謂的跨領域照護與團隊醫療嗎？）。

然後，我們總是得出相同的結論。

「南庫魯奈伊薩（總會有辦法的），就先看看情況吧！」

先別太擔心、太焦慮，保持日常的交流，認眞關注所有出現的情況，持續觀察和檢討吧……大概就是這些。人的內心眞的太過奇妙，誰都不知道會發生什麼事，但我們的工作就是要承擔這些未知的狀況。

所以，當新一決定了自己的離開方式，我瞬間就理解他的想法。比起高江洲部長，我們對於治療更有野心。我們不想讓日間照護病房只維持不停打轉的閉環式狀態，還想在當中至少再增添一點東西。

「我想在離開之前，盡可能做些事情薩～～」新一邊喝著啤酒邊說道，「有些人可以一直待在這裡，不過啊，有些人還是有能力再拚一下的薩。那些人薩，我想和他們好好談談，在我離開之後該怎麼辦薩～～」

既然最終回的到來已是現實，那就不要逃避，認眞、仔細地見證所發生的一切，這是我們的臨床理論。

宣布自己要離開的消息後，新一變得更加忙碌。除了原本的例行業務、工作交接，他還分別跟每個成員單獨談話。他先是告知對方自己要離職的事，和他們討論今後的發展，直接詢問他們剛到這裡時是什麼狀況，之後幾年又變得如何，今後的生活有什麼打算、想要怎麼做等等。

有的成員可以冷靜地交談，有的成員就做不到，基本上以後者居多。離別的現實對內心的打擊太大了，他們只想閉上眼睛假裝看不見。這也是當然的。這次的離別不只是與新一的離別——

如果說阿大的離去是日間照護病房「終章的開端」，現在就是來到了「終章的結尾」。因爲，日間照護病房平穩的日常，全都建立在他們三位護理師身上。

所以，雖然新一想用最高調的方式度過自己的最終回，成員們卻主動關上了自己的黑盒子。唯有這樣，他們才能勉強熬過這個痛苦的現實。

即使如此，新一也沒有氣餒。他還有時間，爲了這個目標，他特意留了兩個月的緩衝期。新一不斷與成員談話，我想他或許也強烈地感受到，日間照護病房眞的來到了「終章的結尾」。

重點的談話對象是友香，這有一段很長的淵源。

友香二十多歲就罹患了思覺失調症，之後長期躲在家中閉門不出，現在的她可以穩定地待在日間照護病房，都是因爲遇見了新一。友香第一次來到這裡時，已是三十多歲，起初她總是裹著毛巾被，躲在病房角落那間和室的最角落睡覺，完全不跟其他成員及工作人員交流。不只如此，他人的存在還會讓她感到痛苦，所以她常在大家不注意時逃回家，這種狀況反覆發生。

新一每次都會去家裡接友香，然後陪著她一起散步。由於友香無法忍受與人相處，新一花了很多時間耐心地陪在她身邊。後來，新一開始教友香打羽毛球。當人無法「只是存在著」時，最有效的方法就是有事可「做」。

只要一有空，他們兩個就會去練習打羽毛球。漸漸地，其他人也開始加入，透過打羽毛球這個活動，友香終於能和其他成員及工作人員順利交流。當她在三個月舉辦一次的羽毛球大賽中表現活躍，就已經能自在地「存在」於日間照護病房了。那是四年前的事。

但是，新一覺得友香還能往前再進一步。她已經找到安身之地，接下來他希望她能走出去，甚至回到社會「工作」。比起其他爲了保護內心封閉自己的思覺失調症患者，友香確實與現實有更多的連結，也更有生命力。然而整整四年，友香都沒有前進。她在這裡過著相同重複的日子，現在已經快五十歲了。在這段期間，她的父親過世，母親也年老了，只有時間無情地往前飛逝。現在，新一也要放下她，自己往前走了。

所以，在新一離開前的這兩個月，他跟友香反覆談了很多次——自己不在了之後，她有什麼打算？有沒有可能往前再進一步？可能的話又該怎麼做？最重要的是，友香自己怎麼想？他們不斷地討論這些問題。

但到了最後，新一還是以慘敗告終。

不少成員在反覆的談話中身心出現了狀況。用最高調的方式度過最終回，就是在推翻「一如既往」的日常，嘗試要推動原本靜止的時間，成員自然會受到衝擊。他們的身體開始不舒服，生活失去規律，導致了各種問題。

「看到了吧，他們眞的很脆弱。」

高江洲部長這麼說過。

最終回刺激了他們的脆弱。

友香的內心再次出現震盪，變得情緒不穩，終日惶惶不安，表情也僵硬起來。同時，她也出現了過動的情況，思考開始天馬行空，因而十分亢奮。這段期間，她來找我談了很多次。

「對了，心理師，」友香一臉嚴肅地問我，「最近我有點想去考藥劑師，你知道要怎樣才能成爲藥劑師嗎？」

我用手機查詢了成爲藥劑師的方法，上面寫著要讀六年大學，之後還要參加國家考試。我就這樣一五一十地轉述。

「想要考藥劑師，首先必須讀大學呢，而且還要讀六年。」

「欸？這麼難嗎？」眼前立刻出現了現實的阻礙，友香被潑了一頭冷水，臉上瞬間閃過傷心的神情，但她很快就振作起來。「不過，還是有可能的，對吧？不是都說夢想一定會實現嗎？」

我很能理解友香的心情。她現在非常不安，親眼看著新一離開，讓她的內心深受傷害，她只能沉迷於不切實際的想法。如果自己能成爲藥劑師，說不定就能和新一在同一個職場工作，她藉著這種幻想來保護自己的心。

但是，幻想的保護力十分薄弱，雖然能暫時緩解心情，但殘酷的現實很快就會使其破滅。即便我什麼都不說，現實也會慢慢滲透到她的內心。僅僅靠著幻想，完全無法掩蓋成爲藥劑師基本上是不可能的挑戰，還有新一即將離開的現實，這些全都會從某處潛入她的內心。到了最後，友香的身體開始頻繁出現狀況，只能先休息一陣子。

「我最近的身體狀況眞的很糟，不是腳痛、就是肚子痛薩——雖然我也很想好好待在病房，但實在是……」

友香說這些話時，整個人顯得非常脆弱。

再說一次，新一徹底失敗了。想用最高調的方式度過最終回、想用自己的離別做些改變的新一，敗得非常慘。

成員們承受不了離別。他們先是困惑、動搖，最後直接否認了。他們把最後一天當成了平時的每一天，在靜默中悄然度過。不，應該是拚盡全力地度過。爲了壓抑離別帶來的動盪，他們只能緊抓著日間照護病房在原地打轉的日常狀態不放。在這段期間，身心失衡、暫時休息的人也變多了。

所以，新一離職當天，日間照護病房非常寂寥。

就連說過「最後一定會去送你」的友香，當天都沒有現身。

新一是工作人員當中最受大家仰慕的，或許也因爲如此，大家無法忍受和他離別，所以最後才會這麼寂寞。越是仰慕他的人，當天都沒有出現，友香在最後兩週甚至完全消失了蹤影。

其實我也一樣。那一天，我也不在日間照護病房。

新一離職當天，我在東京。我先前向某個財團申請的研究計畫通過審核，這次是去新宿的高級飯店參加頒獎儀式。

雖然時間確實剛好重疊，但就算不去也一樣能拿到研究經費，所以，我想自己還是無法看著新一離去，我面對不了新一將從日間照護病房消失的事實。我不想在沖繩這間又小又寂寞的日間照護病房面對離別，寧可逃到位在都心的豪華大飯店做夢。所以，我很能理解友香的心情。

最終回當天，新一像往常一樣完成所有工作，在冰冷的雨中，獨自走路回家。這是別人後來告訴我的。原本我應該舉辦歡送會，但我人在東京，比嘉美沙等醫務室女孩又心有餘而力不足。這一年，我們實在舉辦了太多場歡送會，大家都精疲力竭了。我們已經沒有力氣，再舉辦任何一場離別的儀式。

新一輸了。他的最終回十分淒涼。無論是成員、或留下的工作人員都很寂寞，新一應該更是受傷吧！最高調的最終回，只帶來了傷害，不只是留下的人，連離去的人都深深受傷了。不過，這或許就是離別吧，我想。

「不在了」帶來的禮物

人會流動，但架構不會改變。新一不在了，日間照護病房還是要運轉下去。有人離開，留下來的人就要填補空缺，日間照護病房這個架構依然帶領著成員，不停地繞著日常打轉。

最終回造成的動盪也逐漸平息下來。隨著時間流逝，很多事情都變成了過去，日間照護病房也開始回到正軌，魔法再次發揮效果。原本身心失調的成員們，慢慢回到了病房，生活終於恢復原狀。我也習慣了新的角色——那個冬天，我不知不覺就成了吹哨者。

我吹的是排球比賽的哨子。在體育館比賽時通常需要裁判，裁判要負責吹哨子。原本的吹哨者是新一，但不在現場的人不能出來吹哨子，自然要有人代替。

哨聲一響，比賽開始。和以往不同，現在沒了球技高超的高江洲部長，原本做爲主力的幾個成員也轉院了，即便如此，比賽還是開始了。發球之前，吹響哨子；每得一分，再吹哨子；有一方獲得了十五分，就「嗶——嗶！」的拉長哨聲，比賽結束。一方勝、一方輸，即使換了球員，比賽還是會進行下去。爲此，我不停地吹哨。

不可思議的是，當我吹著哨子時，突然發現自己好像在模仿新一。我像新一那樣吹出尖銳的哨聲，冷酷地宣告比賽勝負。不只是如此，在日間照護病房每天的日常裡，我也變成了高江洲部長，開著小巴士，在服務區提醒大家「記得要去上廁所喔」。有時我也會變成更早離職的阿大，在午休的棒球練習中，學著他擊出高飛球，對失誤的成員說出他會說的話，「再來一次！」

離開的人並不是消失得無影無蹤，他們的痕跡仍然殘留在不容易看見的地方。最終回不是只有掠奪。

佛洛伊德曾經提出「哀悼的過程」（work of mourning），指的是當我們失去珍愛的人事物時，內心所啟動的心理機制。

我們的人生就是連續的失去，現在也是一樣。失去時間、失去未來，我們一邊不斷地失去，一邊努力地活著。有時候，我們會經歷特別慘烈的失去，例如重要的人死去、被戀人背叛、夢想破滅，還有，信任的同事離職。

這時，我們的內心會遭受沉重的打擊。為了從這些痛苦中保護自己，我們會變得麻木，或是否認自己的失去。大部分成員之所以無視新一的離去，原因就出在這裡。或者，當這份痛苦太過激烈時，我們反而會變得過度亢奮，就像友香想成為藥劑師，我跑去參加東京的頒獎儀式，都是內心的防禦機制造成的。這在心理學上叫做「躁狂性防衛」（manic defense），也就是藉由躁狂狀態消除失去的痛苦。人的內心會運用各種方法來保護自己，真的非常精密又巧妙。

不過，即便如此，失去的痛苦仍會悄悄向我們靠近。防禦機制不會永遠持續，總有一天我們必須承認自己的失去。這時內心會變得痛苦，渴望再次得到失去的東西，一旦發現不可能，就會變得絕望，進而陷入抑鬱。承認失去，會使我們低落沮喪，這是一段黑暗、痛苦又孤獨的時間，也是我們完全沉浸在悲傷中的時間。

這些狀態會不斷地在內心反覆，從而使內心漸漸變化。精神分析學家松木邦裕曾用一段很美的文字，描述了這段過程。

> 每次回憶起失去的人，內心會湧出深切的渴望。但是，我們再也無法與對方建立連結，只能反覆感受無能爲力的絕望，以及它所帶來的沉痛悲傷與無力感。這段深刻又痛苦的過程，讓我們承認自己失去了對方，同時將對方的許多美好——例如回憶中的美好話語及親密接觸，深深地刻在自己的內心，明白它與我們的內在有所連結，也確實地存在。而不斷往下墜落的情緒，也終於能夠觸底。這也代表著，允許對方在自己心裡占據確切的位置，並且持續存在。於是，我們就能在心裡與對方對話，進行溫暖的交流。
>
> ——松木邦裕，《憂鬱的精神分析方法》（抑うつの精神分析的アプローチ）

失去讓人悲傷、痛苦，重要的事物遭到掠奪，再也不會回歸，這個事實會徹底地打倒我們。但是，如果我們能將這些悲傷及痛苦安放於心，失去的事物就會在心中復甦；度過了情緒風暴，我們就會明白，失去的那個人只會活在自己心裡，然後留下美好的記憶，並產生感謝的心情。

的確，最終回會帶來掠奪。原本一直在自己身邊的人就這麼消失了，眼前的現實逼迫我們接受對方的「不在」，因此最終回才會那麼令人寂寞，而且痛苦。

但是，最終回同時也會給予。當我們咬牙撐過失去帶來的悲傷與痛苦，不再存在的那個人就會在內心重建，我們也會在沒有那個人的現實中重建新的自己。當我們能妥善地應對最終回，內心就會產生新的東西，我也因此有勇氣爲大家吹哨。

友香的內心也發生了相同的狀況。她休息了一陣子，又若無其事地回到日間照護病房，但是她已經和以前不一樣了。雖然從外在不容易看出來，但在經歷了痛苦的最終回之後，她也有了一些改變。

友香開始工作了。但不是藥劑師，而是在一間小工廠從事將「沙翁」[3]裝進禮物袋的工作，這是她過去四年始終無法踏出的一步。

新一離開後沒多久，她就悄悄去了那間小工廠；沒有大張旗鼓，也不是刻意逞強，她就這樣開始工作了。當然，過程想必有些艱辛，她也會惶恐不安，但友香還是跨了出去，努力想活在現實中。然後，她成功了，順利地持續工作。

友香常回來這裡，像是下班回家或工廠休假，她就會來日間照護病房，用之前的馬克杯喝著茶，跟熟悉的老朋友報告自己的近況。就在某次，她偷偷跟我坦白了。

「心理師，其實啊，」她有點不好意思，「我以前一直都很喜歡新一喔！」

「欸?!眞的嗎？」我非常驚訝，嗯，應該說努力地假裝很驚訝。

我當然知道。日間照護病房裡的每一個人，都知道友香曾向新一告白過無數次。畢竟是改變自己人生的恩人，自然會產生愛慕之心，而新一每次都會露出紳士般的帥氣笑容，誠懇地向她道謝：「謝謝你，友香。」

「對啊，所以新一離職的時候，我眞的好寂寞喔！但是，他眞的不在了，所以我覺得自己也應該嘗試去做些新的事情。雖然我最想成爲護理師，不過，路總是要一步一步走嘛！」

她羞怯地這麼跟我說。

我很開心，因爲新一沒有輸。那個最高調的最終回，爲友香帶來「新一不在了」的現實，雖然這份禮物讓她大受衝擊、覺得痛苦，但她還是好好收下了。她沒有否認，也沒有出現躁狂性防衛，只是爲自己的失去感到悲傷與痛苦，這讓她確切地碰觸到了現實。她鄭重地將新一給的禮物

3　沖繩的傳統甜點，是以麵粉、蛋黃、奶油、砂糖混合油炸而成的蛋球，同時也是知名伴手禮。

收到心裡，沒有挑戰藥劑師或（跟新一一樣的）護理師工作，而是認清現實，選擇了小工廠的工作。這為友香的人生增添了新的改變。

我再重複一次，新一沒有失敗。他的存在、他所給予的一切，還有他的離去，都沒有被抹煞，而且確實地存留在人們心中。

最終回寂寞又痛苦，但度過了最終回之後，人生還是要繼續。而新一的存在，不，是新一的「不在」，會一直影響友香的內心。「不在」這件事會成為養分，為人們帶來某些收穫。最高調的最終回，就是如此。

所以，日間照護病房不是只有架構，當中也確實有人存在，還有人與人之間的關係。架構需要有人來賦予生命，而日間照護病房裡，確實有人活著。

最高調的最終回就這樣迎來了結局。由禿頭、胖子和瘦子所支撐的日間照護病房，終於來到了「終章的結尾」。

南風原還在時的群體，才過一年就化成了碎片，我失去了所有的前輩。擁有四年資歷的我，成了在職最久的工作人員。

但是，這個故事還沒有結束。

卽使迎來了「終章的結尾」，日常依舊在繼續。我們的生活依然頑強得驚人。

卽便如此，日常依舊在繼續。圓仍在持續地打轉，永不停歇。

所以，我必須自己收拾善後。

爲此，我必須說淸楚發生了什麼事，還有爲什麼會發生這些事。

《魔法公主》的男主角阿席達卡不也這麼說過嗎？

「我靠自己來到這裡，也要靠自己的腳走出去。」

—第二次中場閒聊—

人際關係的兩種「成分」

饑餓的雞吃光了伏筆

不好意思，稍微打擾大家一下喔！現在，各位讀者的貴左手應該已經察覺到本書的頁數所剩無幾了（畢竟厚度薄了很多呢），於是再次來到中場閒聊的時刻。

唉呀，真抱歉，明明故事正漸入佳境，卻突然潑了冷水，還請各位見諒。其實啊，我自己也想直接進入波濤洶湧、危機四伏的最高潮，像暢銷作家辻村深月的小說那樣，一步步收回伏筆，讓大家盡情享受解謎的樂趣。

只不過悲哀的是，應該說慚愧的是，明明是我自己布的局，寫到最後卻忘了哪裡是伏筆、哪裡又不是伏筆了，簡直是丟臉至極。就像格林童話的《漢賽爾與葛麗特》（又名《糖果屋》），故事裡有個場景是兄妹倆為了找到回家的路，沿途在森林小徑撒下麵包屑，沒想到飢腸轆轆的雞從後面追來，「咯咯咯咯咯」的把麵包屑啄食一空，導致他們完全找不到回去的線索，我現在正面臨這樣的窘境。

書中的情節發展到這裡，我算是陷入窮途末路了吧！前輩們全都離去，只剩我獨自一人，日間照護病房進入了「終章的結尾」之後的世界。簡直是糟透了，真的。

如果這個故事是《愛麗絲夢遊仙境》，我現在應該差不多要醒來了吧！就是啊，在即將被紅心王后砍頭的那一刻，突然從夢中驚醒，發現「啊，原來是做夢」之類的。話說故事裡的愛麗絲醒得還真是時候，靠這種作弊的方法逃避人生的困難，長大也不會多有出息的啦，我可以掛保證。

在新一離職的當下，我超希望自己能醒過來，然後直接進入大結局。就像是眼睛一睜開，便回到了剛拿到博士學位的那一刻，發現「啊，原來這一切都是夢，真是太好了」。但根本不可能啊！這是真正發生在現實世界裡的事，不管怎樣，我都得為自己的人生收拾爛攤子。因為是我自己想來沖繩的，還把家人都捲了進來。

所以，我得解決掉這些麻煩，這可不是歡呼一聲「原來是做夢！呀呼！」就能了結的事。我必須解開謎團、認清事態、努力存活，然後平安地離開這裡。

但是，我為此埋下的伏筆全被饑腸轆轆的雞吃光了，導致我一籌莫展，不知如何是好。好不容易順利地寫到這裡，結果這兩個星期完全卡住，真的快瘋了。原本打算乾脆寫到一半就結束吧，來個超現實的結局也不錯啊！但是想想，這不就跟那個愛麗絲小姑娘一樣了？無病呻吟了三天後，我終於拿出一點幹勁，然後就想起來了。

對啊！如果想在最終章之前完成解謎任務，我就得把「心理照護」與「心理治療」說清楚才行！為了這個目標，我從一開始就埋下了伏筆。

我的意思是，這本書雖然出現了高江洲部長和新一等許許多多的人物，真正的主角其實是「心理照護」與「心理治療」。或許在大家眼中，這本書更像是紀實小說或散文之類的，但我原本是打算寫成學術書的，也就是提出一個設問，再試著去分析解答。對我來說，我自始至終都在研究「臨床心理學」這門學問。

所以，本書的主角是「心理照護」與「心理治療」這兩個概念。「心理照護」是什麼？「心理治療」又是什麼？這兩者有何關係？就像醫療小說《白色巨塔》的財前五郎與里見脩二、平安時代的女作家清少納言與紫式部、動畫《七龍珠》的悟空與貝吉塔，或是傑尼斯偶像組合「瀧與翼」的瀧澤秀明與今井翼，總之，「心理照護」與「心理治療」在書中亦敵亦友，有時爭吵、有時合作，彼此互有勝負。而在這個雙主角故事的背後，隱藏著真正的犯人。

我明明是為了成為心理治療的專家，才賭上自己的人生大老遠跑到沖繩，結果卻經歷了慘痛的遭遇。我本來以為只要在現場累積五到六年的經驗，就能成為獨當一面的心理治療專家，沒想到才短短四年，我就面臨了再也「無法存在」的慘況。日間照護病房裡一個前輩都沒有了，我成了最資深的工作人員，怎麼想都不會有好下場。離職率這麼高，實在太奇怪了，這個故事的背後，絕對有一股邪惡的力量始終在作祟。所以，為了找出真正的兇手、真相或犯人，我必須借助「心理照護」與「心理治療」這兩位主角的力量。沒錯，透過「心理照護」與「心理治療」的視角來檢驗，就能找到真正的嫌犯。

為了在最終章漂亮地解決謎團，獲得解放與淨化，就必須先刻畫出「心理照護」與「心理治療」這兩位主角的特性。你看，就像讀推理小說，原本一直心驚膽顫、緊張萬分地猜測著誰偷了紅寶石，最後公布真相，犯人竟是一個讀者毫無印象，還在想「嗯？書裡有這個人嗎？」的角色，大家一定會大失所望，覺得「這是在搞什麼鬼」吧？然後就認為自己被耍了，要求「退書還錢！」。現在的狀況也是同樣的道理。

所謂的懸疑推理，就是要有好幾個令人懷疑的嫌犯，讓人不斷思考：「該不會是那個傢伙吧？實在很可疑啊，可是他好像有不在場證明。」每個人都顯得疑團重重，結果真兇卻是出乎意料，這樣才會引人入勝。因此，我需要清楚說明本書最重要的關係者，也就是「心理照護」與「心理治療」的本質及其身後的背景。

我原本就是打算這樣嘛！一開始寫這本書時，我思考的就是這個，所以書中各章的小標題才會採用「專家與普通人」、「圓與線」等兩兩相對的方式，以便反覆討論「心理照護」與「心理治療」兩者的對比，讓大家了解「喔~原來『心理照護』與『心理治療』是這樣的傢伙」。接著就在各位開始覺得「『心理照護』似乎是好人啊」的時候，再來個驚天動地的反轉，揭露隱藏在這些傢伙背後的巨大陰謀……。

結果因為那隻飢腸轆轆的雞，讓我把這個計畫全忘得一乾二淨。真是太可怕了，想不到書這種東西，寫著寫著情緒和感覺就會改變，最後連自己原本要寫什麼都忘了。

可能有人會説，既然現在知道了，再回到前面重寫不就得了？但這可是辛苦的大工程，請恕本人無能啊！回到前面的章節，重新把伏筆再安插進去，實在有夠麻煩的。只是這樣下去，又無法進展到最終章，所以這陣子我一直在煩惱該怎麼辦，結果還真想到了一個好辦法！沒錯，就是中場閒聊。

之前我已經用過這一招了，只要再用它趁機説明一下「心理照護」與「心理治療」，一定還來得及在謎底解開之前釐清的！沒錯，就是這樣，太棒了！

「咯咯咯咯咯！」

哇，慘了！那隻雞又追過來了，真糟糕！要是伏筆又被吃掉，就再也沒有重來的機會了，我得趕緊把「心理照護」與「心理治療」的事説清楚，然後打鐵趁熱，直接衝進最終章吧！

「Care 與 Therapy」的白色巨塔

Care 是浪速大學第一內科的助理教授，總以患者為優先，是個誠懇正直的研究者；Therapy 則是浪速大學第一外科的助理教授，野心勃勃，擁有精湛的外科醫術。兩人在權力鬥爭激烈的學術界掙扎求生，努力貫徹自己的理想……當然沒有這種劇情。「Care 與 Therapy」跟教授選舉無關，而是人與他人建立關係的兩種方式。

雖然有點囉嗦，不過還是得跟大家復習一下。我在研究所接受心理治療的訓練，一直想成為這個領域的專家，與患者在密閉空間獨處，探討在外無法言談的祕密，碰觸深層的內心，幫助對方增進對自我的理解——這是「Therapy」（心理治療）。

但是，我卻在沖繩遇見了日間照護，一種在大房間與許多人共同度日的治療方式。這裡的人不聊深入的話題，只是一起做菜、打棒球，盡可能維持日常的生活，它與心理治療相差太多，讓我覺得自己誤入了愛麗絲的神奇國度。這種與他人建立關係的方式，在本書中叫做「Care」（心理照護）。

因此，「Care 與 Therapy」說的不是兩位以白色巨塔為舞台的醫師的故事，而是兩種與他人建立關係的方式。我在日間照護病房工作，同時也處理心理諮商的門診，算是遊走在這兩個領域之間，而我也不斷思考著兩者的差異。後來我發現，日間照護兼具了

「心理照護」與「心理治療」兩方面的功能；心理諮商也包含了「心理照護」與「心理治療」兩方面的功能。

就像前一章提過的，明明都是發生在日間照護病房，高江洲部長與新一採取的離去方式，就分別出自這兩種不同的原理，不是嗎？我呢，就打算在此將它們做個整理。

什麼是「心理照護」？

高江洲部長的離開屬於「心理照護式」。嗯，我倒不是想說「所謂的心理照護，就是不好好說再見，瀟灑地離去」，不是這樣的。有時候，好好地告別也是一種照護，所以要看當下的情況而定，case by case（這也是臨床的祕訣，case by case）。

我指的並不是具體的行動，重點是在於高江洲部長把「不讓大家受傷」放在了第一位。部長之所以用最低調的方式度過最終回，是考慮到罹患思覺失調症的成員們難以接受離別，希望藉此將傷害減到最低。

> **「心理照護」，是不讓他人受傷。**

這種說法連我自己都覺得「怎麼有點消極啊」，所以不免心虛，但在記錄精神科醫師加藤寛與作家最相葉月對談的《心靈的照護》一書中也是這麼寫的，所以這顯然是事實。因為，不讓他人受傷是很困難的事啊，人真的是很容易受傷的生物。

大家想想雪人就知道，放著雪人不管，它就會逐漸融化、崩解，對吧？柔和的陽光會讓雪人的鼻子掉落，降下的雨水會讓雪人的身體坍塌，輕易就會損壞。因此，如果不想讓雪人受到傷害，就必須時刻讓環境保持寒冷，還得幫它遮風避雨。照護雪人，就是這麼一回事。

人類也是一樣，如果被置之不理就會受傷。在職場沒人跟自己說話，就會疑心「大家是不是討厭我」；饑餓時沒有馬上得到食物，就會覺得委屈；如果是嬰兒，放著不管是真的會死掉的。

沒錯，人類有各種需求，沒有被滿足就會受傷，所以「不讓他人受傷」意味著「滿足他人的需求」。作家上野千鶴子根據日常的需求，為照護做了以下的定義——

> 透過規範性·經濟性·社會性組織架構的承擔與執行，滿足那些必須依賴他人的成人或孩童身體與情緒上的需求，與此相關的所有行爲與關係。
>
> ——上野千鶴子，《照護的社會學》（ケアの社会学）

這段文字提出的定義極為優秀。它指出所謂的照護，就是「滿足他人的需求」；也用另一種方式解釋，就是「承擔他人的依賴」。

你看，我們活在世上，總是在依賴他人或是給周遭添麻煩，不是嗎？我們有各種各樣的需求，總是必須依賴他人，一旦無法得償所願，內心就會受傷。

所以，想要不讓他人受傷真的非常困難，因為人的需求總是不一而足。就拿雪人來說吧，如果它的需求是不要融化，保持寒冷就是對它的照護；但如果它任性地提出「想融化一點好成功瘦身」，就得動用吹風機了。

同樣地，看到別人在哭泣，有時出聲安慰是照護，有時讓對方獨自靜靜才是照護。當對方的需求是「安靜地陪在我身邊」，一直安慰「不是你的錯」，就可能傷到對方；若對方的需求是「告訴我我沒有錯」，沉默不語就會讓對方認為「自己被鄙視」，於是受到傷害。

所以，照護就是要因時、因地回應不同的需求，努力不讓對方受傷，同時承擔對方對自己的依賴。照護基本上不是改變個體，而是改變環境。小雪人，你保持原來的自己就好，我會為你找來寒冰。

日間照護病房裡所發生的一切就是如此。那裡聚集了許多容易受傷的人，他們的需求很多，都要一一被滿足，如果無法如願，成員就會受到傷害，導致他們無法在日間照護病房「存在」下去。

是的，只有當他們受到了充分的照護，才有可能「存在」，照護是支撐安全、生存和生活的根柢與基礎。

「心理照護」就是不讓他人受傷。

好了吧？那麼，為了不讓伏筆被吃掉，我要繼續往下進行囉！

什麼是「心理治療」？

接下來要談「心理治療」。

想要理解「心理治療」，可以想想新一離開的方式，這會很有幫助。新一離開的方式與部長完全不同。如果說高江洲部長的目標是不讓大家受傷，新一就是想讓大家試著面對離別造成的傷口。他留了長達兩個月的緩衝期，努力地因應自己與被留下的人之間複雜的情緒糾葛。

> **「心理治療」，是直接面對傷口。**

沒錯，「心理治療」就是去碰觸疼痛的地方。不是去除疼痛、也不是緩解痛苦，而是為了改變製造痛苦的部分，刻意地去碰觸，就像牙醫費力地用器具拔掉蛀牙。

因此，就像前面反覆提到的，雖然世間對心理諮商的一般印象或許是「温柔的諮商者『嗯、嗯』地認真傾聽煩惱」，實際情況卻不太一樣。有時可能是如此，但這種方式更偏向於「心理照護」。如果著重在「心理治療」，就會將發生的問題明確化，並介入造成問題的機制，努力試著處置、改變。因此，心理諮商其實也有著非常嚴酷的部分。

所以啊，如果是剛才那個雪人，我就會跟它說：

「你啊，就是待在院子裡才會融化的，不是嗎？你知道我家有營業用的冷凍庫吧？那你還要繼續待在這裡嗎？」

雪人也很委屈，「可是，人家想讓小朋友看到嘛！」

「你的心情我懂，問題是現在都快要春天了。」

「人家希望小朋友可以一直看到我嘛！」

這麼一來，問題就很明確了。其實小雪人自己也很掙扎，它既害怕自己即將融化，又希望一直讓孩子們開心。所謂的「心理治療」，就是認真地去面對這種糾結與煩惱。雖然真的很痛苦，不過為了小雪人今後的命運，這個過程不可或缺，畢竟我也不可能永遠把冰塊搬到它身邊。

一直在說小雪人，好像越說越迷糊了，總之人類也是一樣。如果一個人必須聽到別人保證「沒問題」才能安心，「心理治療」不會跟對方這麼說，反而會要求對方主動去面對聽不到「沒問題」時，就會變得不安、沮喪及受傷的自己。不是避開傷口，而是去碰觸傷口，藉由這種方式，讓對方獲得「靠自己覺得『沒問題』」的能力。

說了這麼多，想必大家也明白了——「心理治療」的目標不是「滿足需求」，而是「改變需求」。

這一點真的很重要啊！世間絕大部分的人類活動，都是在全力滿足各種需求，但有些需求越是被滿足，反而會讓人活得更痛苦。比方說，有人希望別人能「一直跟自己在一起」，兩小時不夠，還要更久，最後變成一天有二十三小時都在一起。但即便如此，剩下沒在一起的一小時，那個人還是會寂寞。因為在一起的時間越長，只要分開就會胡思亂想，覺得對方一定會嫌自己麻煩，時刻處在恐懼中。

所以，如果能面對內心的恐懼及傷口，將「希望對方一直跟自己在一起」的需求，轉變為「即使不在一起，也知道對方不會討厭自己」，人就會活得更輕鬆，就算只相處一小時，也更能體會這樣的珍貴，同時能接受眼前其他照護的療癒。沒錯，有時候必須透過「心理治療」，才能讓「心理照護」真正發揮作用。

說到這裡，就不能不談到「自立」了。如果「心理照護」的原理是出自依賴（依賴與自立的關係也很複雜，這裡就先不討論了），「心理治療」根據的原理就是自立——自己承擔自己的問題，接納自己的痛苦與傷口，透過這種方式讓自己自由，人格也更成熟。如果說「心理照護」改變的是環境，「心理治療」就是以改變個人為目標。

照這種說法來看，似乎會覺得「心理治療更厲害」，但我要再提醒一遍，「心理治療」有很痛苦的部分，因為需求不會被滿足，還必須面對自己的傷口，真的很難受。所以，「心理治療」不能輕易進行。如果是需要「心理照護」的人，就要先提供「心理照護」，若直接施以「心理治療」，只會造成「單純的傷害」。因此首先是「心理照護」，然後才是「心理治療」。其實，很多時候只是給予「心理照護」，當事人就有明顯的變化；但就像前面提過的，有時也必須先透過「心理治療」，「心理照護」才能發揮作用。這部分有些複雜，但為了不讓饑腸轆轆的雞追上來，我還是先往下進行了。

對照又並存的兩種「成分」

我將以上的內容，加入至今提過的各種對比，整理成下頁的圖表。「心理照護」與「心理治療」就是這樣充滿對照。

「心理照護」，是不讓他人受傷。滿足需求、給予支持、承擔依賴，藉此以確保安全，增加生存的可能性，同時取回平衡，支撐日常生活。

「心理治療」，是直接面對傷口。主動介入以變更需求，以自立爲目標，人會在非日常的狀態中煩惱糾結，進而成長。

心理照護	心理治療
不讓他人受傷	直接面對傷口
滿足需求	改變需求
提供幫助	促進行動
支撐	介入
開放	封閉
水平	垂直
架構	人
關上黑盒子	打開黑盒子
依賴	自立
生活	人生
安全	成長
生存	意義
平衡	掙扎
和平	事件
普通人	專家
日常	非日常
褻	晴
地	圖
空間	時間
圓	線
景象	故事
中間動態	主動態

不過呢，說不定有人對目前為止的結論持有不同意見，我彷彿聽見耳邊出現了「我就是在做心理照護啊，它也能幫助人成長，當中也有很多掙扎呀」等等抗議的聲音。所以，二分法真是罪惡啊！把世界唰唰唰的一刀切成兩半，確實很有快感，但這樣一定會有疏漏，例外的狀況也很多，真是矛盾又微妙。

不過啊，這當中或許有些誤會。怎麼說呢，雖然我故意把它們寫成對手，但這終究只是比喻而已。因為，「心理照護」與「心理治療」並不是工作的類型。換言之，並非日間照護病房做的就是「心理照護」，諮商室做的就是「心理治療」。

當然，我是在學習心理諮商之後來到了日間照護病房，才開始思考「心理照護」與「心理治療」的關係，因此日間照護病房的確含有濃厚的「心理照護」色彩，但就像前面提過的，這當中確實也存在著「心理治療」的成分。

「心理照護」與「心理治療」不是可樂和醬油的關係，也不是放在不同容器的不同液體。最接近事實的說法，應該是糖分與鹽分吧！你看，就像西瓜撒上鹽會更甜，壽喜燒要加入一堆砂糖才更美味。

沒錯，「心理照護」與「心理治療」更像是某種成分，與他人建立關係或提供援助時，這兩者會同時存在。

因此，就像至今觀察到的，日間照護病房包含了「心理照護」與「心理治療」兩者。

真要說的話，大概是「生活型照護」含有更多「心理照護」的成分，而「中途型照護」有更多「心理治療」的成分吧，但無論如何，都還是兩者兼具。畢竟是成分，所以兩者會混合在一起並存，之後只是比例分配的問題。

同樣地，心理諮商也包含了這兩者，按摩治療、自助團體、薩滿巫教、開放式對話也一樣。即便是醫療、學校現場、職場的新人教育也都能看到兩方的存在。不只如此，家庭是這樣，朋友關係也是，不用說育兒更是如此。看到孩子很明顯在裝病，就會煩惱是該讓他請假、還是逼他去上學？是該讓他依賴、還是教他自立？我們的人際關係中充滿了這些疑問。

再重複一次，「心理照護」與「心理治療」是人際關係的兩種成分。是不讓他人受傷、還是直接面對傷口？是依賴還是自立？是滿足需求、還是改變需求？只要與他人相處，就會產生這些糾葛，每一次都要做出判斷，畢竟人際關係實際上總是曖昧不清。也因此，臨床的祕訣才會是看當下的情況而定，「case by case」。

如此說來，這裡的二分法就不是為了劃分敵人和盟友。沒錯，二分法並不是為了將世界一分為二，並在中間築起高牆，而是為了讓這個曖昧模糊的世界，擁有至少更美好一點的前景。

呼～～太好了！我終於把「心理照護」與「心理治療」的概念整理出來了。總之，這兩個就是這樣的傢伙，明白了嗎？雖然它們先前在日間照護病房付出了許多心力，但是在最終章，就要揭開隱藏在背後的黑幕了。

耗損我們的邪惡勢力到底是什麼？它跟「心理照護」與「心理治療」這兩位又有什麼關係？

「咯咯咯咯！」

我再也不必害怕，因為到處都撒了大量的伏筆麵包屑，我不會再迷路了。你這隻可惡的雞，要是還敢找麻煩，就把你做成炸雞塊吃掉喔！

好了好了，各位讀者，解謎的時間到了。

針對真兇的圍剿行動要開始了！

走吧！一起前往位在神奇國度的日間照護病房，找到最深處的祕境吧！

最終章

避難所與收容所

只是存在著就好

幽靈的避難所

每個地方都有祕密基地。不論是學校、職場，甚至是監獄這種每個角落都受到監視的地方，只要有心去找，一定能找到隱蔽之處。例如屋頂、地下室、倉庫，或是書架之間的空隙、農場的林蔭等，再小的空間都能利用。只要足夠細心，哪裡都能找到避人耳目、不被注意的場所。

一旦找到這樣的地方，每當感到痛苦時，就能爲我們提供「存在」的空間。無法「存在」於班上，可以躲到通往屋頂的樓梯間避難；在職場覺得透不過氣，可以逃到吸菸室。像這樣躲到大家看不見的地方，壓力瞬間就會緩和下來，祕密基地支撐著我們的「存在」。

日間照護病房也有這樣的地方，就是位在半地下室的桌球室。由於我們久久才打一次桌球，那個房間基本上都是空無一人。那裡的外牆是大片玻璃，所以內部可以看得一清二楚，但關燈之後就挺昏暗，似乎躲在裡頭也沒問題。祕密基地最重要的不是物理上的視覺遮蔽，而是「不容易被發現」的氛圍。

因此，桌球室成了狀況不好的成員得以藏身之處。每當日間照護病房進入靜止時刻，也就是活動與活動之間的空檔、「只是存在著」的時間，就會有覺得自己「存在」不下去的成員跑到桌球室避難。他們可能會坐在裡面的沙發發呆、打瞌睡，或是靠著房間角落的牆壁。昏暗的桌球室會蒙上一層白霧，變得朦朧不清，守護著他們的「存在」。

新的一年到來，我也開始逃到桌球室了，在午休的時候。

在這之前，午休是軟式棒球的練習時間，也就是由阿大起頭、再由新一接手的軟式棒球。他們離開後，負責帶大家進行守備及傳接球練習的只剩我一人，打球的成員也逐一轉院，或是慢慢遠離了日間照護病房，人數大為減少，練習狀況變得十分冷清。或許是因為這樣，新一離開兩個月後，我漸漸感到難以為繼，每次練球都痛苦萬分。

就在這時，康夫像惡魔般蠱惑我，「要不然今天休息吧？」一直以來，每到棒球練習時間，康夫就會抱怨：「好熱啊，好想休息啊，我想睡覺啊。」總想逃掉練習。阿大或新一會唸他，但我卻接受了這項甜美的誘惑。「好主意，就只有今天休息一下吧！」

通往墮落的道路，就如同源源催生出道路族國會議員[1]的地方鄉鎮國道，既寬廣又受到精心維護，一不小心就會飆出一二〇公里的時速。做為傳統活動的軟式棒球，沒多久就驟減為每週一次。我實在太累了，身體極為沉重，整個人精疲力竭，只想在休息時間好好休息。

---

1 「族議員」是日本政壇的特殊群體，通常是專精特定政策領域的國會議員，對相關部門的決策有強大影響力，也會為了維護相關業界的利益推動修法或政策調整。道路族議員關注的主要是與國土交通部相關的政策議題。

所以，翹掉練習空出來的時間，我逃進了桌球室，和成員們一起擠在沙發上睡午覺。

「貢喔喔喔咻～～」玉木發出驚天動地的鼾聲，如同得了睡眠呼吸中止症的黑熊；有里睡得很香甜，康夫三不五時就「噗」的放屁。

我被成員們包圍起來，夾在玉木和康夫當中，伴著耳鼻間的鼾聲和屁味閉眼入睡。這裡讓我安心。我有自己的諮商室，可以在休息時間獨處，但比起那裡，在桌球室跟成員們擠在一起更讓我放鬆。獨自待在諮商室，並不會讓我覺得那裡是祕密基地，反而像是在關禁閉，彷彿自己徹底成了孤單一人，不知是生是死。

我變成了幽靈。

因爲我在年底提出了辭呈。

最後一滴水終於落下，水從杯子裡滿出來了。

我想，那最後一滴水必定越過了對我來說不可侵犯的底線，而且不只是我，對其他員工也造成巨大影響，當下我就知道自己「再也存在不下去」了。其實，我在新一辭職時就耗光了表面張力，極爲勉強才維持住自己，所以離職其實也只是時間的問題。對我來說，「終章的結尾」早在很久以前就過去了。

因此，當最後一滴水落下，我便火速找上研究所時代的老師商談今後的出路。我告知自己的窘境，提出轉職的想法，因爲我已經沒有力氣再自己找工作了。我認眞地想自食其力，結果卻陷入這番困局，想到之前歷盡艱辛的求職過程，我不覺得再重複一次會有什麼好的結果。我對自己絕望了。

所以，我決定依靠老師，老師也回應了我的請求。他透過自己的人脈幫我在一間大醫院找到心理師的職缺，雖然薪水不高，但還足夠養家活口，更重要的是我能繼續臨床的工作，所以我眞的非常感恩。當初我要是聽從大家的意見，也不至於淪落到今天這個地步，這讓我滿心羞愧。

總之，新工作一有眉目，我就提出了辭呈。爲了安頓好心理諮商的患者，我留了三個月進行交接。我有許多長期諮商的患者，所以我選擇用最高調的方式度過自己的最終回，好好因應離別的課題，我認爲這是身爲心理諮商者的責任。

但也因爲如此，我變成了幽靈。我還「存在」於職場，但許多工作已經略過我往前進行了。「最後一滴水」造成了各種各樣的麻煩，但我三個月之後就「不存在」了，因此喪失了發言權。更重要的是，我也不想參與。不只如此，新一他們離開後，好幾個新人進了日間照護病房，而我幾乎沒有跟他們往來。我已經累得無法再承受好不容易成爲朋友卻又要離別的結果了。

所以，我雖然「存在」，卻又「不存在」，我失去了容身之處。於是，我的存在變得曖昧不明，雙腳逐漸模糊，我成了幽靈。

存在，眞的好痛苦啊！

因爲這種尷尬的狀況，每到午休我就跑進桌球室避難。和成員們一起待在昏暗的桌球室，讓我感到安心。雖然我早已告知成員們自己卽將離職的事，他們還是一如往常讓我隨意待著。這種時候能有一個外界難以窺視、隨意待著的空間，眞的令人慶幸，也足以支撐我的「存在」。

這個宛如祕密基地的場所，一般叫做「asyl」。大家對這個名詞可能不太熟悉，但或許偶爾會在渡假飯店或酒吧的名字上看到，像是「Asyl 箱根」或「Asyl Roppongi」之類的感覺。

Asyl 簡單來說是「避難所」或「庇護所」，也就是讓人躲避、藏身的地方。不過，這麼解釋還是過於含糊，如果是更嚴密的定義，就要借用歷史學者夏目琢史所提出的——「犯罪者一旦進入，就不能再被追究刑責的空間」（《避難所的日本史》〔アジールの日本史〕）。

Asyl 起源自希臘語的「asylos」，意指「絕對不可侵犯及碰觸，在衆神保護下處於極度的安全狀態」。只要逃進避難所，罪人就會受到庇護，確保自身的安全。

在很久以前，這種場所就存在於許多地方。依照德國法學家奧溫・亨斯勒（Ortwin Henssler）的說法，神殿、寺院、族長家或神聖的森林等都屬於此列，只要罪人逃進這些地方，緝拿者就不能再繼續追捕。不單是場所，像是碰觸到國王的身體或聖物，那個人也會變得「不可侵犯」，被捕也不會受到懲罰[2]。

這些「神聖」的場所都有其特徵，主要就是神佛的庇佑。避難所存在著有別於俗世的力量，能夠暫時擱置俗世中的罪惡。

有趣的是，即使是神佛已失去力量的現代，避難所依然沒有消失。人類想要「存在」，就需要一個不會被責備、不會受傷害，能夠安心放鬆的地方。所以，我們現在仍然擁有避難所，也一直在建造避難所。

例如，只屬於童年死黨的祕密基地、大學時私下舉辦的讀書會、職場以外的晨間活動社團；甚至是日間照護病房，原本也是避難所的一種。日間照護服務的創立者之一、奧裔英籍精神科醫師約書亞．比勒（Joshua Bierer），當初就是爲了協助出院的精神病人能在地方上正常生活，才創立了「社交俱樂部」（Social Club）。這個場所就設立在街道上的普通公寓裡，讓病人們在醫院外感到生活艱辛時，可以前來避難。

即使沒有神佛庇佑，這種地方運行的規則通常也有別於外在世界，人往往會變成有些不同的自己。所以，現代的罪人都會逃到這裡尋求庇護。

所謂現代的罪人，指的並不是違反法律的人，而是被集團的規範排斥在外，以致活得艱難坎坷的人。實際上，我們不也常會變成罪人嗎？無法融入自己的班級、在職場上被視爲累贅、被朋友惡言中傷……每當這種時候，我們就會覺得背後有人在指指點點，彷彿自己就是個壞人。

2　亨斯勒著有《避難所之形態與發展》（*Formen des Asylrechts und ihre Verbreitung bei den Germanen*）一書。

即便到了現代，這些人一樣會逃到避難所尋求庇護。被工作折磨得精疲力竭、在家庭裡也無處容身的人，每個晚上都躲到「Asyl Roppongi」（聖殿六本木）找尋慰藉；從日間照護病房叛逃而成爲罪人的我，也只能逃到桌球室尋求庇護。

所以，任何場所都會是祕密基地，因爲每個組織都有罪人；說得誇張一點，所有人在某種程度上都是罪人，總在尋找能讓自己「存在」的祕密基地，也總在建造避難所。

除了桌球室，日間照護病房還有一個避難所——事務室。那裡是醫務室女孩的避難所。比嘉美沙升爲課長之後，掌握了所有醫務室女孩的人心，趁著其他職位的員工逐一離職的間隙，她慢慢將事務室打造成自己的王國。那裡是女孩的樂園。

沁涼的冷氣、種類齊全的零食，手機還能隨時充電，加上齊備的化妝品，只要工作疲累了，醫務室女孩就會躲到裡頭，一邊滑著手機一邊閒聊，抱怨長相帥氣性格卻惡劣到極點的渣男，嘲笑被這種男人玩弄在手掌心的自己，盡情享受 girl's talk。

變成幽靈的我曾有一次榮獲召見入內，當然不是去參加 girl's talk，而是去討論如何處理這陣子發生的各種危機狀態。那成爲我離職契機的「最後一滴水」，引發了各種震盪，連醫務室女孩都受到影響，比嘉美沙做爲王國的統治者，一直爲此感到苦惱。

我們商討著應對方法，那時比嘉美沙跟我分享了洋芋片。這一年她因爲吃太多零食，整個人胖了一圈，但她似乎毫不在意。只要躲在避難所裡，連減肥都可以忘記。
「要吃嗎，阿東？」比嘉美沙胖呼呼的手指拿著一塊洋芋片。
「好啊！」我接過洋芋片，咔嚓咔嚓的吃起來。
「還要嗎？」
「不用了。」我拒絕了，比嘉美沙就自己咔嚓咔嚓的吃起來。
先分享食物再交談，感覺就像在接受美洲原住民大酋長的招待。或許想要建立避難所，至少要具備這樣的權能吧！
「那，應該怎麼辦呢？」比嘉美沙終於切入正題。
「我的辦法就是帶著這個。」我將某樣東西遞給比嘉美沙。
比嘉美沙把袋子打開，確認裡面的東西，然後笑了。「眞的假的？」
「眞的。」當然是眞的，「總得保護好自己。」
「的確。」比嘉美沙把那個東西收進口袋，「謝謝你。」
「我們一定要存活下來。」

那個冬天眞的很難熬，發生了許多狀況，充滿各種不平靜。所以我整天躲在桌球室裡，比嘉美沙則將事務室打造成了固若金湯的堡壘，那時的我們都需要避難所。「最後一滴水」造成的震盪就是如此巨大。

只不過，本書並不會詳述這「最後一滴水」的細節——應該說，是完全不會描寫與這個威脅到我們「存在」的事件相關的具體內容。雖然對各位讀者不好意思，但這本書既不是推理小說，也不是揭密實錄，而是學術書，雖說是解謎，但不會揭發具體犯下罪行的犯人是誰。

因爲，我們的人生其實一直都會碰上這些無聊事。只要活在世上，總會遇到各種不幸，不必再特意寫進書裡。

我們要關注的不是事件本身，而是更本質的問題。沒錯，不是具體犯下那些罪行的人，而是要揪出隱藏在背後的眞兇。就像這本書眞正的主角是「心理照護」與「心理治療」這兩個概念，威脅我們「存在」的那股邪惡勢力到底又是什麼？

而且，這個眞兇威脅的不只是當時的我們，甚至可能是世上所有地方的「存在」。或許，連你的「存在」也正在受到它的威脅。

「噗——」康夫又放屁了，玉木的鼾聲也跟著響起。「貢喔喔喔咻～～」

變成幽靈的我，一邊聞著康夫的屁味，一邊思考著。

存在，眞的好痛苦啊。

爲什麼？在我身上到底發生了什麼事？

一片鮮豔的紅

二〇一四年一月二十二日。日間照護病房的時間總是在原地打轉，就像融化成一團的奶油，無論是一月二十三日、三月十七日，或者十一月五日都沒有差別，因爲根本分不出來。在日間照護病房，具體的日期沒有太大的意義，但只有二〇一四年一月二十二日，我記得一淸二楚，因爲那對我來說，是難以忘懷的一天。

那天我一早就很不舒服，一直噁心想吐，還拉了肚子（不好意思有點髒），全身倦怠不堪，持續在低燒。不過那陣子我的身體總有大大小小的狀況，所以我還是照常去上班了。

中午之前我有兩個諮商案件。心理諮商眞的很不可思議，一進入面談過程，我就忘了身體不適這回事。可能是太沉浸於患者的內心世界，或是被捲進了其中複雜的人際關係，總之那一刻，我完全忘了各種煩心事——日間照護病房也好、換工作的事也好、犯罪者也好、眞兇也好，全都變得雲淡風輕。

然而，那些暫時被拋開的痛苦，當然還是會回歸。只要心理諮商一結束，我的身體狀況就會惡化，開始頭痛、打冷顫。因爲喉嚨乾得厲害，我灌了很多寶礦力，卻變得更不舒服，感覺身體非常沉重，更糟糕的是越來越噁心想吐。

我像往常一樣躲在桌球室睡午覺，卻因爲太難受根本睡不著，症狀也越來越嚴重。下午的活動是打排球，我原本應該到場，卻完全沒有力氣，只好拜託比嘉美沙幫忙，我留在日間照護病房休息。自從我來到這裡，從來沒發生過這種事，但是那一天我眞的撐不下去了。

所有的工作人員和成員都去了體育館，日間照護病房只剩我一人。我待在寂靜的桌球室，想再試著睡一下，卻怎麼也無法入眠，實在很不舒服。因爲沒吃午餐，我想就喝一點寶礦力補充水分好了，但喉嚨實在太乾，我一口氣喝光了一整瓶，結果反倒更難受，似乎隨時都要吐出來。我不行了，再這樣下去就要吐在這裡，那可不成，所以我用最後的理智硬撐著奔上樓，用力捂著嘴跑過走廊，衝進了廁所。

我盡情地把胃裡的東西全吐了出來，就像新加坡的魚尾獅那樣噴出了所有液體，甚至產生些許快感。我從早上就什麼都沒吃，所以吐出來的只有寶礦力，我的胃開始痙攣，嘴裡全是酸臭的液體。我吐到整個胃都空了，等所有東西都吐了出來，然後睜開眼睛。

我當場嚇傻了。

白色馬桶裡一片鮮紅。

「啊啊啊！」我大叫著，在空無一人的診所裡大聲慘叫。

純白的馬桶染成一片鮮紅，這光景太過非日常了。

我慢了半拍，才意識到自己吐血了，開始渾身發抖。
怎麼回事？我吐血了？這不是漫畫或小說裡才會出現的場景嗎？我的人生中居然會有吐血的一天！這到底是怎麼了？
我頓時陷入極端的絕望。啊啊，我完蛋了！我自認內心還沒有「脆弱」到因爲工作時變成幽靈就被打敗，想不到壓力居然那麼大。我徹徹底底被擊垮了。
這可能是胃潰瘍，不，吐了這麼多血，絕對是更嚴重的病。胃癌，一定是胃癌，我要死了。不行了，我要被日間照護病房殺死了。
「好可怕。」
陷入恐慌的我，立刻從口袋裡拿出手機，這時能依靠的只有他了。電話才響了三聲，就被接了起來。
「喲，阿東啊！眞難得，怎麼啦？」
應該已經在新職場工作的新一接起了電話。
「新一，我不行了……我要死了……我吐了好多血。我要死了，不行了，我吐血了……」
「阿東，冷靜點，你吐了嗎？」
「吐了，嗚嗚——」我因爲太過慌亂，還哭了起來。
「好，冷靜一下，血是什麼顏色的？」

我又看了一次染得鮮紅的白色馬桶，鮮血就像在雪中綻放的紅玫瑰。

「紅的，鮮紅色的，超級美的。嗚嗚——我、我要死了嗎？」

「死不了的啦！阿東。」新一在電話另一頭笑著說，「很紅吧？」

「很紅，美到不行的紅色。」

「那就沒問題了薩。要是狀況危急，吐的血應該是暗紅色，鮮紅色的話就沒關係。」

「眞的嗎？我不會死嗎？」

「就說不會死了啊！趁現在醫院還開著，趕快去看醫生。」

「太好了——我不會死了——」

我掛掉電話，接著打給比嘉美沙，告訴她我現在要去醫院。

「我剛才吐血了，是鮮紅色的，超鮮紅。因爲不是暗紅色的，應該是不會死，但也說不定會死，所以我要去一下醫院。之後就拜託你囉！我先說一聲，是鮮紅色的喔，不是暗紅色的。鮮紅的，這一點很重要啊！」

「知道啦，是紅色的，所以你要去醫院對吧？」比嘉美沙冷靜地回答，「我這邊不用擔心，你好好保重。」

黑色收容所

我躺在大型綜合醫院的病床上，周圍是不停奔忙的醫生和護理師。我的左手臂打著點滴，要是病房的窗外能看見快要掉落的黃葉，氣氛就更顯悲傷了，可惜眼前所見只是冷冰冰的空病床。

先說清楚，不是癌症，也不是胃潰瘍。血不是暗紅色的，我只是單純的脫水，所以吊點滴補充流失的水分。

醫生細心地向我說明病況。大概就是我感染了某種病毒，又在喝了過多寶礦力的狀況下激烈嘔吐，導致食道的某處受傷出血。

「就像抽水機的原理一樣，咻的用力一壓，水就會高速地噴出來，對吧？」醫生還特地用模型解釋給我看，「因爲水流太猛，導致喉嚨割傷了。」

什麼啊，寶礦力號稱是舒緩病體的飲料，結果竟讓我受傷了。難怪血是鮮紅色的，因爲是食道剛流出的血，當然很新鮮。如果是胃潰瘍之類的，因爲病灶在更深處，血就會是暗紅色。

「所以我不會死囉？」等我大概問了三十次，醫生終於受不了地笑說，「放心吧，只要打完點滴，你就可以回家了。」

那位看起來認真負責的醫生返回了工作崗位，護理師們也在勤奮地忙碌著。醫院裡真的很繁忙，患者接踵而至，他們俐落地給予治療，還要耐心地安撫恐慌錯亂、不斷喊著「一定是癌症，我要死了」的心理師，讓他好好躺下、幫他打點滴。

我躺在病床上思考著。我到底在幹嘛啊？每個人都在爲工作忙碌，我卻搞到自己喉嚨噴血躺在這裡。

我想著日間照護病房，現在大家應該正好打完排球回來了。今天的賽況如何呢？是哪個新的工作人員負責吹哨子呢？一定有人吹哨子吧，畢竟那是誰都能做的事。比賽結束後，應該還會輕鬆地喝個飲料，稍微休息一下吧，然後由某個人開車，載著大家回到日間照護病房。現在這個時間，應該要開始準備晚餐了。

就算沒有我，日間照護病房依然持續在運轉。某個新來的人會取代我的位置，讓這裡繼續順利地運轉下去。

是的，卽使有人辭職，下一個人很快就會補上。就像新一離開後，新的護理師取代了他的位置；我提出辭呈後，也會有新的心理師來取代我。我之前不也是這樣？有人辭職了，所以我過來替代他。

員工有無限的替補人力。爲什麼？爲什麼員工一個個地走，但新人還是一個個地來？

答案我再清楚不過。因爲，我也選擇來了這裡。大家還記得我求職當時的基本方針嗎？

第一條　以心理諮商為主要工作。
第二條　薪資足夠養家活口。
第三條　地區不拘。

因為薪水很高啊。薪資夠高，我才來到這裡。不只是我，包括阿大、高江洲部長、新一、比嘉美沙都一樣，大家都是基於相同的理由。所有的護理師、所有的醫務室女孩，全都是因為薪水夠高，才選擇來這裡工作。

然後，因為薪水很高，只要有人辭職，下一個很快就到。無須挽留要離開的人，就算出現了空位，也永遠不缺替補者。

這裡頭埋藏著陷阱。現在想想，當時就錯在這裡。

求職的當下，我完全沒有想過「為什麼在沖繩這種薪資偏低的地區，會有這麼高的薪水」。那個裝酷的基本方針二條氏也是同罪，當時那傢伙根本沒有提醒我留意這件事。不管是誰都被金錢蒙蔽了眼睛，壓根兒不去深究背後有什麼問題。

簡直是蠢透了！

天下沒有白吃的午餐，這不是理所當然嗎？

我忽略了現實，心理師的薪水本來就偏低。由於心理治療在日本的醫療制度中定位模糊，心理師在大多數醫院都難以取得高薪，但又因爲工作本身很有吸引力，還是有很多人前仆後繼地投入，導致薪資行情不斷下滑。因此，像我這樣剛從研究所畢業，又沒什麼人脈的心理師，通常都拿不到能充裕維持家計的薪水，這就是現實。

但是，我故意忽視了這個現實，發現這裡的薪資高於一般標準也不會懷疑，直接朝著陷阱飛蛾撲火。我爲了自己想以心理治療維生養家的欲望，而迷失了理智。

結果，就是把自己搞到吐血。

高額薪資的作用，是爲了保證即使員工一個個離職，也照樣有人替代。那是我們用「存在」換來的代價。

就是這樣。從我喉嚨裡流出的雖然是鮮紅的血，同時也隱含著暗黑的血，因爲這當中存在著「黑色物質」。

這個「黑色物質」會是什麼？

我們的世界充斥著黑色物質。例如極度剝削學生，導致他們幾乎輟學的黑心工讀；因爲長時間練習和不合理的指示，讓師生都身心俱疲的黑心社團。更可怕的是，充斥無止盡的加班、不可能達成的業績目標，以及重度職權騷擾的黑心企業。

長期關注這項議題的日本工運人士、非營利組織 POSSE 的代表今野晴貴，指出黑心企業的本質就是「高徵人率．高流動率」。也就是說，他們利用優渥的條件大量招募人才，員工到職後才發現勞動條件極爲嚴苛，等到「利用價值」被榨乾了便遭丟棄，然後企業再繼續如法炮製。

於是，新人不斷被招募進來，再不斷被用過卽丟；由於永遠有新人可以替代，人的「存在」被視若無物。這些地方輕視「存在」，讓人難以生存，黑色物質就這麼產生了。

爲什麼會這樣？

爲什麼「存在」會被輕視？是什麼導致了黑色物質的生成？

啟發我思考這些問題的契機，就是黑心照護機構。從這裡開始，我們就要進入日間照護機構不爲人知的最深處。

迄今爲止，基本上我只談到日間照護病房好的一面，日間照護病房提供的服務是如何支撐著成員們的「存在」。

然而，就如同世上所有的活動與行爲，日間照護病房也同樣有著黑暗的一面。其中有陰暗的部分，也有著讓黑色物質潛藏的空間。

原本應該支撐著「存在」的日間照護病房，有時也會輕視「存在」。而且這不只是發生在日間照護病房，也出現在所有支撐著「存在」的工作及設施中，潛藏於它們的陰暗面。凡是與照護相關的工作，都隱含著某種會吸引黑色物質的東西。而我現在就要鼓起勇氣，揭開它的眞面目。

首先，我想討論小林江里子的散文作品《從這個地獄活下來》（この地獄を生きるのだ）所描述的黑心照護機構。出版社的官網上是如此介紹這本書的——

作者原為色情漫畫雜誌的編輯……在黑心企業極度壓榨下，罹患心理疾病自殺未遂。失業後她被診斷出憂鬱症，只能領取生活補助金維生，不但失去回歸社會的希望，還被麻木冷漠的社工人員耗損身心，被那些將患者視為獵物的診所用各種巧妙的藉口反覆吸血。

因為黑心企業而身心受創的小林江里子，開始進出日間照護機構。那裡乍看是個讓人安心自在的地方，不但提供餐點（有時是高級和牛便當，也會去法國餐廳），每年還會出外旅行一次。小林就曾被帶到迪士尼樂園，住在那裡的高級海洋飯店，享用豪華晚餐。

簡直就是理想的烏托邦，彷彿在用盡全力保障人們的「存在」。然而，事情越是完美，背後就一定隱藏著某種陰謀。

診所頻繁地讓小林注射一劑要價三萬日圓的長效針劑，由於是注射在臀部，經常導致強烈的疼痛。每打一劑，診所就有大筆金錢入袋，但因為有國家的補助，小林幾乎不必負擔任何費用。

於是，小林被施打疼痛的針劑，換來製藥公司主辦的演講招待，享受高級住宿和料亭晚餐。她日復一日過著這樣的生活，最後得到以下的結論——

在長期進出日間照護機構的過程中，我看到診所不斷建議患者注射高價的長效針劑，藉由豪華料理提高患者利用日間照護機構的意願，我終於明白診所財力如此雄厚的原因。這間診所非常擅於經營，但是擅於經營不代表患者的滿意度也會隨之提高。

——小林江里子，《從這個地獄活下來》

的確，這個日間照護機構爲患者提供高級便當，還帶他們去迪士尼樂園，那裡準備了許多讓人心情愉悅、滿足各種欲望的事物。縱使如此，她仍活生生地體驗到如書名所說的「地獄」。

小林發現的眞相，就是日間照護機構爲患者提供的「存在」，不過是用來經營醫院的道具。只要她「存在」於日間照護機構，醫院就會獲得高額的診療費，注射長效針劑也能使他們賺取龐大收入。於是，患者的「存在」逐漸變成了強制性質，進而變質成了黑色物質。

因此，當有人跟小林說：「看你這麼有精神，眞是令人羨慕，好想讓我家孩子也看看。」她就會這麼回答：

除了診所以外無處可去，根本一點也不幸福。

——同前書

另一個黑心照護機構的例子，是新聞曾經報導過的E診所（爲了閱讀方便使用簡稱），他們用近乎軟禁的方式控制成員，藉此謀取龐大的利益。

長期研究相關議題的專家古屋龍太，曾在某篇論文中詳細描述E診所的日間照護病房實況，標題則是驚心動魄——「日間照護病房：黑暗的溫床」。文章有點長，但很有引用的價值，簡直就是恐怖電影的情節。

這間E診所將自家精神科的社工安排到各公所的生活保護窗口充當諮詢人員，一旦遊民或街友過來尋求協助，社工就會建議他們前往E診所就診，並待在那裡的日間照護病房以換取生活補助金。他們在診所附近設置所謂的「共享屋」（share house），用夾板隔出約半坪到一坪大小的空間讓患者住宿，每天早晚接送讓他們來到日間照護病房，再隨便爲患者安排桌球或室內槌球、院內散步、桌遊、電影欣賞等活動。活動時間不長，多半都在休息，甚至還讓患者以「編制外人員」的形式照顧需要看護的病人，或者負責清掃工作。

原本E診所還會給這些「編制外人員」一百日圓的時薪，後來遭人以違反勞基法提告，此後他們就用社會參與訓練的名義，將患者變成了免費的志工。患者本人的生活補助金，由基層社福行政機關直接以現金袋寄給診所，由診所的職員全權管理患者的財務與生活。經由報導揭發，他們才用患者本人的名字開戶，改爲管理提款卡和存摺，但依舊每日只支付給患者五百日圓。因此，如果患者不去日間照護病房，就無法獲得食物，也不能吃藥，更別說是拿到生活費用，他們必須依賴日間照護病房才能存活。患者不是爲了自發性的積極目標到那裡去，而是爲了維持基本的生活。他們一整天只能待在病房裡，無法自由外出，某些樓層還會上鎖變成「封閉式日間照護病房」。員工要是想長久待下去，就必須讓自己變得麻木，所以不斷有員工因爲陷入抑鬱而離職，而年輕的精神科社工每年還是大量地被招募進來。

——古屋龍太，〈精神科日間照護病房的未來在哪裡？〉《精神醫療》第八十九號

從接送、安排的活動種類到大量的休息時間，就像大家先前所看到的，這是「生活型日間照護病房」常見的做法。當目標是幫助患者「存在」時，日間照護病房自然就會變成如此，所以E診所的做法似乎並沒有什麼特異之處。

然而，看著古屋教授的描述，文中所呈現的「存在」狀態卻是極其扭曲，讓人深受衝擊。那裡的「存在」是從經濟性收益的角度被加以管理，每件事個別提取出來看都像是照護，實際上的機能卻不是在幫助患者「存在」，而是在強制他們「存在」。

在那間診所裡，「存在」變成了「禁閉」。所以，古屋教授爲這段描述做了以下的總結——

> **迄今所有被揭發過的精神病院人權侵害案件，正活生生地發生在街上的每一間診所。**
>
> ——同前誌

黑心照護機構，就是「asylum」（收容所）。

大家對這個單字可能不太熟悉，畢竟意義上有些負面，所以不會出現在酒吧的名字上（結果一搜尋，居然被某家時尚的咖啡館取爲店名，這是怎麼回事？）。

美國社會學家厄文．高夫曼（Erving Goffman）曾用「asylum」來指代所謂的「全控機構」（total institution）[3]，這個解釋或許更讓人迷糊，總之就是類似收容所、監獄、舊式精神病院或戒毒中心等，對「存在」於這裡的人進行集體監控的地方。

只要一進入這裡，首先會被加上編號，不管是受刑人編號或病歷號碼都一樣，原本的名字遭到剝奪，再被給予一個容易管理的數字。先前身上穿的衣服會被收走，換成監獄制服或病人服等統一的服裝，也就是奪走個人的屬性。然後，所有人都被強制要遵行整齊劃一的時程表——就是這樣的地方。

在「asylum（收容所）」當中，「存在」是被強制的，最典型的例子就是監獄。身處其中的人不被允許外出，監獄還爲此築起高牆，將人關進冰冷的牢房；爲了隨時察覺不穩的動向以防堵脫逃的可能，每個角落都會受到嚴密監控，人就這樣被剝奪了自由。當「存在」是出於被迫，便會變得痛苦。

社會學家有薗眞代曾提出很重要的一點——「asyl（避難所）」和「asylum（收容所）」原本是同一個字。簡單來說，「asyl」是德語，翻成英語就是「asylum」，兩者是同根同源。

其實，大家只要想像一下溫泉旅館（夏威夷溫泉渡假村也行）就會明白了。溫泉旅館無疑是「避難所」，被俗世煩擾的我們會躲進溫泉鄉避難，在此尋求短暫的安寧。而當我們 check in 之後，會發生什麼事呢？每個人都會換上旅館的浴衣、收到附有編號的房卡或印著條碼的手環，在旅館中的所有消費都會被登記在這個編號上，當中的流程和規定都是統一的。最後，大家去泡了溫泉，一起在宴會廳吃吃喝喝，然後回房睡覺。溫泉旅館和監獄的運作方式基本上是相同的。

「避難所」和「收容所」採用的是同一種運作方式，但一方是支撐人們「存在」，另一方是強迫人們「存在」。避難所讓罪人躲避及受到庇護，收容所則將罪人禁閉起來進行管理。

---

3 高夫曼在其名作《精神病院：論精神病患與其他被收容者的社會處境》（*Asylums: Essays on the Social Situation of Mental Patients and Other Inmates*）中，將精神病院概念化爲「全控機構」，也就是讓一群人在單一權威管控下共同生活與工作的封閉性場所，所有人必須集體行動、按表操課，並且是爲了達成機構所設定的官方目標，而書名用的即是 asylum 一字。

回到黑心照護機構的問題，狀況則是這樣的。

精神病院在過去是收容所，內部的管理十分苛刻，人權遭受侵害，在各方嚴厲批判下，才開始提倡讓病人回歸社會，努力在地方上生存下去。然而，精神病人想要在地方上生存實屬不易，於是便出現了日間照護病房這樣的避難所。日間照護病房成了這些在地方上生存的病人受到庇護的容身之處，只不過，這個避難所一不小心就會再次墮落成收容所，變成黑心照護機構。

爲了不造成誤會，我必須先聲明，我所工作的日間照護病房並不是《從這個地獄活下來》或E診所那樣的黑心機構。E診所事件不只在社會上引發軒然大波，更讓許多照護相關工作者也深受衝擊，因爲絕大部分的日間照護機構並不是收容所（大概吧）。

然而，如果將黑心照護機構當成是一部分惡劣人士引發的個案，也並非是事實。我認爲，那原本就是日間照護病房的本質中潛藏的東西。會這麼說，是因爲日間照護機構確實是仰賴成員的「存在」來獲取收入，這是它專屬的商業模式。

古屋教授會指出，日間照護病房是「醫院設在門診的搖錢樹，是營運經費的重要來源」，只要成員「存在」一天，每個人頭就能讓醫院獲得數千至近萬日圓的收入。固定「存在」的成員越多，醫院的營運就越穩定；一旦成員離開，收益就會減少。

因此，日間照護機構中的「存在」總是帶有雙重性。一方面，它提供的照護能支撐人的「存在」；另一方面，人的「存在」又是經濟收益的來源。不只是日間照護病房，各種照護相關設施都會產生這種雙重性。

當醫院更重視後者，日間照護機構就會變成收容所，原來的避難所輕易就會淪落爲收容所。原本支撐「存在」、提供庇護的空間，成了強迫「存在」並加以監視的地方，讓「存在」變得痛苦，而且充滿了黑色物質。爲了「存在」而「存在」的地方，化爲了惡夢。日間照護機構一直暗藏著會淪爲收容所的種子。

躺在醫院的病床上，我思考著。

爲什麼我的身上會流出黑色的血呢？我思索著成員們在黑心照護機構所遭受的待遇，才突然發現一件事。

這筆高於一般行情的薪水，從我們身上買走了「存在」被照護的權利。反正替代者多的是，沒有必要支撐我們這些職員的「存在」，我們的「存在」被蔑視了。

照護者得不到照護，此時黑色物質就會湧現出來。這已經不單單是我的問題了，長照設施如此，兒童養護設施如此，學校老師、或許心理師本身也是如此。全國各地的照護設施和照護者，都有著相同的遭遇。有些是薪資過低，讓人「難以存在」；有些則是薪資很高，也同樣讓人「存在不下去」——之前提到的E診所就是這樣，那裡每年都有員工陷入抑鬱，反覆出現大量離職與大量徵人的狀況。

提供照護的場所暗藏著收容所的種子。這使被照護者的「存在」很容易遭受威脅，同時也讓照護者的「存在」輕易地就被蔑視。

爲什麼？這是爲什麼？爲什麼雙方的「存在」會如此容易受到威脅？到底發生了什麼事？

謎題尚未解開，但有人來到了我的病床邊。

「你還好吧？」比嘉美沙和醫務室女孩優花一起過來探病，「我們幫你把東西拿過來了。」

優花一走進來，看到我的點滴就驚訝地喊了出來。

「耶？東畑心理師是重症患者嗎？啊哈！」

「才不是，血是鮮紅的，又不是暗紅色。」

「大家都在說你被詛咒了。」比嘉美沙受不了地抱怨著。

我懂，這倒也不是不可能。「說不定我還眞的被詛咒了。」

「好好保重啊！」然後比嘉美沙問道，「明天能來嗎？」

「可以啊，反正血是鮮紅色的。」

「幸好是鮮紅色的薩。那明天見囉！」

「對了，比嘉美沙，」我叫住正準備回去的比嘉美沙，「你知道今天是什麼日子嗎？」

「啊？誰知道啊？」

「我的生日啊，我三十一歲了。」

「哎呀，生日快樂！」優花喊著。

「那你未來一年絕對很好運，」比嘉美沙笑了，「畢竟開場那麼精彩。」

所以，這一天才讓我那麼難以忘懷。

存在，真的好痛苦啊！

在每一天中重新開始

不知道是真的受到詛咒、還是鮮血淋漓的景象太過震驚，我被這次的吐血擊垮了。原本緊繃的神經一旦放鬆，就再也振作不起來。

「這既不是壓力造成的胃潰瘍，也不是會致死的癌症，只是嘔吐時太用力割傷了食道而已，我不可能承受不住這種程度的壓力。」即便我再努力逞強，實際上也已經一敗塗地。

明明我已經無法「存在」，卻還是「存在」於這裡。

除了被詛咒之外，我並沒有特別遭受到什麼攻擊。不，好像也不是沒有，但都是枝微末節的小事；更重要的是，我對那段時期幾乎沒有記憶，一切都是片斷而零碎。人一旦無法「存在」，就會對各種事物失去體驗的真實感，身心都變成半透明。

看似「存在」，其實卻不「存在」；看似不「存在」，卻還是「存在」。

這個充滿威脅、失去庇護的危險之地，讓我幽靈化的程度更加嚴重。我每天早晨起床到診所上班，處理諮商案件，去日間照護病房，到了傍晚就下班回家睡覺。我像被丟進洗衣機的絨毛玩偶，隨著重複的日常不停繞圈，任憑漩渦般的水流帶著自己轉來轉去。

我封閉了自己的心，若無其事地「只是存在著」。日間照護病房的靜止時刻曾讓我感到漫長無比，如今也變得轉瞬即逝，我還沒弄清楚自己是否存在，時間就消失了。我也不再無聊，因爲我故意麻痺自己，藉此熬過這段時間。

然而，不幸總是接踵而來。二月時我去老師介紹的那間醫院面試，結果一到三月就收到了沒被錄取的通知。

其實當時就有不穩的徵兆。那份工作有任期限制，薪水也不高，面試官還直接說：「你是不是待在原來的職場更好呢？」而我無法說出眞相，更不敢表達「待在那裡太痛苦了」的心聲。

那時我面臨的狀況相當複雜，更不想當場訴說自己的苦衷；當自己的「存在」眞正受到威脅時，實在很難向他人啟齒。人越是痛苦，越會對自己的遭遇感到羞恥，只想盡可能隱藏起來，於是就顯得很不可靠。

即便如此，這對我來說還是晴天霹靂。原本「想要自力更生」而遠赴沖繩的我，在經由老師引薦工作後，終於深切領悟到「人生果然還是人脈最重要，我實在太傲慢了！」，而決意「將來一定要以人脈爲優先」，努力走向新的人生，沒想到新東家卻將我拒於門外，眞是太殘酷了。

照這樣看來，離職後我就鐵定失業了。當然，在缺少臨床心理師的沖繩，眞要找應該還是有工作，但我只想離開這裡。就算現在開始向本島各地投寄履歷、接受面試，也不可能趕在四月前搬過去，畢竟已經進入三月了。

更嚴重的是，我已經氣力盡失了，整個人變得灰心喪志。這倒不是日間照護病房造成的，幽靈化的狀態雖然不好過，但都臨近結尾了，怎麼樣都有辦法熬過去。

不是那些具體的問題，而是我對自己的人生絕望了。自始至終，我只是想專心致志地走在臨床心理學這門學問的道路上，一邊在現場從事臨床工作、一邊持續研究，同時又能藉此維持生計。我的期待不過就是如此，我又不是想要一部保時捷，或是把月亮摘下來。

所以，我爲了累積臨床經驗前往沖繩，而且堅持每天早上寫論文。我確實犯了各種錯誤，不僅愚蠢粗心，又沒有看清現實，可能也有不少傲慢之處，有些人要是面對相同的處境，或許會做得更好。但即便我犯了各種錯誤，難道就要被逼到這步田地嗎？我的願望眞有那麼過分，以致於得爲現在的慘狀承擔起所有責任嗎？再說一次，我又不是想要天上的月亮啊。

如今，我連一份有任期的約聘工作都應徵不上，眼看就要失業了。我彷彿被人剝光衣服流放到了森林，被各種意外逼得四處逃竄。

我是不是一開始就做錯了人生的選擇？

那時的我，不但對破壞自己人生的臨床心理學這門學問感到絕望，更對自己感到絕望。不管怎麼想，照我當前這個樣子再去找其他工作，大概都很難勝任。既然是臨床心理學，就需要從事臨床工作，再從中累積學問，話雖如此，我卻失去了原本純粹的信念，也不認爲自己能爲了臨床心理學奉獻未來的人生。

我需要時間，需要讓自己重新站起來的時間。

我想，那時我大概死過一次了吧！或者應該說，我的臨床心理學人生曾經一度破滅。爲了再生、爲了重新找回面對臨床心理學的勇氣，我需要思考的時間。

爲什麼會變成這樣？是哪裡出錯了？我到底漏掉了什麼？

我必須解開這個謎團，然後在確切的現實之上重建自己的人生。如果我要再次挑戰臨床心理學，就必須在堅固的地基上重新開始。

爲此，我需要時間。

「南庫魯奈伊薩（總會有辦法的），就先看看情況吧！」

沒錯，給自己一些時間吧！在時間的流逝中，深切、仔細地觀察，持續地思考吧！我來到這裡和護理師們一起工作，學到最多的不就是耐心嗎？

給自己一些時間吧！南庫魯奈伊薩。最糟的狀況不過就是申請失業給付，所以不要著急，慢慢來就好，死不了的。認眞地付出時間，確認清楚擊垮我的到底是什麼，再來思考今後的路。是的，我輸了。人在失敗時，最好別輕舉妄動，要先停下來、不動如山，好好地利用時間。所以，首先就要認眞過好每一天，絕不可以糟蹋寶貴的時間。只有這樣，才能重新開始。

「南庫魯奈伊薩，就先看看情況吧！」

被逼到絕境後，我試著重新站起來。

我再次展開午休的軟式棒球練習，時間所剩不多，沒有閒工夫午睡了。事到如今，我早已放棄用最高調的方式過完最終回，只要做好諮商就足夠了。我要用最低調的方式，度過自己在日間照護病房最後的日子——但不是以幽靈的身分，而是要好好活著，做爲眞正「存在」的人，認眞跟著每一天打轉。

練習傳接球、進行外野守備練習，結束之後，和成員一起喝著三十九日圓的可樂，「悠恩塔庫」地度過——也就是坐著閒聊，話題每次都差不多。

聊天氣、聊接彈跳球的技巧、聊巨人隊今年集訓的體育新聞，我們不厭其煩地談論著相同的話題，像是制式化的習慣，不管怎樣，還是一次又一次地聊天。

然後，我會靜靜地傾聽康夫訴說自己的遭遇。從我到職開始，幾乎每天都要聽康夫說一遍他身上發生的事，同樣的話我已經聽了超過一千次。有時是我主動問他：「你年輕時候是怎麼樣的呢？」有時是康夫自己開口問：「要聽聽嗎，我的故事？我，以前，很壞喔！」總之，我就這樣持續聽著康夫訴說自己的遭遇，認真過好原地打轉的生活。

康夫一直被兩個黑道追殺。一個高頭大馬，拿著短刀；另一個身材矮小，拿著手槍，他們已經追殺康夫二十多年了。現在，這兩人逼近到了康夫身邊，有時會看到他們出現在門診區，有時會發現他們在體育館偷看排球比賽。每次發生這種事，康夫都會迅速躲起來。

雖然康夫說自己「生下來就是廢柴」，實際上他是從縣內知名的升學高中畢業，還考上了首都圈的公立大學，算是所謂的菁英。但是，他偏偏在上大學時被黑道盯上了。那陣子的康夫「壞事做盡」，酗酒、賭博，到處玩女人。「我那時是大色胚，真的很渣啊。」

後來，康夫交了一個跟黑道有關係的女友，他的運氣就用盡了。那兩個黑道要求康夫支付精神賠償費，由於金額太過龐大，他只好直接逃跑。「我一下子就溜了，總之就是逃得快。」

然而，那兩個黑道還是緊追不捨，他們在康夫家的餐櫃裝了竊聽器，還在冰箱設置監視器。康夫差點被他們綁架囚禁，但每次都在最後一刻察覺不妙，化險為夷。

之後的日子，他過得渾渾噩噩，不得已只好從大學退學，回到了沖繩住院。之後他又突然被診斷出思覺失調症，拿到了身障手冊，開始每天來日間照護病房。

康夫一來到這裡，便震驚地發現黑道和日間照護病房居然有「勾結」，高江洲部長、阿大、新一全都是黑道的人，爲了監視他才被派來這裡。所以練習軟式棒球的時間，就是康夫探察自身處境的機會。那兩個黑道到底掌握了自己多少狀況？計畫何時進行綁架？康夫一邊練習棒球、一邊收集情報，隨時保持警戒，就這樣在日間照護病房過了十年。

「我之前雖然幹了很多壞事，但現在對酒、賭博和女人都受夠了。」康夫每天都向我懺悔，然後用這句招牌台詞結尾：「黑道眞是太可怕了。」

「黑道眞是太可怕了。」我也每天都這麼聽著。

康夫一直在原地打轉，每天都過著相同的生活。時間到了就來日間照護病房，小心地躲避黑道的監視，在這裡度過一天；撿拾人家的菸蒂，偶而抽幾口，然後吃午飯。有時練習棒球，有時偷個懶，喝茶、抽菸，然後回家，再繼續被永遠不會老的黑道二人組追殺。

康夫的日常就像這樣不斷地反覆。我還沒來這裡之前是如此，等我離開之後，應該也是如此吧！小小的圓會持續地繞圈。不只明天，即使是十年後，康夫也一樣在這裡不停地打轉。

康夫就像這樣，「只是存在著」。

不管身邊有多少人事物來來去去，他還是像這樣「只是存在著」。

「這樣就可以了嗎？」

不知從哪裡傳來了聲音。這四年之間，不斷在我內部響起的聲音。

「這樣就可以了嗎？只是存在著，這樣就可以了嗎？只是像這樣，不停在原地打轉，這樣就可以了嗎？」

我像往常一樣含糊地回答。

「這樣就可以了……吧。」

「眞的這樣就可以了嗎？」

「我不知道。但是，事情不就是這樣嗎？」

這樣就可以了嗎？

…………

這樣就可以了嗎？

就是你！你不肯接受「只是存在著」的事實，才讓我們不斷地受到傷害！眞正的犯人，該不會就在你身邊吧？

會計之聲的質問

位於神奇國度的日間照護病房，從入口大門到內部深處，都呈現出「只是存在著」的狀態。從穿過日間照護病房大門的瞬間，我就對「只是存在著」的狀態感到困惑。待在無事可做的病房裡，高江洲部長只吩咐了我一句「總之，先坐在那裡吧」，真的讓我很困擾，因爲我不認爲「只是存在著」算是一項工作。然而實際上，這份工作的本質眞的就是「只是存在著」。

之所以這麼說，是因爲這個位於神奇國度的日間照護病房，是爲了支撐成員的「存在」才出現的；而這樣的「存在」，需要與他人「共同存在」才可能成立。就像變成幽靈的我爲了繼續「存在」，必須待在桌球室與成員們一起「存在」，爲了讓成員們「只是存在著」，我也要讓自己「只是存在著」，這就是我的工作。

但事實上，「只是存在著」並不是那麼輕易就能被接受的狀態。

當然，沒有人會蠻橫地否定「存在」的價值。畢竟人類是「human being」，隨時隨地都需要確認自己的「being 存在」，這可以說是人類的根柢。一個人的工作能力再優秀，首先還是要能「存在」於職場，否則也是白搭。「存在」非常重要，自然不言可喻。

不過，「只是存在著」確實讓人坐立難安，其中也隱含著讓人無法立刻接受的某些東西。所以我才會不斷聽見「這樣就可以了嗎？」的質問，被這個聲音弄得心神不寧。

是誰？反覆質問我「只是存在著」有何價值的人，到底是誰？

是會計，是帳務管理者發出的心聲。

會計需要監督預算執行是否得當、預算編列是否合理，分析成本效益、評估可得收益，從經營的角度去判斷一項計畫是否具有價值。

這樣的會計之聲，讓「只是存在著」淪入難堪的狀態。因爲「只是」二字，原本就隱含著否定這種社會價值的訊息。所謂「只是存在著」，就是指即使難以回歸社會、自力更生，或對他人有所幫助，「存在」也依然受到肯定。從追求效率與產能的會計角度來看，「只是存在著」完全就是相悖的概念。

但是，日間照護病房必須先肯定這樣的概念，才有可能存在。至少對成員們來說，除了日間照護病房，他們在世上根本找不到容身之處。

康夫就是以「只是存在著」的狀態度過了這十年，往後也會繼續這樣度過未來的十年吧！不只是康夫，許多成員都是以「只是存在著」的狀態，長久地留在日間照護病房。這裡原本應該做爲醫院與社會之間的中途停靠點，卻成了他們「最終的歸宿」，現實就是如此。如果連這一點都遭到否定，他們就難以「存在」於這裡了。只有當「只是存在著」的狀態得到認同，他們的「存在」才有可能存在。

我認爲，這才是照護工作的根柢與本質。

但是，想維持「只是存在著」的狀態，每天就必須投入每人將近一萬日圓的社保經費，想到自己的薪水其實是透過維持這樣的狀態而來，就讓我們焦慮難安。會計之聲使我們如坐針氈。

「這樣就可以了嗎？」會計部門用著聲樂家般宏亮又具有穿透力的聲音，不斷唱著這句話。會計之聲響遍大廳的每個角落，滲進我們內心的最深處。

我們的國家負債累累，再加上少子化、高齡化問題，造成稅收減少，社保支出急速上升。在如此有限的預算內，還要投入大筆金錢維持「只是存在著」的狀態。這樣就可以了嗎？不能更有效率嗎？無法提高產能嗎？會計之聲這麼逼問著，莊重的男中音迴盪著。

這已經不是理念的問題。實際上，會計之聲已經預告了生活型日間照護病房的毀滅，它們的診療報酬已經開始被削減。在最近關於診療報酬（醫院透過醫療行爲所能申請的診察費）的修正中，添加了以下這段文字。

除了因精神疾病住院一年以上的重症患者，所有利用日間照護病房三年以上的患者，若每週利用次數超過三日，第四日起減爲百分之九十。

簡單來說，就是政府不想爲長期滯留在日間照護病房、「只是存在著」的成員們花錢了。會計之聲已揭示明確的方針，日間照護病房不再是讓成員們「只是存在著」的地方，而是必須發揮讓患者回歸社會的功能。

這個發展跟先前提到的黑心照護機構相關報導也有關係。E診所爲了騙取國家的金錢，利用了「只是存在著」的狀況，他們將患者軟禁起來，藉此取得收入，生活型日間照護病房受到這樣的重擊，導致存在空間急速縮小。因此，古屋教授做了這樣的宣告：

> **今後日間照護機構將被要求展現出更明確的治療．復健功能與證據。它們必須努力扭轉過往的負面形象，展現有別於社福服務的復健功能與治療實績，否則將失去生存空間。**
>
> ——古屋龍太，〈精神科日間照護病房的未來在哪裡？〉，《精神醫療》第八十九號

也就是說，未來會更重視心理治療，而不是心理照護。心理治療會成爲優先的政策。

沒錯，會計之聲支持心理治療。心理治療的措施會引發變化，進而獲得某些成果——例如重回職場或學校，這樣才能提高社會產能、增加稅收。從會計之聲來看，心理治療是能夠得到收益的投資。

相對地，會計之聲對心理照護就很冷淡。照護需要維持、保護及消耗資源。「存在」本身在

未來或許會轉爲產能，比較容易判定價值；但「只是存在著」的狀態，是無法締造產能的。因此，心理照護往往不會被視爲投資，而是支出的經費。

心理照護和心理治療是人際關係的兩種類型，原本應該沒有所謂的價值高低，但在現實中，會計之聲卻壓倒性地對心理治療抱持善意。

你的職場不也是如此嗎？公司捨得花大錢更新電腦，以取得最高階的運算功能，但原本免費提供的咖啡，在不知不覺中就變成了要用自動販賣機投幣購買。他們對投資從不手軟，對經費卻是一減再減。

同樣地，執行腦外科手術要價不菲，但是爲病人緩解術前不安的心理輔導，以及術後的身體調養等照顧工作，所得的報酬卻很少。功能性復健的復職訓練不斷擴充，生活型照護的規模卻漸次縮小。

總之，我想說的事非常簡單。

心理治療容易取得收益，心理照護難以取得收益，就是這樣。

會計之聲認同的市場邏輯，對心理治療滿懷善意，對心理照護卻極端排斥。

帶來變化、產生效果、創造價值——這是會計之聲追求的目標。

這樣的要求完全沒錯。經費原本就有限，更應該精打細算，將預算投注在有成果的項目上。

爲此，日間照護機構的各項指標必須透明化，並且確實地評估經費投入後產生的績效。會計之聲的要求堂堂正正且合情合理，我們無話可說。

我們很難向他人解釋「只是存在著」的社會價值，也不知道如何說明成爲「最終歸宿」的日間照護機構爲社會造就的經濟價值。照護的價值本來就很難以經濟學的用語來說明。

不，現在已經有不少人嘗試對此做出解釋，醫療經濟學者或福利經濟學者就很勇於挑戰這個難題，試圖爲曖昧模糊的「只是存在著」做出定義，將它的價值用言語表述。

問題是，一旦將「只是存在著」的狀態用會計部門也能理解的市場用語翻譯出來，繼之而起的就是「應該讓這種狀態運作得更有效率」等更龐大的壓力。「這樣就可以了嗎？」會計之聲變得越發宏亮。

此時便引發了錯亂的狀態，因爲人們試圖將不該陳列在店面的東西標上定價。

法國哲學家法比恩・布魯傑（Fabienne Brugère）對此做了以下的描述——

> 探討與「照護」相關的意識形態背景時，我們會發現在「照護」的實踐上，社會已經不再重視它原有的倫理特性，而是改從經濟收益、經營管理的基準加以評估。在新自由主義管理下，「照護」原本應屬於身體和親密性領域的問題，這一點已完全被無視。
>
> ——法比恩・布魯傑，《照護的倫理》（*Care Ethics: The Introduction of Care as Political Category*）

這段話很難懂，總之布魯傑教授的意思是，這就像是把主婦爲家裡做的每件維護工作都標上「打掃／時薪二千日圓」、「洗碗盤／時薪一千五百日圓」的定價一樣，實在很奇怪。即使標上再昂貴的價格，也還是奇怪。因爲，照護的運作原理是基於緊密的「依賴」，不應該被劃歸在「自立的個人」所組成的「市場」之內。

實在很奇怪，這就像是一整天都在足球場外的公園畫畫的人，突然被人指責「你今天一球都沒踢進」。一個不踢足球的畫家，卻被他人用足球的標準加以評價。

或者，這也像是希臘神話中的麥得斯王（King Midas）。熱愛黃金的他期待自己能點石成金，而願望也實現了，但這項能力卻造成了悲劇——當他碰觸到食物，食物就變成黃金；他擁抱最愛的女兒，女兒也變成了黃金。但他對食物的需求是美味，對女兒的需求是親情，完全不需要任何含金量。

畫家的價值不能用進球數判斷，麥得斯王不能因爲想要黃金而去碰觸女兒；同樣地，「只是存在著」的狀態也不能以市場價值來衡量。

然而，現實是殘酷的，這個架構已經成爲現今社會的根源基礎。我們難以脫離市場而生存，再加上社會過度複雜化，我們本身也不願放棄「自立的個人進行自由交換」的魅力，所以根本無法擺脫市場的影響。無論有哪些不得已的狀況、或是有著崇高的理想與理念，只要會計之聲開口質問：「這樣能養活自己嗎？」我們就啞口無言。我們無法反抗「這樣就可以了嗎？」的聲音。不對，仰賴市場而生的我們，自己就會開口質問：「這樣就可以了嗎？」

這時，「只是存在著」的狀態就變質了。

眞正的犯人，即將露出眞面目。

結局就在眼前。

透明之光照了進來

眞正的犯人，就在我的內心。

我之前不就埋下伏筆了嗎？請大家回想一下迄今爲止的故事發展，或者只重看第一章也行。

我本人對心理治療評價甚高，對心理照護則抱以輕視。會計之聲已經深刻地內化在我心中。我遠赴沖繩，不是爲了從事心理照護，而是要挑戰心理治療。我面對「只是存在著」的狀態困惑不已，坐在接送巴士的駕駛座上深感絕望，那一句句質疑心理照護有何市場價值、指責「這樣就可以了嗎？」的聲音，結果全都是出自我的內心。

我們無時無刻都在發出會計之聲。身爲勞動者或經營者，就追求產能與效率；身爲消費者，就計算CP值，大家都是這樣。

英國人類學家瑪麗蓮．史翠珊（Marilyn Strathern）將這種世界的運作方式稱爲「審計監督文化」（audit culture），意指這個世界的各種人事物都會受到會計部門的稽查審核。無論是大學、醫院、中學、公司、社區中心、幼兒園，所有地方都被要求在會計上必須公開透明。

你身處的環境不也一樣嗎？想買支中性筆得塡寫申請書註明原因；希望公司提供現煮咖啡，也要提出憑證，解釋即溶咖啡爲何不能滿足需求。PDCA循環（循環式品質管理）也好、投資組合（Portfolio）也罷，一堆莫名其妙的縮寫或專有名詞全都在質問：「這樣就可以了嗎？」

最後，連安身之地都遭到了入侵。這個過去隱匿在昏暗中，避人耳目才得以建立的避難所，如今也迴盪著宏亮的會計之聲，被質問著「做出了多少成果」、「付出的金錢有多少回報」、「沒有更具效率的運作方式嗎？」、「請提出詳盡的說明報告和書面資料」。安身之地被要求提供證據、展現效率，透明之光照了進來。

那是證據與效率之光，審計監督所需要的透明之光。

是這道光讓「避難所」瞬間淪落成了「收容所」。

法國哲學家米歇爾．傅柯（Michel Foucault）深具洞察力地指出，收容所的原型是「全景監獄」

（panopticon）。這是一種在中央設置高塔，周圍全都隔成單間牢房的環形建築，每個被囚禁在內的犯人都會感覺自己隨時在被監視。收容所就是一個完全透明又可視的場所。

不透明又不可視的避難所，一旦回應起會計之聲，就會立刻變成透明又暴露一切的收容所。

當初在朋友之間開始的讀書會是避難所，但若是擴充成學會，就變成透明的收容所；原本是地方上的槌球同好會，要是得到區公所的補助，就必須受到規範監督，成爲收容所。

只要和補助或經費扯上關係，避難所就會變爲收容所。

會計會毀滅避難所，那道光將照亮避難所每個昏暗的角落，把它變成收容所。

原本爲脫逃罪人提供庇護的避難所，一旦被要求展現效率、提供憑證，就會變成統一管理罪人的收容所。

這裡，看看這裡。

這裡就潛藏著眞正的犯人，看仔細了。

「這樣就可以了嗎？」的會計之聲響起，當「只是存在著」失去價值，避難所淪落爲收容所的那一刻，眞正的犯人就像白霧般在我們的內心聚攏成形。

看不見「只是存在著」的價值。

⬇

不過，「只是存在著」的狀態可以賺錢。

⬇

所以爲了賺錢，需要「只是存在著」的狀態。

眞正的犯人，就是虛無主義（nihilism）。

明明已經看不見「存在」本質上的價值，卻只是因爲「可以賺錢」這種荒唐的理由，而強迫人「存在」，這時「存在」就變成了賺錢的手段。

黑心照護機構就在這種虛無主義的籠罩下產生，用經濟收益的角度來管理「存在」；而照護者在各種照護設施中遭受的苦難，也是因虛無主義而起。

一旦支撐「存在」需要考慮成本效益，照護者的「存在」就會被當成用過即丟的消耗品。收容所會將一切都吞沒。

照護眞的好痛苦啊！

照護時刻都受到虛無主義的威脅。藏在最深處的「只是存在著」的狀態，每當被會計之聲質問「這樣就可以了嗎？」，被這道透明之光照射，就會受到傷害。一旦再也承受不了，虛無主義便由此而生。

最極端的案例，就是發生在神奈川縣的「津久井山百合園事件」。一名年輕男性在凌晨闖入自己先前工作的智能障礙者服務設施，在院內殺害多人。這名前員工將這裡的住院患者稱爲「失心者」，認爲全讓他們安樂死，從會計的角度來看才是眞正的社會正義。他被潛藏在照護之中的虛無主義吞噬了。

當虛無主義發展到極端，「存在」的價值就會被否定。

「再給一點光。」

德國文豪歌德臨終前所說的這句話，將我們的內心關進了透明監獄。會計之光照向「只是存在著」的狀態，照進被白霧籠罩、被帷幕遮蔽，無法透視的避難所。於是，原本爲安身之地的每個角落都射進了光線，如同左圖般不停打轉的平凡日常，在透明之光的照射下一覽無遺。

「這樣就可以了嗎？」會計之聲響起。

早上醒來，到購物中心的停車場，等接送巴士過來接人。一邊挖著鼻孔，一邊前往日間照護病房。坐在平常的老位子，倒上一杯茶，開始數自己撿到的菸蒂。早上有晨會，之後是廣播體操，做完體操就一直呆坐到中午。偶而玩一下撲克牌，或是訴說自己過去的遭遇。吃完午飯，就去練習軟式棒球。練完球回來換過衣服，繼續呆坐著。吃完晚飯，再坐著搖晃的接送巴士，回到購物中心的停車場。……

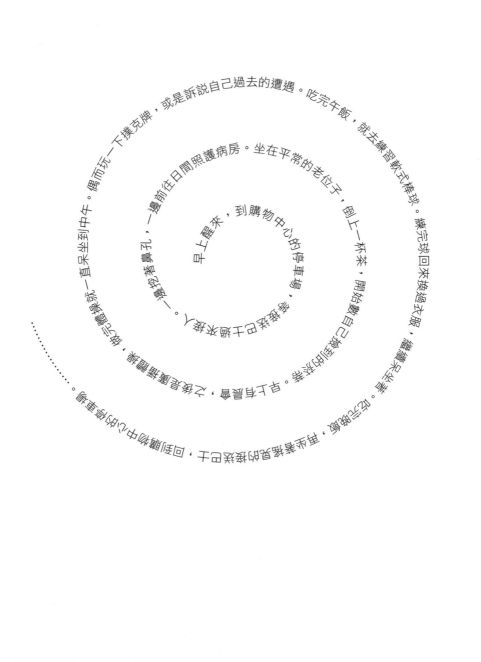

當日間照護病房的日常像這樣不停在原地打轉，這裡就能成為安身之地。但要是效率與證據之光照了進來，每一個項目都會被鉅細靡遺地檢討成本效益，安身之地將就此分崩離析。一切都被要求透明化，還可能會被建議「不要撿人家丟掉的菸蒂比較好吧？」完整的圓於是散裂，「只是存在著」的狀態完全崩解。

當日常不停在原地打轉，「只是存在著」是具有價值的；一旦這種狀態崩解了，就會徹底失去價值。完整的圓失去了連貫性，看起來就會像左圖般，碎裂成無意義、甚至有些詭異的片斷。

於是，安身之地不復存在。因為，就是這些看似無意義的片斷，為我們構建了祕密基地，讓難以在世間生存的人得以躲藏，這其中有著自由。

當世界滿布著透明之光，原本曖昧模糊、自由無拘的避難所，就會變質成受到嚴格管控、毫無自由可言的收容所。

最後，「只是存在著」的狀態只會殘留空洞的骨架，以及由此而生的虛無主義。當人們開始追求「只是存在著」的成本效益，就會製造出由成本效益構成的「只是存在著」的狀態。

而做為照護基底的「存在」，便在市場邏輯下腐朽、傾塌。

虛無主義由此而生。

它就是真正的犯人。

醒來

早上

去購物中心的停車場

等接送巴士過來接人。

先洗澡後就睡覺，

一邊看著電視，

回到購物中心的停車場。

回到家，

一邊前往日間照護病房。

等接送巴士過來接人，

倒上一杯茶，

[illegible]

醒來到購物中心的停車場，

一邊挖著鼻孔，

開始數自己撿到的菸蒂。

早上有晨會，

做完體操就一直呆到中午。

吃完午飯，

之後是廣播體操，

[illegible]

練完球回來換過衣服，

一邊挖著鼻孔，

就去練習軟式棒球。

繼續呆坐著。

坐在平常的老位子，

倒上一杯茶，

再坐著搖晃的接送巴士，

偶而玩一下撲克牌，

吃完晚飯，

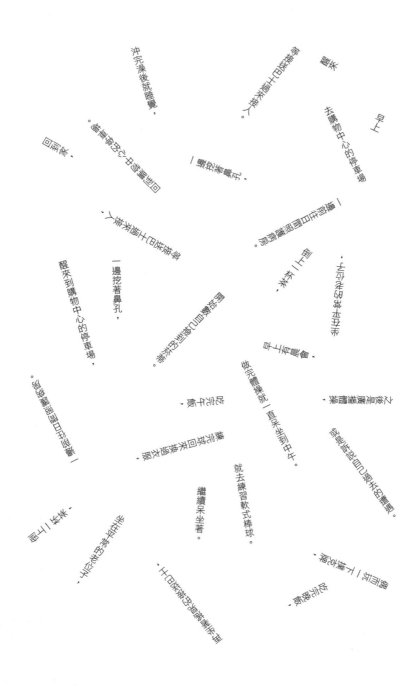

如今，我們正活在這樣的世界，這個日間照護病房讓我明白了眞相。我曾經和一邊努力遮蔽光線，一邊掙扎著支撐各種「存在」的人們共同奮鬥，最後卻輸得徹底。我們被虛無主義從外側襲擊，同時從內側吞噬。

所以，存在眞的好痛苦啊！

最後一次「再見」

時間一眨眼就過去了，原地繞圈的日常不曾慢下腳步，很快就到了三月下旬，那霸各處都開了冷氣。終於，最後一天到來了。

這一天，我依然像平常那樣度過。出席會議、坐在日間照護病房，然後玩了大概有一輩子份的UNO牌遊戲及撲克牌，又繼續呆坐在那裡，「只是存在著」。

不過，最後一天的氛圍還是有些不同。淳子分享喉糖給我的頻率比平時更高，還一直催我喝可樂；玉木認爲我會回到本島，跟我聊起他以前去大阪旅遊的回憶，說他在北新地吃到了最棒的唐揚雞，強烈推薦我去吃吃看；隆司則代替我幫大家洗牌……每個人都微妙地溫柔了起來。我知道他們都意識到了離別，我也有些感傷，但仍然保持一般的步調，照常跟著打轉。

午休時我去打了軟式棒球，這是最後一次練習。離開這裡之後，我這輩子應該不會再碰軟式棒球了，或許連手套都不會保存。不過，我對這個結果倒不是特別感慨，畢竟我不是棒球迷，一輩子不打棒球也無所謂。說到底，它就是我為了「存在」用來打發時間的休閒娛樂。

所以，我就一如往常地和康夫練習傳接球。三月末的那霸，陽光已經十分炙熱，我滿身大汗地用力投球，不管投出什麼球，康夫都能穩穩接住，再軟綿綿地丟回來給我。然後，康夫難得地問了我一個問題。

「哪，東畑心理師，你之後會去哪裡呢？」

「去哪裡？什麼意思？」

「你會回本島吧？」

我沒告訴成員們自己轉職失敗的事，因爲打擊太大了，就一直瞞著大家。然而，聽到康夫用毫無緊張感的聲音問著，我突然覺得那好像也沒什麼大不了。

「暫時不回去了，新工作沒有被錄取。」

「是喔。」

「是啊！明天起我還會待在沖繩，變成沖繩的無業遊民了。」聽到我這麼說，康夫咧開嘴笑了，一口亂牙在三月的陽光下發亮著。

一說出「無業遊民」這幾個字，就覺得這眞的沒什麼啊。世上除了我以外，還有一大堆無業遊民，仔細想想，康夫也是無業遊民。

「那眞是太好啦~~」康夫把球投了過來。

「太好了？」我接住球，「爲什麼？」

「還是不要幹黑道比較好啦~~你本來是打算要回本島重出江湖吧？」

我忍不住笑了出來。原來，康夫之前也一直把我當成黑道的同夥啊！

「還是收山比較好啦~~殺人、恐嚇、綁架都不是好事啊！」

「說的也是呢！」我說，「我會跟組長說我要退出的。」

「很好。」康夫一本正經地說道。

「康夫，我問你喔，」我把球投過去。

「什麼事？」康夫接住球。

我試著問他的意見：「你覺得我該怎麼辦啊？從明天開始，我就是無業遊民了。」

「嗯……」康夫歪著頭思考，把球傳給我，又想了一會兒，然後微笑了起來。

「那你就來日間照護病房啊！不但有飯吃，還可以喝可樂。」

我笑了，原來還有這個方法。

「你的建議不錯耶！待在這裡的話，黑道還進不來，簡直太讚了。」

「太讚囉。」

我把球投回給康夫，涼爽的風吹了過來。

很快地，離別的時刻就到了，一切都在肅靜中完成。

我在回家前的會議中向大家簡短地道別。

「這四年我過得很開心，很高興能和大家相遇。」

極爲普通的道別，我覺得這樣很好。照護的核心，就是普通和日常。

大家都給了我掌聲，淳子則是哭了。每當有人要離開時，淳子都會哭，然後又很快地重整心情、恢復平靜。她的日常就像這樣不停地打轉，這是她花了四年好不容易才得到的生活，我曾經和她一起走過。

我想，卽使我不在了，也會有其他人出現，取代我認眞地完成這份工作。這讓我覺得有些寂寞，因爲想到大家可能很快就會忘了我。就連阿大、高江洲部長和新一那麼重要的存在，一旦離開了，大家對他們的記憶也會逐漸消散。日間照護病房不是線，而是圓，這裡不存在所謂的歷史。所以，我會在這裡存在過的事實，也一定會在不停打轉的圓圈裡化成碎片，最後消失無蹤。

不過這樣也好，世事就是如此。

嗯，這樣就可以了。這就是日間照護病房，這樣就好。

我站在日間照護病房的門口，目送成員們回家。

「保重喔～～」「加油啊～～」「有機會再見喔～～」「謝謝你啊～～」

大家的道別也很平常。這樣就好，平常的話語才更溫柔，感覺大家都把百般情緒隱藏起來，小心地不讓我受傷。

我和每個成員相互擊掌或彼此擁抱。和玉木擁抱、和有里擊掌，汗水交融、混合在一起。

「再見。」

我跟大家說。

「拜拜～～」成員們向我揮手。

我目送著大家離去。離開日間照護病房的是我，卻是我目送大家離開。因爲我是工作人員，所以不是大家目送我，而是我目送大家。

康夫的態度一切如常，只是稍微舉起手跟我說了聲「拜～」，彷彿我們下週一還會再見。

我也用下週見的感覺跟他擊掌，說了聲「再見」。

「拜～」康夫又說了一次。

我也又說了一次。明明是再普通不過的話語，卻因爲再也沒有以後了，所以再說一次。

「再見。」

再給一點光

送完大家之後，我開始整理東西。

我把放在諮商室和更衣室的個人物品收拾好。其實也所剩不多了，這一整個月我都在努力做好離開的準備。

我抱著小小的行李，走出日間照護病房的大門。

我走出了四年前走進的大門，失去許多之後，我終於要從這裡離開了。進來時我還是剛拿到博士學位的臨床心理師，離開後則變成了無業遊民。我到底失去了什麼？然後又得到了什麼？

比嘉美沙和優花在停車場等著我，我坐進她們開的輕型車。

「辛苦你啦～～啊哈！」優花開著車，順口慰勞了我一句。

「幸好你最後沒有被詛咒害死呀，阿東。」比嘉美沙坐在副駕駛座抽著菸。

「就是啊，還好我活下來了。」

「對了，阿東，那個還你囉！」比嘉美沙指著放在後座的袋子，「謝啦！」

我也從包包裡拿出一個袋子。

「這是送你的禮物，謝謝你一直以來的照顧。」

日間照護病房的慣例，是離開的人要送禮物給留下的人。過去我收到了各種各樣的禮物，現在換我送禮物給留下的比嘉美沙了。

「哇喔，阿東竟然會送禮物給我，眞稀奇。是什麼薩？」

「你打開看看。」

比嘉美沙唰啦一聲把袋子打開，然後笑了。「哈薩！居然是這個？」

是ＩＣ錄音機。我要比嘉美沙把她先前借的錄音機還我，然後買了一個新的送她。

「謝謝，我本來還在煩惱先前那個還了，之後要怎麼辦呢——」

「總得讓自己活下去嘛！」

沒錯，我們已經被逼到需要用這種東西來保護自己了。

「我也打算在今年夏天辭職。」比嘉美沙突然說道。

「欸——！」優花震驚地踩了剎車，「你不能走啊～～我會死掉的！」

「笨蛋，給我好好開車！」

黑色的輕型車逆風而行，窗外吹來舒爽的風，車內音響播放著妮琪米娜的歌。她們今天也會去夜店嗎？我這樣想著。仔細想想，來這裡工作之前，我好像沒聽過什麼西洋音樂。我和先前從來不會接觸的人，共同在這裡工作到了今天，而且一直得到他們的扶持，所以我開口了。

「比嘉美沙、優花，謝謝你們，眞的受到你們很多照顧。」

「就是啊，我也這麼覺得。」比嘉美沙笑了，然後說，「不過，我很開心喔！」

「嗯，眞的很開心呢！」

沒錯，眞的很開心。位於神奇國度的日間照顧病房，是一個快樂的地方，讓人回想起各種不同的風景。

回想起來的，並不是什麼特別的事件，而是無限重複的風景。

南風原在排球比賽中漏接球的景象，隆司站上打者席時漫長的儀式，裕次郎爺爺挖鼻孔的模樣，種種回憶全在腦海中浮現。

待在映射著柔和陽光的日間照護病房，玩疊疊樂差點玩到吐的回憶；比嘉美沙不小心弄垮了疊疊樂，玉木樂不可支的回憶；淳子把掉在地板上的疊疊樂撿起來的回憶；那時阿大爲大家泡麥茶、康夫在旁邊幫忙的回憶；還有新一在保養棒球手套，有里在旁邊開心地望著他的回憶。

然後，我也想起了自己終於能夠「坐在那裡」的那一天。我想起了興南高校在甲子園獲得優勝的夏天，自己是如何放鬆地坐在日間照護病房；我想起了那時吹來的微風，一回過神來，便發現自己已經可以「存在」於那裡。

然後，我想起了高江洲部長在對面打著瞌睡，友香笑著說「光溜溜」的神情，也想起了部長反射著光線的禿頭。

「只是存在著」。我無法清楚說明它的價值，無法從理論上去說服會計部門，也無法像醫療經濟學者去挑戰這個難題。我只是一個普通的心理師，沒有能力爲了公共利益去擁護「只是存在著」的狀態，或是向官僚說明眞相。到頭來，我只是一個無能爲力的臨床工作者。

但是，我明白它的價值，明白「只是存在著」的價值，以及支撐它的照護所蘊含的價值。因爲我自己就曾身歷其境，親眼見證了那裡的風景，也親身活在那樣的風景中。

所以，我寫下了這本書，描繪那些照護的風景。

「只是存在著」，是值得描寫、值得吟味的風景。它雖然只能在市場的內側勉強存活，但本質上應該在市場外側自由地發展。

高江洲部長在打瞌睡，成員摸著他光溜溜的禿頭，這個景象的價值，絕非是經濟學的用語所能形容。它無法化成數據，也缺乏官僚可以接受的證據。

我只能用隨筆的方式去描寫它，用「只是存在著」值得的方式去努力述說。

而且，它應該一直被述說下去。爲了讓照護者繼續照護，爲了對抗虛無主義、守護「只是存在著」的狀態，我們都必須一直述說下去。這些話語能支撐照護的存在，爲他們保有安身之地，爲身在外圍的我們守住容身之處。

安身之地如今難以安身。在這個充滿市場透明之光的世界，避難所一個個接連成了收容所。

存在眞的好痛苦啊！

不過，卽便如此，我們依然需要安身之地。「存在」若是失去了支撐，我們就活不下去，因此避難所總是不斷在產生，就算它很快會變成收容所，也一定會產生出來。

爲了讓這一切至少能存留下來，我努力地描繪照護的風景，描繪高江洲部長的頭頂。再給一點光。

不是講究證據與效率的透明之光，而是高江洲部長油亮的禿頭所反射的暗淡之光。

「到啦——！」優花停下車子。

這裡是國道旁一間居酒屋的大型停車場。

「大家都在裡面等了喔！」比嘉美沙說。這是爲我舉辦的歡送會和慰勞會。

店門口亮著Orion奧利恩啤酒的紅藍白三色燈籠，有線音樂頻道播放著三線[4]的琴音，是《安里屋協作謠》[5]。廉價的音箱傳出斷斷續續的歌聲，薩啊喲伊喲伊[6]。

---

4 沖繩的三線是由中國的三弦演變而來的弦樂器，以蛇皮爲共鳴介質，之後流傳至日本本土，逐漸發展成如今常見的三味線。

5 安里屋ユンタ，由沖繩八重山群島開始流傳的敍事民謠，是農民在耕作時爲了協同動作而唱的勞動歌。

6 沒有特別意義，就是類似打拍子或表現吵鬧氣氛的語氣詞。

我打開門，涼爽的冷氣和香甜的啤酒味撲面而來。

在店內深處的榻榻米席位上，亮著一道暗淡的光，那是高江洲部長的光。薩啊喲伊喲伊。

大家都在等我，過去曾經一起奮鬥、讓人懷念的夥伴們都來了。

「喲，阿東來啦！今天要喝到早上喔！」部長說。

薩啊喲伊喲伊。

「辛苦你了。」新一笑著，「來乾一杯吧！」

薩啊喲伊喲伊。

「辛苦了！」比嘉美沙帶頭喊著，「乾杯——！」

薩啊喲伊喲伊。薩啊喲伊喲伊。

後記

最重要的寶物

我身處在一座巨大建築的陽台上。

那是非常高的地方，十分可怕。

但是我正在被人追殺，便決定往下跳。

結果，竟然輕飄飄地落地了。

放眼望去，是一片雜草叢生的原野。

這是我決定去沖繩就職時做的夢。我在接受心理治療時，把這個夢告訴了我的分析師，只見他微微笑了一下說：「就是到了荒野的意思吧！」

「嗯，這解釋也太普通了……」我記得自己當時有點失望。

但現在想想，那眞是準得嚇人的預言。

前去沖繩，眞的就是「到了荒野」。我一心想成爲正統派的臨床心理學者，之後卻走向完全偏離的道路。這明明非我所願，卻是不爭的事實。

我在沖繩失去了很多，反過來說也得到了很多。

我得到了什麼？

我明白了「活著」的多樣性、支撐「活著」這件事的多樣性，以及「普通地活著」的艱難，還有即便如此，人還是會活下去。

寫出來之後，才發現這些事眞的再普通、再自然不過了。但直到去了沖繩，我才深刻地明白這些理所當然的事所蘊含的眞義。

而我現在認爲，那是我在沖繩得到的最重要的寶物。

就算身處荒野，人也會活下去。

所以，我過去陸續寫了與這段經歷相關的書。在《大笑的荒野醫生》中，我寫了自己離開日間照護病房後所進行的田野調查（算是本書的長篇後記）；在《日本常見的心理療法》中，我則寫了在日間照護病房另一邊的諮商室所發生的事（算是本書的幕後記錄）。

然而，我卻幾乎沒寫過日間照護病房的故事。應該說，我一直以爲自己寫不出來。

的確，我在那裡度過了人生中的一段時期；和患者們共同生活，和援助者們一起工作，活在那個不停原地打轉的閉環式時間裡。

這顯然讓我有了全新的體驗，我卻不知道要怎麼把它表現出來，因爲那些感觸實在太過個人了。其實，我曾試著將日間照護病房的體驗寫成學術論文，最後也沒有成功。那裡所發生的事，實在無法用論文的剛硬文字汲取出來。

更重要的是，我還是被那個地方傷到了，所以實在很難寫出來。

就這樣，我離開日間照護病房後的時光逐漸流逝，我在遠離那裡的地方生活著，漸漸地，忘卻了那裡赤裸裸的現實。

就在這時，醫學書院的編輯白石正明與石川誠子邀請我爲《精神看護》雜誌撰寫連載文章。我記得當時見面的地點，是在新宿高速巴士總站的一間漂亮咖啡館。

當時日本正好制定了「公認心理師」這項全新的國家資格證照，一般都十分看好心理工作者在照護領域將會超乎以往地活躍，這時寫下日間照護病房的故事，意義更爲重大。

但是，我依然躊躇不前，因爲我覺得那裡的事是寫不出來的。

不過，當我們在那間咖啡館進行討論，又因爲店家要休息被趕了出來，再換另一間咖啡館繼續討論時，我開始覺得自己「說不定寫得出來」。我們談得非常盡興，許多不同的風景一幕幕浮現在我腦海，停都停不下來，等我一回過神，就已經答應寫書的邀約了。

之後，我開始進行相關的採訪和資料收集，到各地的日間照護機構參觀，試著確認自己體驗到的一切，到底隱含著什麼眞相（特別是塚崎醫院的北岡美世香心理師給了我諸多建議）。

而我發現，雖然每個日間照護病房有著各自不同的風景，但在本質上都與我體驗到的一切有著深深連結的共同點。我便一邊採訪，一邊開始了連載。

當然，本書所描寫的成員們都不是眞實存在的人物。我加入了自己在採訪及指導後進時所獲得的想法與感觸，將過往的各種臨床體驗打散、重整，再構成全新的內容。我描寫的不是具體的「事實」，而是照護的風景、質感及感質（qualia）[1]。不只是成員們，其他登場人物的描寫也是如此。當處理人們內心隱密的臨床工作者想將自身的經驗訴諸文字，我想除此之外別無他法。

然後，我得到了確實的反饋。那時所感受到的炙熱陽光，成員和工作人員的汗味，搖晃著樹葉的微風，以及在榕樹蔭下喝的退冰可樂，都在我心裡復甦了過來。

1　在哲學中，「感質」的定義是指獨立、唯一的主觀意識體驗，例如看到「紅色」時的感覺、被針刺時的「痛」感，以及吃糖時的「甜」味等，往往被認為是非親身經驗而不可知，而且無法在個體之間比較。

承蒙連載時的編輯石川誠子細心誠懇的協助，連載順利結束後，就進入這本書的編輯階段。為了將原本片斷描繪的風景匯整成書，必須建構一個完整的故事世界，同時也需要為這個世界建立秩序的概念裝置。

我也得到了許多專業上的助力——精神科醫師熊倉陽介、人類學家磯野眞穗、創業家櫻本眞理，還有精神分析心理療法專家山崎孝明、木下直紀及堀川聰司，都和我針對「心理照護與心理治療」反覆進行了許多討論與對話。

此外，編輯白石正明也一如既往地持續給我鼓勵與建議。我在寫這本書時，經常過度沉浸於故事裡的世界，因而失去了目標與方向，這時他就會為我提供確切的想法與宏觀的地圖。特別感謝的是，每當需要面對問題時，他除了直接向我點明，也會細心顧慮著「不要傷害」內心容易折損的我。在我寫這本書的過程中，也確實存在著心理照護與心理治療。

這本書，也是我向當時一起在日間照護病房生活的人們致上的謝辭。在那裡的美好體驗讓我寫下了這本書，我衷心期盼自己的文字能稍微呈現出那裡的具體樣貌。最後，我只想再次表達自己的感謝之意。

大家，眞的很謝謝你們。

那麼，無論如何，本書就到此終結了。

在寫這本書時，我明白了一件事——雖然這本書是以精神科的日間照護病房爲舞台，但其中描寫的，卻並非只侷限在日間照護病房裡的醫療行爲。

不是的，書中講述的是付出照護與受到照護的人們如何活著的故事；或者說，這是付出照護與受到照護的地方所發生的故事。是的，我認爲這是「大家」的故事。

本書描寫的是，支撐職場、學校、設施、家庭或各種群體的「存在」，以及破壞這些「存在」的兩股相對力量是如何運作、發展的故事。

因此，若能確實地讓讀者感受到這一點，對身爲作者的我來說，已是無比的喜悅。

参考書目

浅野弘毅『精神科デイケア学――治療の構造とケアの方法』エム・シー・ミューズ、二〇一五年
有薗眞代『ハンセン病療養所を生きる――隔離壁を砦に』世界思想社、二〇一七年
ウィニコット、DW『情緒發達の精神分析理論――自我の芽ばえと母なるもの』牛島定信訳、岩崎学術出版社、一九七七年
ウィニコット、DW『遊ぶことと現実』橋本雅雄訳、岩崎学術出版社、一九七九年
上野千鶴子『ケアの社会学――当事者主権の福祉社会へ』太田出版、二〇一一年
加藤寛・最相葉月『心のケア――阪神・淡路大震災から東北へ』講談社現代新書、二〇一一年
河合隼雄『こころの処方箋』新潮文庫、一九九八年
河合隼雄『ユング心理学入門』岩波現代文庫、二〇〇九年
北山修『見るなの禁止――日本語臨床の深層』岩崎学術出版社、一九九三年
北山修『覆いをとること・つくること――〈わたし〉の治療報告と「その後」』岩崎学術出版社、二〇〇九年
キテイ、EF『愛の労働あるいは依存とケアの正義論』岡野八代・牟田和恵監訳、白澤社、二〇一〇年
グッゲンビュール＝クレイグ、A『心理療法の光と影――援助専門家の〈力〉』樋口和彦・安溪眞一訳、創元社、一九八一年
窪田彰『精神科デイケアの始め方・進め方』金剛出版、二〇〇四年
グレーバー、D『官僚制のユートピア――テクノロジー、構造的愚かさ、リベラリズムの鉄則』酒井隆史訳、以文社、二〇一七年
月刊「創」編集部編『開けられたパンドラの箱――やまゆり園障害者殺傷事件』創出版、二〇一八年
國分功一郎『暇と退屈の倫理学 増補新版』太田出版、二〇一五年
國分功一郎『中動態の世界――意志と責任の考古学』医学書院、二〇一七年
ゴッフマン、E『アサイラム――施設被収容者の日常世界』石黒毅訳、誠信書房、一九八四年
小林エリコ『この地獄を生きるのだ――うつ病、生活保護。死ねなかった私が「再生」するまで』イースト・プレス、二〇一七年
今野晴貴『ブラック企業――日本を食いつぶす妖怪』文春新書、二〇一二年
サミュエルズ、A『ユングとポスト・ユンギアン』村本詔司・村本邦子訳、創元社、一九九〇年
ジジェク、S『事件！――哲学とは何か』鈴木晶訳、河出書房新社、二〇一五年

精研デイ・ケア研究会編『改訂 精神科デイ・ケア』岩崎学術出版社、一九九七年
セン、A『福祉の経済学――財と潜在能力』鈴村興太郎訳、岩波書店、一九八八年
千野帽子『人はなぜ物語を求めるのか』ちくまプリマー新書、二〇一七年
デカルト、R『方法序説』谷川多佳子訳、岩波文庫、一九九七年
中井久夫『世に棲む患者』ちくま学芸文庫、二〇一一年
中井久夫・山口直彦『看護のための精神医学 第二版』医学書院、二〇〇一年
中沢新一『悪党的思考』平凡社ライブラリー、一九九四年
中藤信哉『心理臨床と「居場所」』創元社、二〇一七年
夏目琢史『アジールの日本史』同成社、二〇〇九年
日本デイケア学会『新・精神科デイケアQ&A』中央法規出版、二〇一六年
広井良典『ケア学――越境するケアへ』医学書院、二〇〇〇年
フーコー、M『監獄の誕生――監視と処罰』田村俶訳、新潮社、一九七七年
ブルジェール、F『ケアの倫理――ネオリベラリズムへの反論』原山哲・山下りえ子訳、白水社、二〇一四年
古屋龍太「精神科デイケアはどこに向かうのか」『精神医療』第八九号、二〇一八年
フロイト、S『フロイト全集15 精神分析入門講義』新宮一成ほか訳、岩波書店、二〇一二年
ヘンスラー、O『アジール――その歴史と諸形態』舟木徹男訳、国書刊行会、二〇一〇年
ホックシールド、AR『管理される心――感情が商品になるとき』石川准・室伏亜希訳、世界思想社、二〇〇〇年
松本邦裕「「抑うつ」についての理論」松木邦裕・賀来博光編『抑うつの精神分析的アプローチ』金剛出版、二〇〇七年
マルクス、K『資本論』中山元訳、日経BPクラシックス、二〇一二年
メイヤロフ、M『ケアの本質――生きることの意味』田村眞・向野宣之訳、ゆるみ出版、一九八七年
ユング、CG『自我と無意識』松代洋一・渡辺学訳、第三文明社、一九九五年
レヴィ＝ストロース、C『野生の思考』大橋保夫訳、みすず書房、一九七六年
Federn, P. *Ego Psychology and the Psychosis*. Imago publishing. 1953
Riessman, F. The "Helper" Therapy Principle. *Social Work*. Vol. 10, No. 2 (1965.4), pp. 27-32.
Strathern, M. *Audit Cultures: Anthropological Studies in Accountability, Ethics and the Academy*. Routledge. 2000

Soulmate 15

只要存在著就好

我們需要的，都只是一個安身之地——一個臨床心理師的照護現場手記

作者 —— 東畑開人
譯者 —— 楊詠婷

插畫 —— 張梓鈞
責任編輯 —— 郭玢玢
美術設計 —— 季曉彤

總編輯 —— 郭玢玢
社長 —— 郭重興
發行人兼出版總監 —— 曾大福
出版 —— 仲間出版／遠足文化事業股份有限公司
發行 —— 遠足文化事業股份有限公司
地址 —— 231 新北市新店區民權路 108-3 號 8 樓
電話 ——（02）2218-1417
傳真 ——（02）2218-8057
客服專線 —— 0800-221-029
電子信箱 —— service@bookrep.com.tw
網站 —— www.bookrep.com.tw
劃撥帳號 —— 19504465 遠足文化事業股份有限公司

印製 —— 通南彩印股份有限公司
法律顧問 —— 華洋法律事務所 蘇文生律師

定價 —— 450 元
初版一刷 —— 2023 年 5 月

Authorized translation from the Japanese language edition, entitled
シリーズケアをひらく　居るのはつらいよ　ケアとセラピーについての覚書
ISBN: 978-4-260-03885-0
著：東畑　開人

published by IGAKU-SHOIN LTD., TOKYO Copyright © 2019

國家圖書館出版品預行編目（CIP）資料

只要存在著就好：我們需要的，都只是一個安身之地
——一個臨床心理師的照護現場手記

東畑開人著；楊詠婷譯 .
-- 初版 . -- 新北市：仲間出版，遠足文化發行，
2023.5　面；　公分 . --（Soulmate；15）
譯自：居るのはつらいよ：ケアとセラピーについて
の覚書

ISBN 978-626-96568-2-0（平裝）

1. 臨床心理學 2. 心理治療 3. 通俗作品

178　111018685